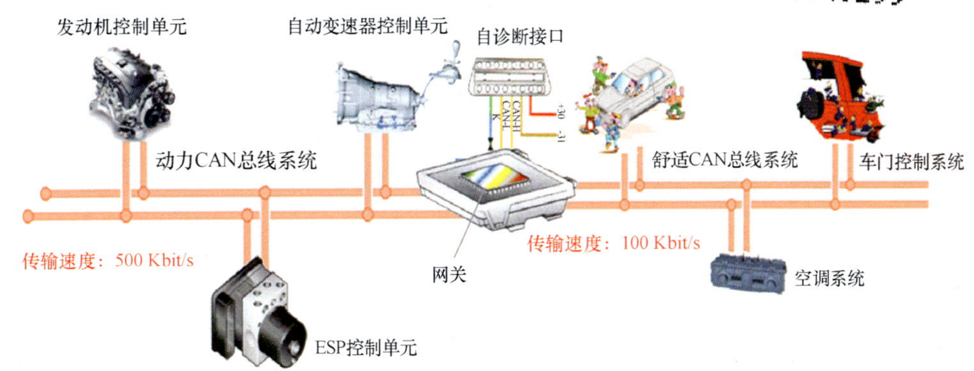

图 1-15　网关、CAN 动力总线及 CAN 舒适总线

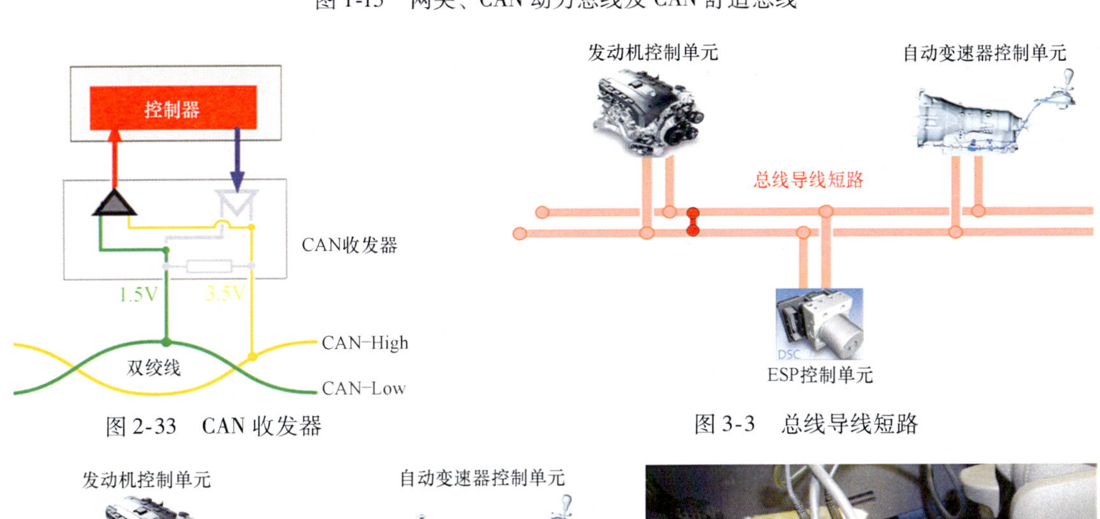

图 2-33　CAN 收发器

图 3-3　总线导线短路

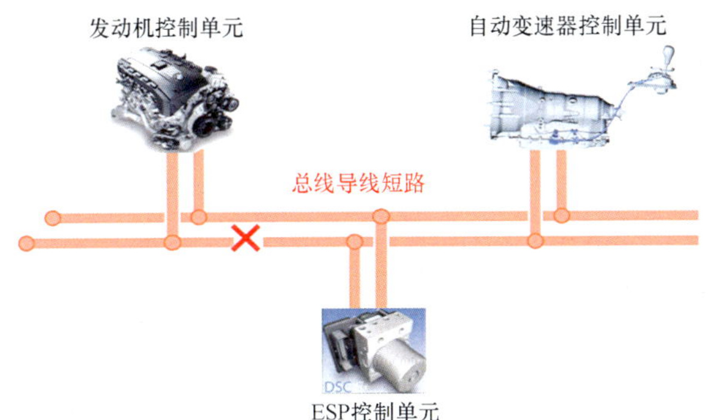

图 3-4　总线一根导线断路

图 3-38　双通道模式下检测 CAN

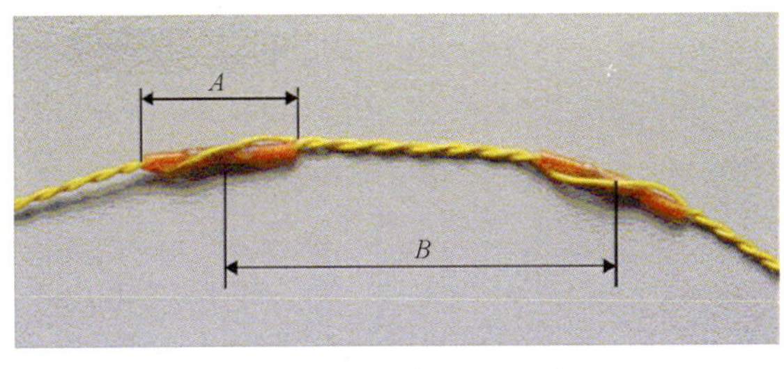

图 3-41　维修 CAN 导线

A—绞合只可解开最长 50mm　*B*—CAN 导线断开处要与下一个压接节点相距至少 100mm

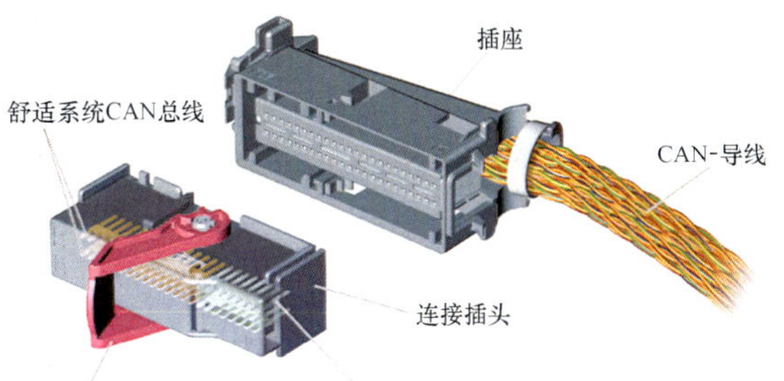

图 3-45　奥迪轿车 CAN 总线连接插座

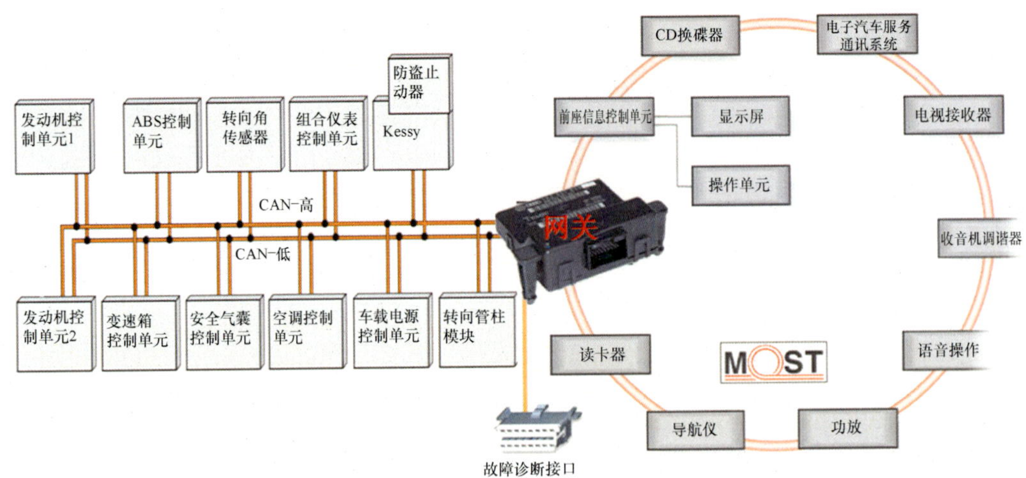

图 3-14　铜线和光纤导线

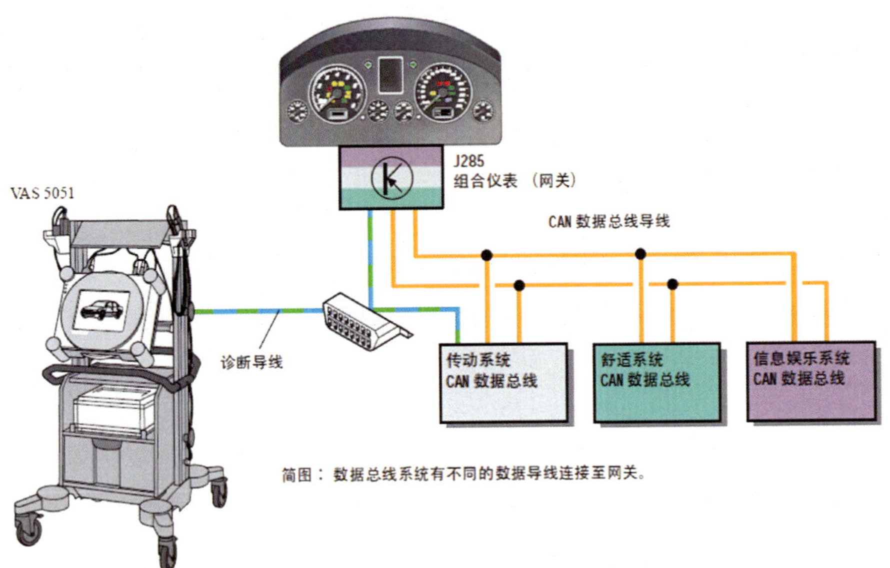

图 3-15　K 线对控制单元诊断

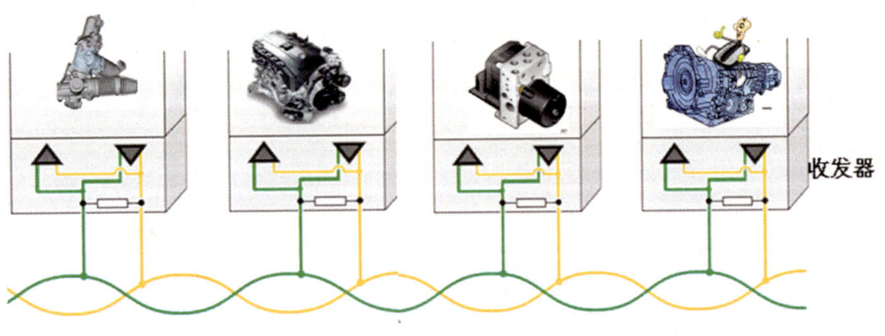

图 3-16

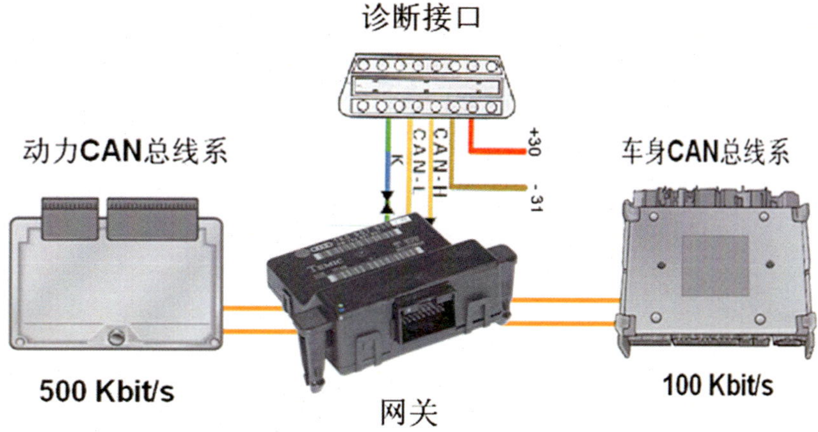

图 3-20 控制单元并联在总线

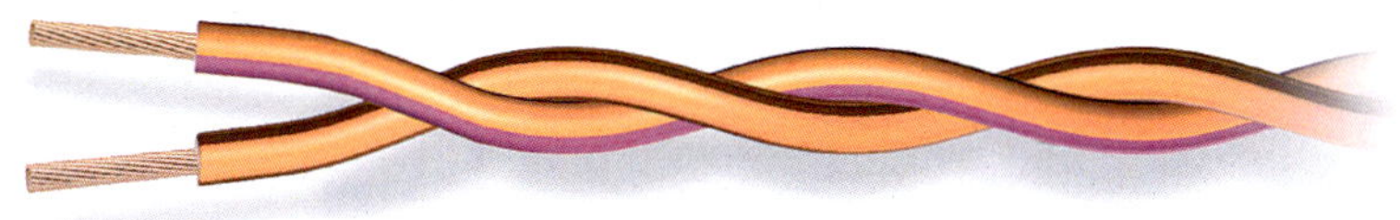
图 3-27 CAN 总线结构

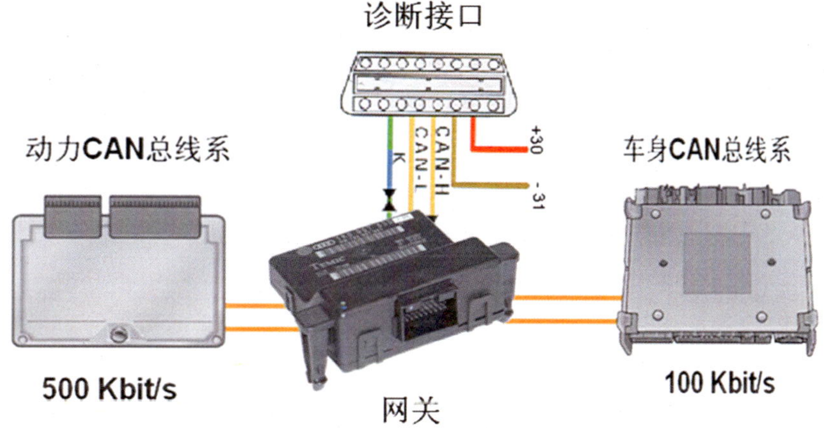

图 3-35 诊断接口同时使用 K 线和 CAN 总线诊断

图 3-53 总线系统检测箱就车连接 CAN 连接插座

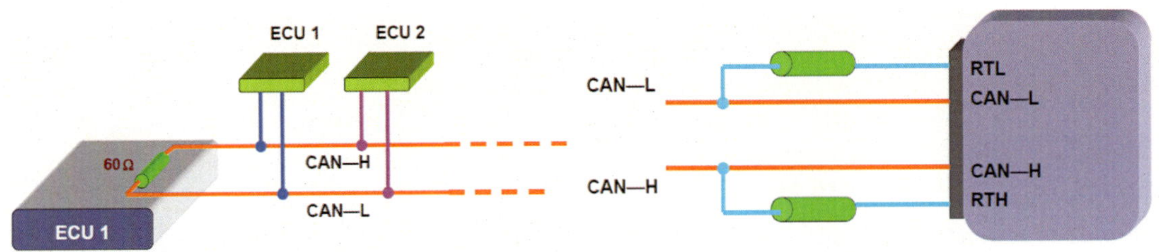

图 3-56　将电阻并联后动力系统 CAN

图 3-57　车射（舒适）系统 CAN

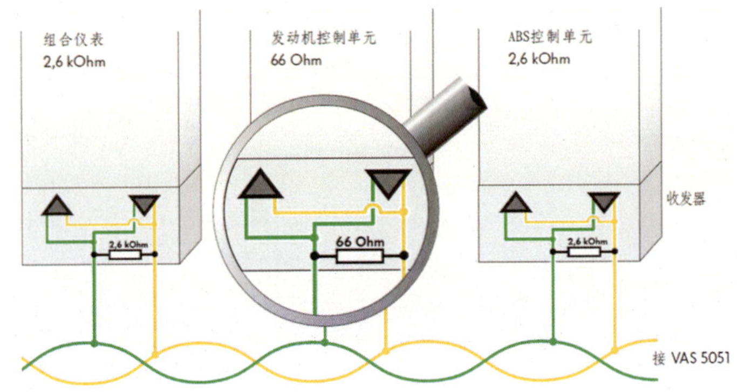

图 3-58　控制单元是总线上的负载电阻

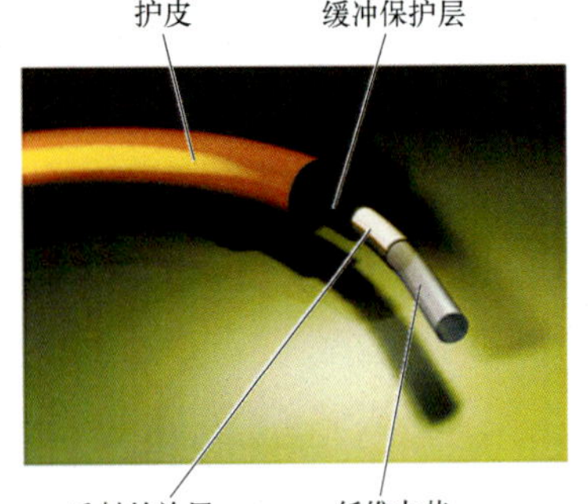

图 4-2　光缆结构

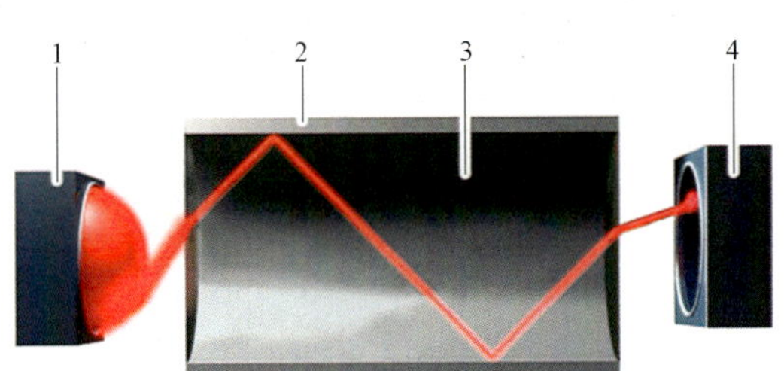

图 4-4　光学传输原理

1—发光二极管　2—护皮　3—纤维内芯　4—接收二极管

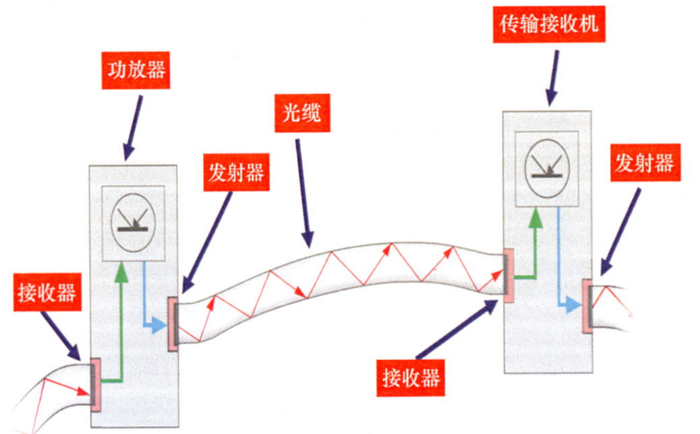

图 4-6　发射器内生成的光波导向其他控制单元的接收器

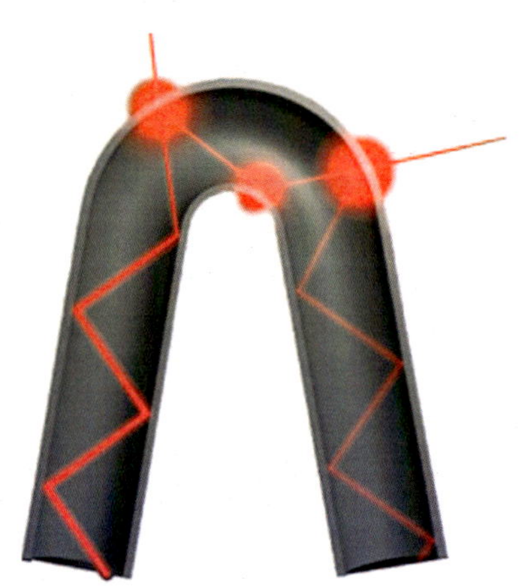

图 4-7　弯曲半径不能小于 50mm

图 4-8　光缆扭结

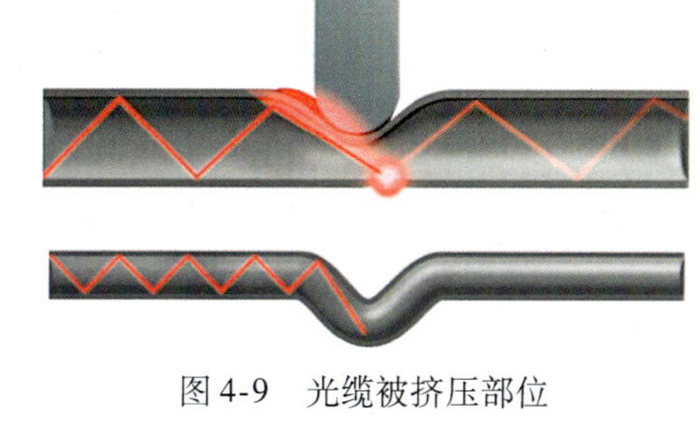

图 4-9　光缆被挤压部位

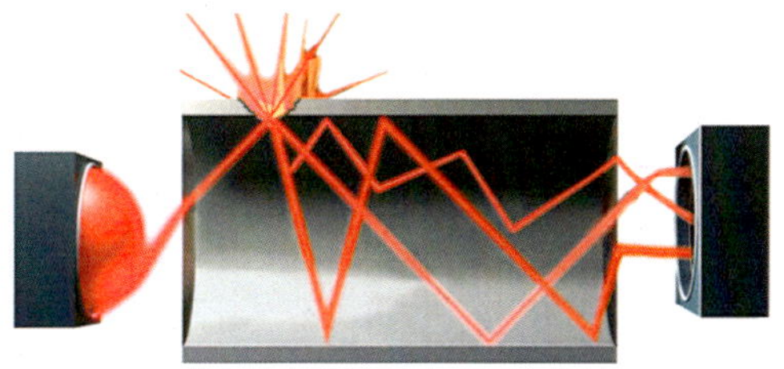

图 4-10　光缆摩擦部位会造成光损失

图 4-11　光缆被过度伸长会减少通过的光量

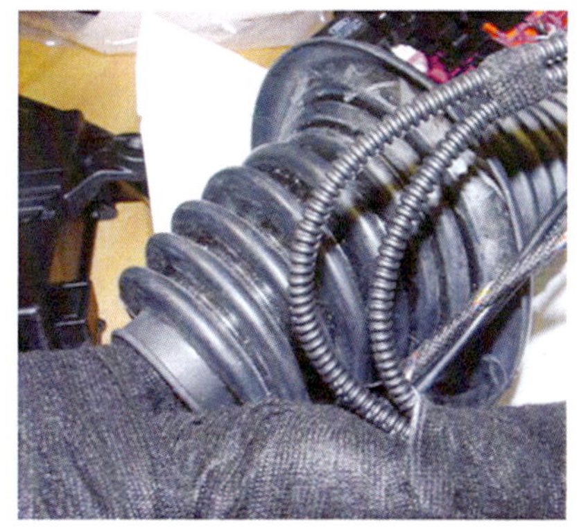

图 4-17　光缆防弯曲保护

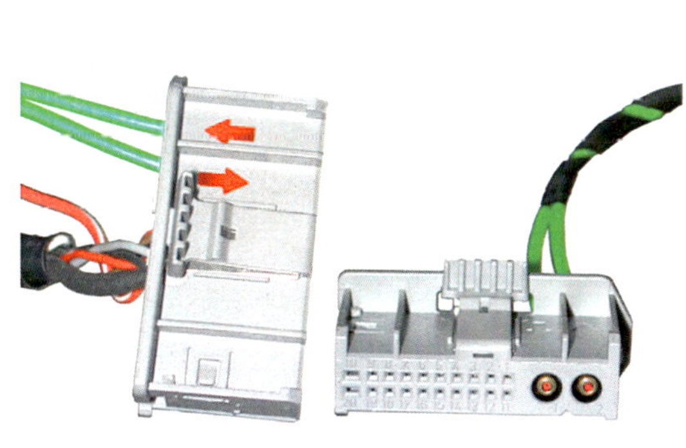

图 4-38　光缆连接插头

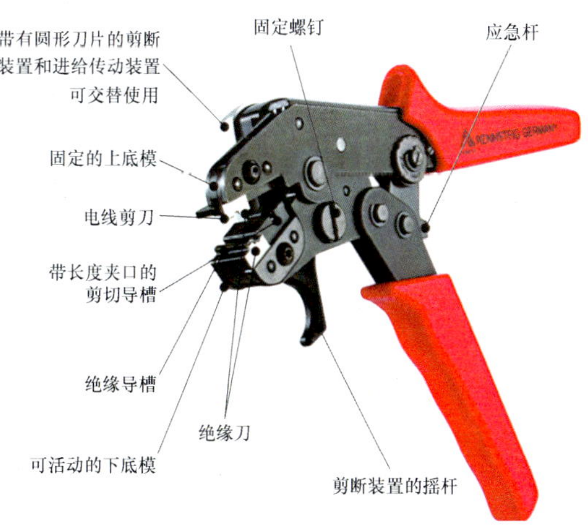

图 4-41　VAS 6223 剪切钳

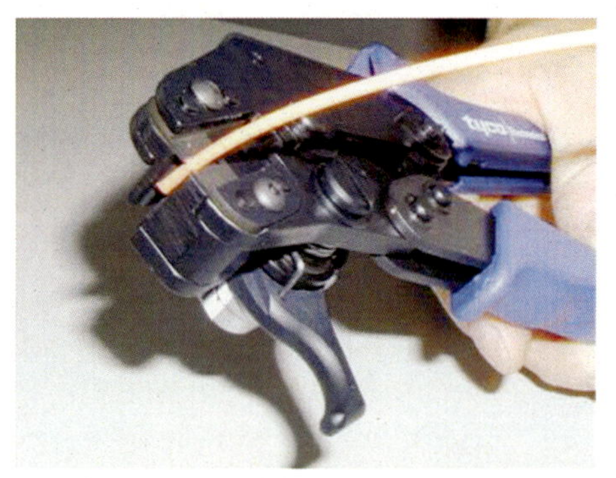
图 4-44　将光缆粗略地剪开

图 4-46　将光缆放到钳子中并将钳口闭合

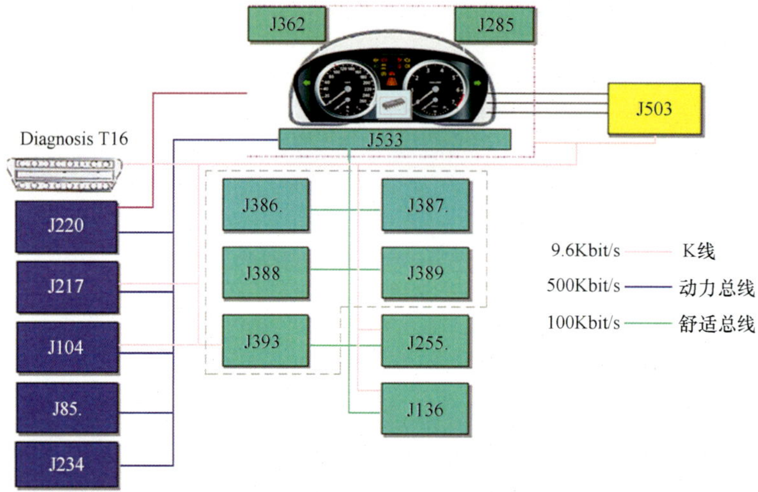

图 6-23　组合仪表网关

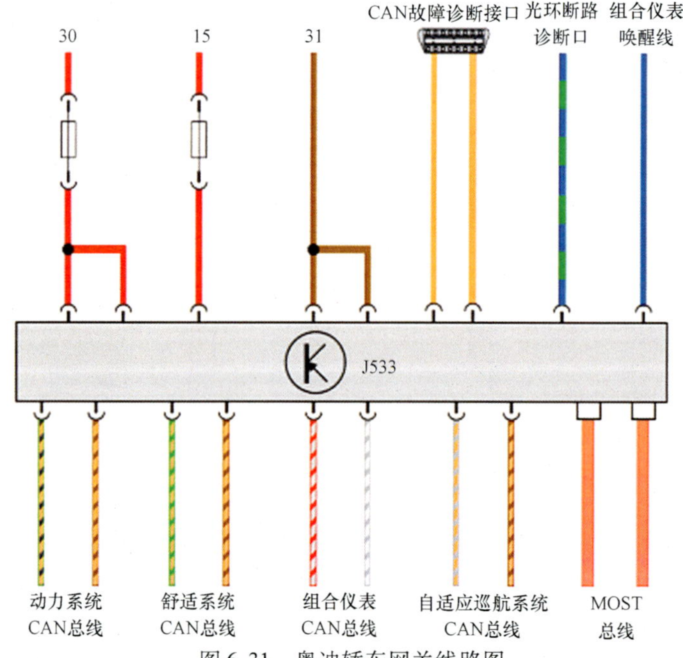

图 6-31　奥迪轿车网关线路图

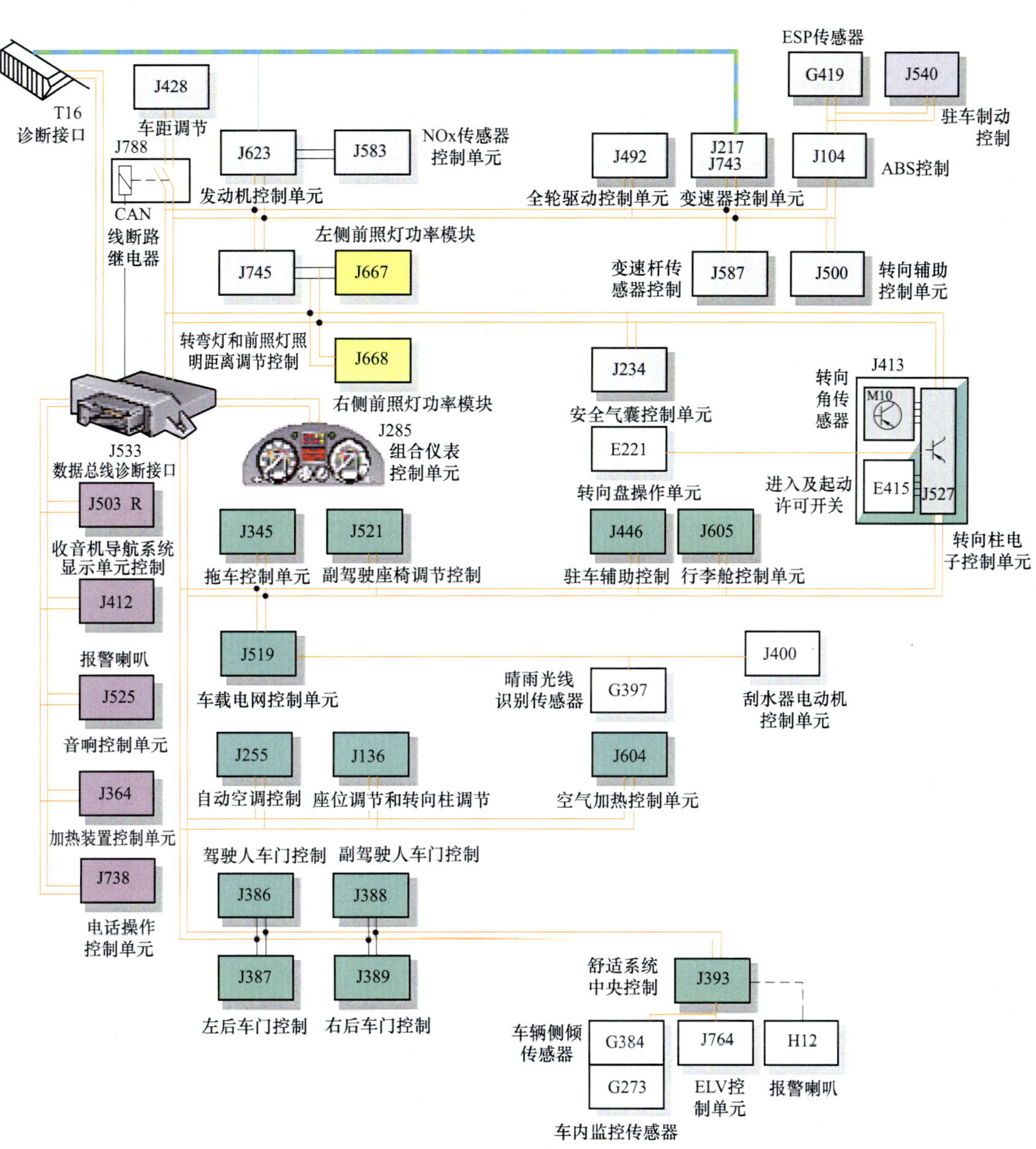

图 7-30 迈腾轿车 CAN 网络概貌

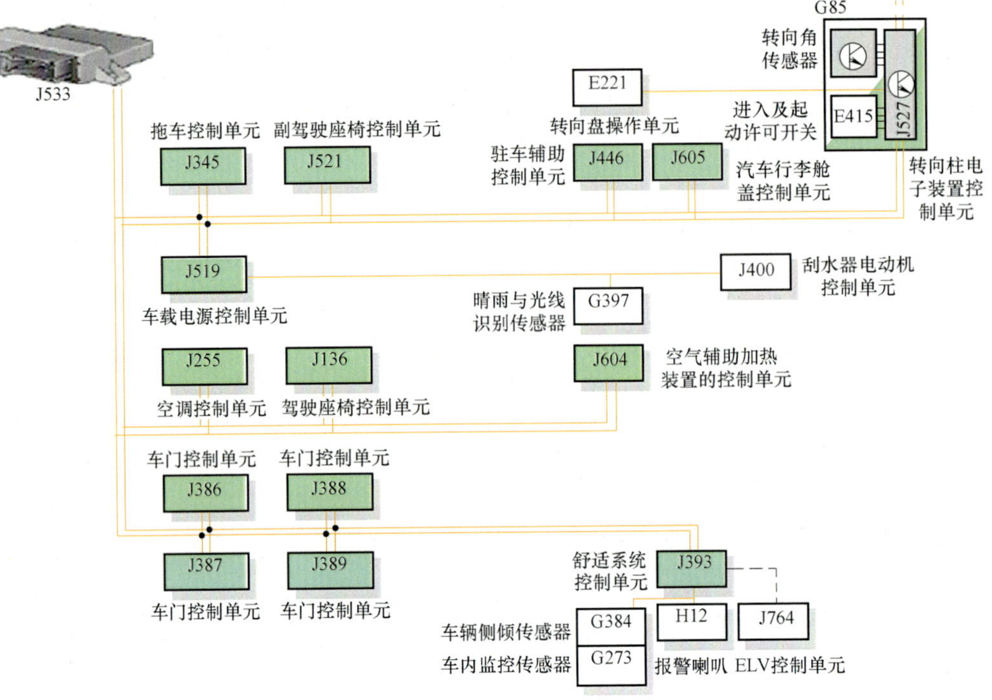

图 7-31　迈腾轿车动力 CAN 总线

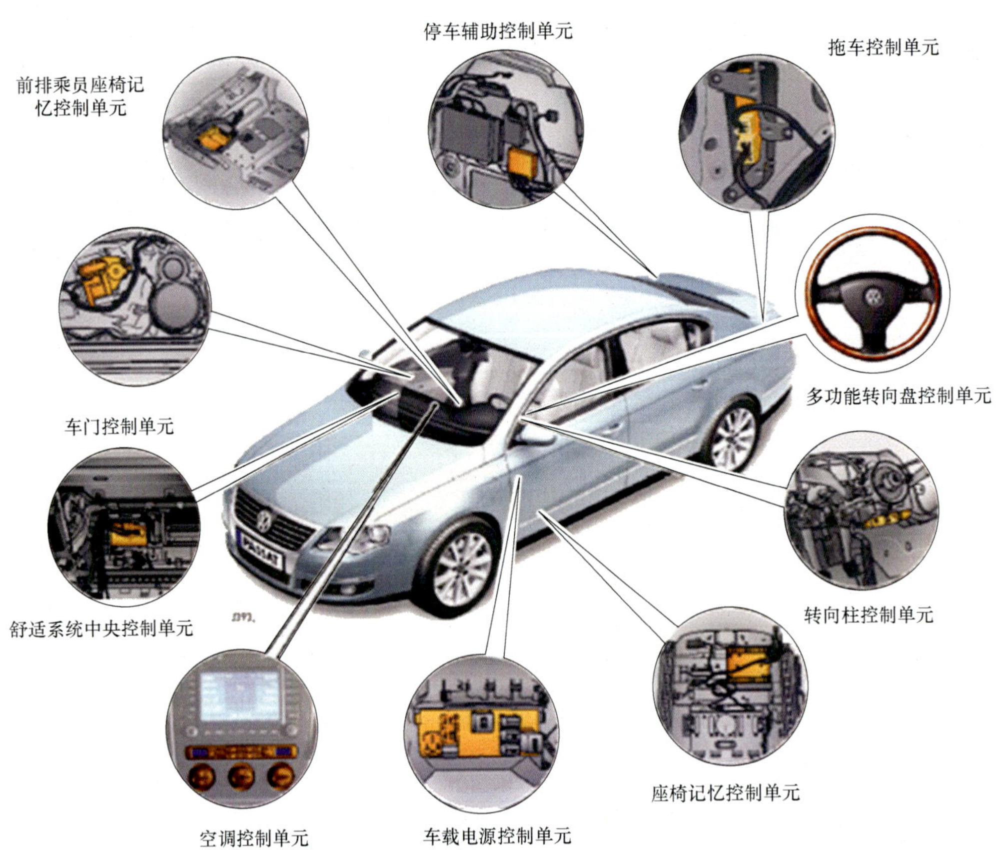

图 7-34　迈腾轿车舒适系统总线控制单元安装位置

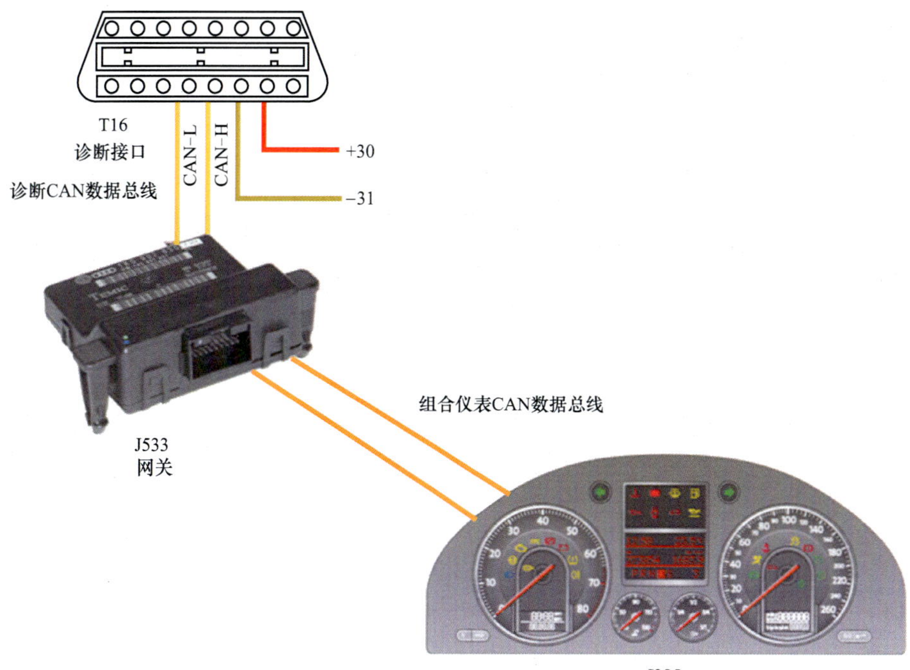

图 7-42　迈腾轿车组合仪表和诊断 CAN 数据总线

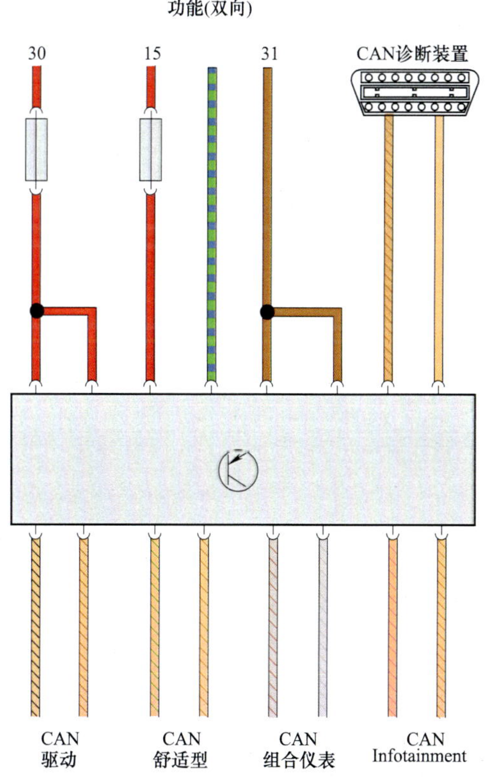

图 7-44　奥迪 A3 轿车网关

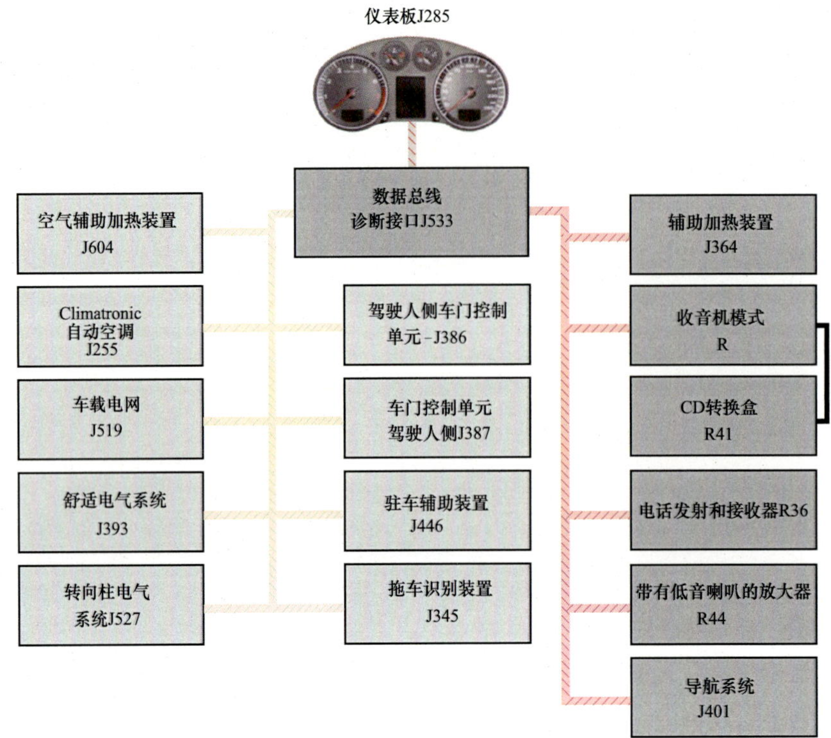

图 7-45 奥迪 A3 轿车 CAN 舒适系统

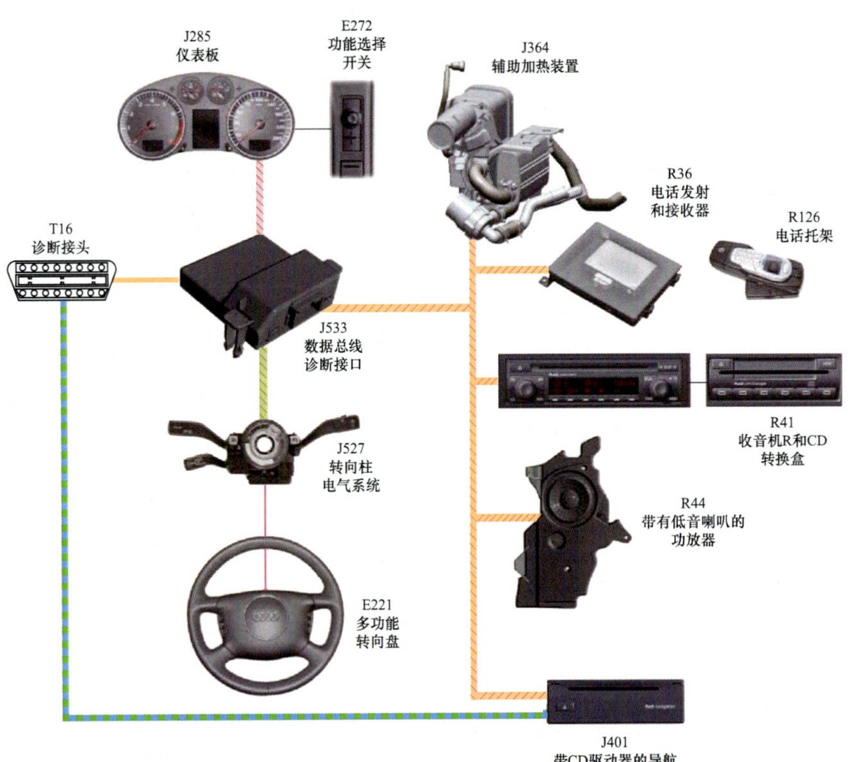

图 7-47 奥迪 A3 轿车 Infotainment 信息娱乐系统

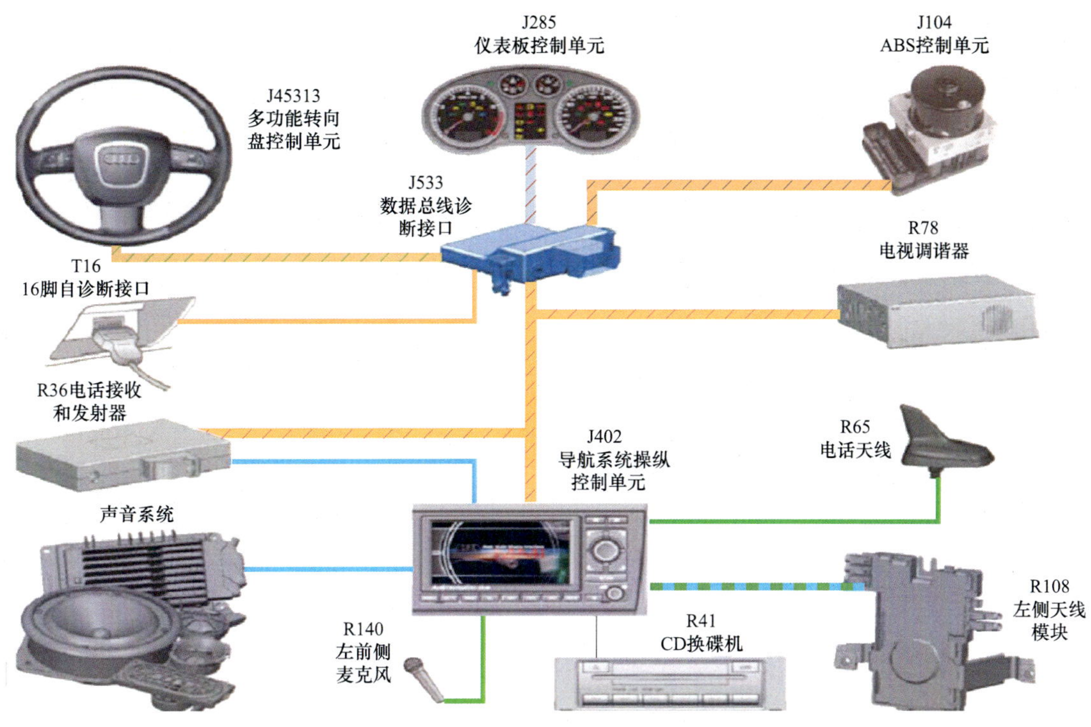

图 7-49　奥迪 A3 轿车新式 Plus 型导航系统

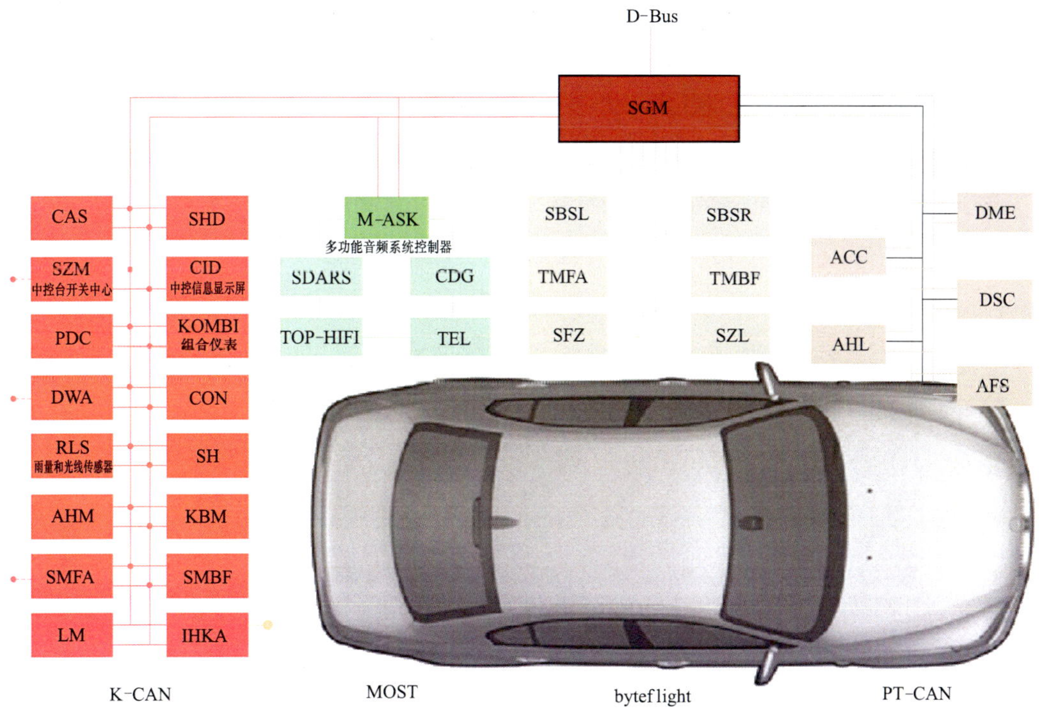

图 7-51　宝马轿车 K-CAN 总线

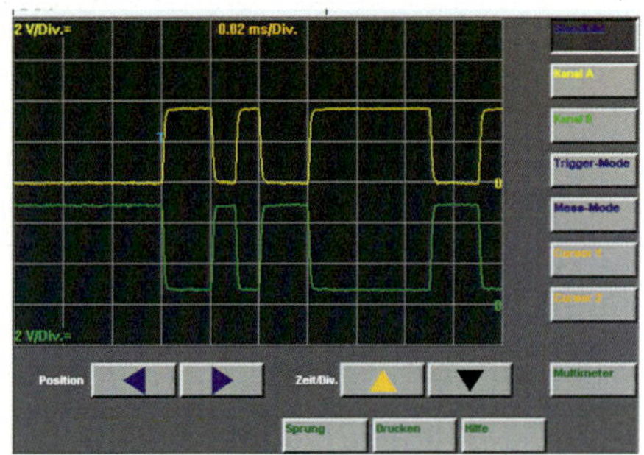

图 8-7　无故障示波图

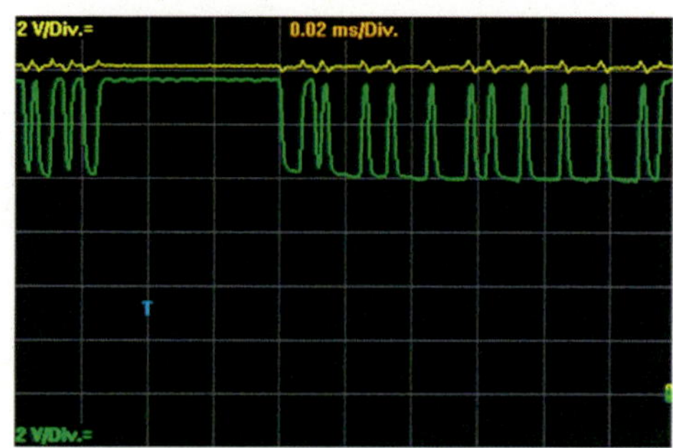

图 8-16　CAN-High 对正极短路

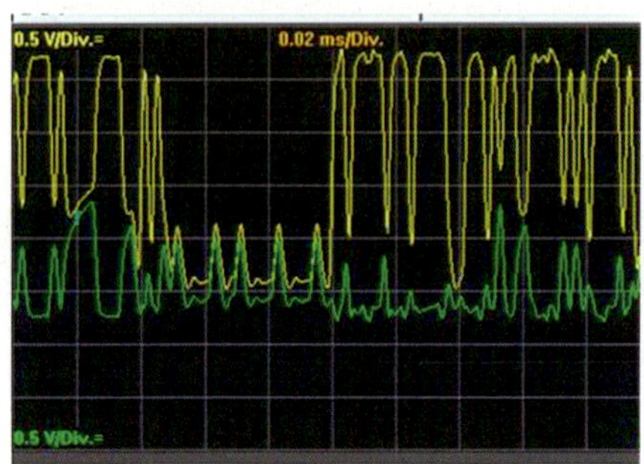

图 8-20　CAN-High 断路

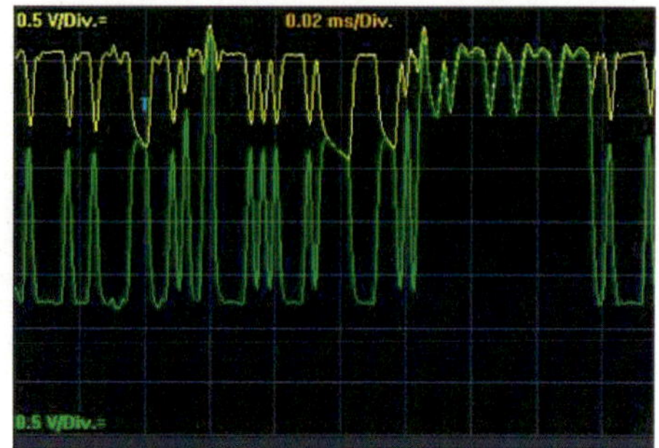

图 8-21　CAN-Low 断路

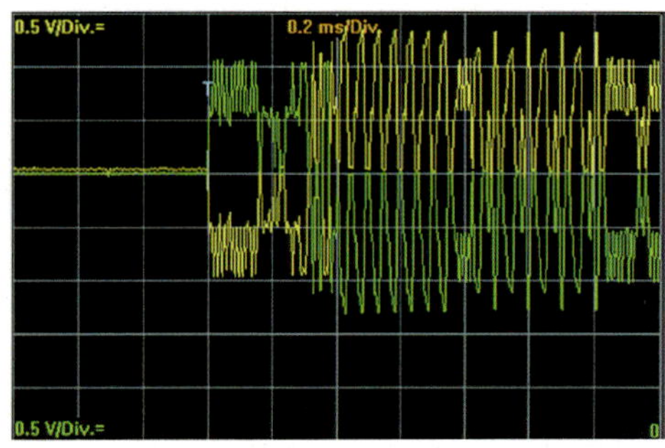

图 8-22　CAN-High 线和 CAN-Low 线接反

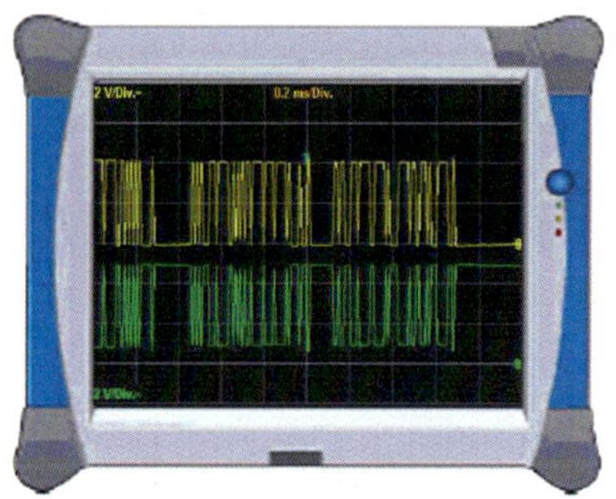
图 8-24　K-CAN 无故障示波图

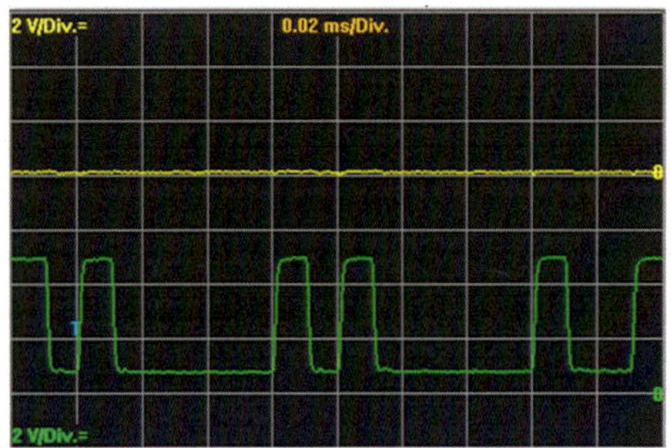

图 8-26　CAN-High 对地短路

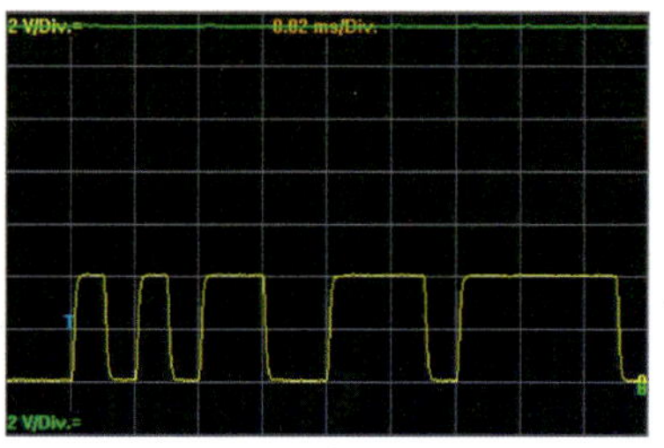
图 8-27　CAN-High 对正极短路

汽车维修与服务高技能人才培养丛书

汽车总线系统原理与检修

第 2 版

尹力会　李兆生　主编

机 械 工 业 出 版 社

本书是根据培养实用技能型人才教学的需要和特点，由具有多年高档轿车维修培训经验的专家编写而成的。书中详细介绍了 CAN 总线、K 总线、LIN 总线、BSD 总线、MOST 总线等的结构和工作原理，总线故障的检查和操作步骤、注意事项和波形分析方法；分别介绍了宝来、高尔夫、奥迪 A6 及 A6L、奥迪 A3、迈腾和宝马轿车等典型总线系统的特点；还介绍了总线系统的检测仪器及使用方法。

本书图文并茂，将大量的高难技术术语、工作原理简化、形象化，便于理解和运用，巧妙解决了总线系统学习中术语多、难理解的问题；基于汽车维修站的工作过程，注重实际操作能力和职业技能的培养，检查方法和操作步骤清晰，备有精编教学课件，适合作为中职、高职学校教材使用，也适于新技术培训和维修技术人员自学。

图书在版编目（CIP）数据

汽车总线系统原理与检修/尹力会，李兆生主编. —2 版. —北京：机械工业出版社，2015.5（2023.7 重印）

（汽车维修与服务高技能人才培养丛书）

ISBN 978-7-111-50245-6

Ⅰ.①汽…　Ⅱ.①尹…②李…　Ⅲ.①汽车-计算机控制系统-总线-车辆修理　Ⅳ.①U472.41

中国版本图书馆 CIP 数据核字（2015）第 101116 号

机械工业出版社（北京市百万庄大街 22 号　邮政编码 100037）

策划编辑：齐福江　责任编辑：齐福江　版式设计：赵颖喆

责任校对：肖　琳　封面设计：路恩中　责任印制：单爱军

北京虎彩文化传播有限公司印刷

2023 年 7 月第 2 版第 7 次印刷

184mm×260mm · 12 印张 · 6 插页 · 309 千字

标准书号：ISBN 978-7-111-50245-6

定价：45.00 元

《汽车总线系统原理与检修》编委会

前言

Foreword

现在的汽车是一种交通工具，越来越多的现代科技在车上得到应用。无线宽带、蓝牙技术、个人通信、娱乐设备已经应用到车上，分别与汽车的动力系统、舒适系统和安全系统相结合，为乘客提供安全舒适的驾驶条件。如果按照常规点到点的布线法，则整个汽车的布线将十分复杂、凌乱，不仅总质量增加、成本提高，而且维修起来也很不方便。传统方式的数据传递具有局限性，各控制系统是独立工作的系统，不断上升的复杂性会导致传感器数目大量增加。若相同的传感器只用一个，则各个控制单元之间必须发生数据交换。为实现这一复杂功能，必然使控制单元之间进行数据交换，通常情况下使用专用的信号线路传输数据，这样一来，控制系统的功能越复杂，实现数据传输的成本就更高。为了排除这些缺点并同时为车辆打开一条优化和进一步发展之路，必须找到一种设计优良的解决方案来使车内电路系统在不占用太大空间的情况下仍然保持其可操作性，通过总线系统相互连接。采用总线实现多路传输，组成汽车电子网络，是一种既可靠又经济的做法。数据总线这时应运而生，利用数据总线将各个控制单元连接起来，形成了车载总线系统。使用总线系统可将多个控制单元相互连接起来，使各系统数据交换在车载总线内进行交换。此外，通过这种交换方式还能执行很多新功能，而这一切都有赖于汽车网络技术，它是汽车电子发展的重要方向之一。

本书是由长春职业技术学院、北京广达汽车维修设备有限公司、丹纳赫工具（上海）有限公司、《汽车维修与保养》杂志社、《汽车维修技师》杂志社、沈阳军区汽车维修中心、北京飞远博飞汽车技术研究院、汽车技术总监俱乐部、北京昌平职业学校、华阳集团公司、沈阳市汽车工程学校、沈阳大学、中德教师培训中心经过近两年探索和实践后共同编写出来的。我们走进汽车维修和生产企业进行调研，与现场的工程师、技师以及中、高级汽修工交流，并把汽修企业生产一线的汽修专家请来，将编写内容交给企业专家进行论证。本书不是按传统方法编写的，而是以校企工作现场为平台，与企业的专业人士共同合作编写出来的。

本书具有以下特点：

① 内容全。书中详细介绍了奥迪、大众、宝马等车型总线系统结构、工作原理、维修数据、自诊断的方法、总线故障的检查方法和故障排除方法等。

② 实用性强。本书采用图文并茂的形式，适用于教学和一线修理工的总线系统故障诊断。以汽车维修站的工作过程为蓝本，以维修站的真实故障为例，将理论和实践相结合的方法用于教学，以理论为依据，同时对学生进行实践性教学，注重培养学生的实际操作能力，可提高学生汽车检测与维修的能力。本书能指导读者，使用检测设备进行故障的波形分析和故障查找。

本书由尹力会、李兆生任主编，杨峰、左晨旭、孙侠、刘福华任副主编，参加编写的还有修丽娜、常兴华、杨娜、顾小冬、严飞、谢计红、倪旭宏、闫绍伟。

由于水平有限，书中不当之处在所难免，敬请广大读者评判指正。

编　者

目 录

Contents

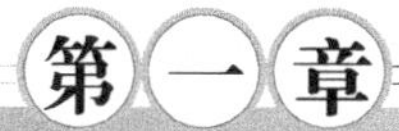

第一章 概　述

一、总线系统的应用背景

自汽车发明以来，其技术就一直在不断地改进，汽车上应用了复杂的电子控制系统以及大量的执行器和传感器（图 1-1）。

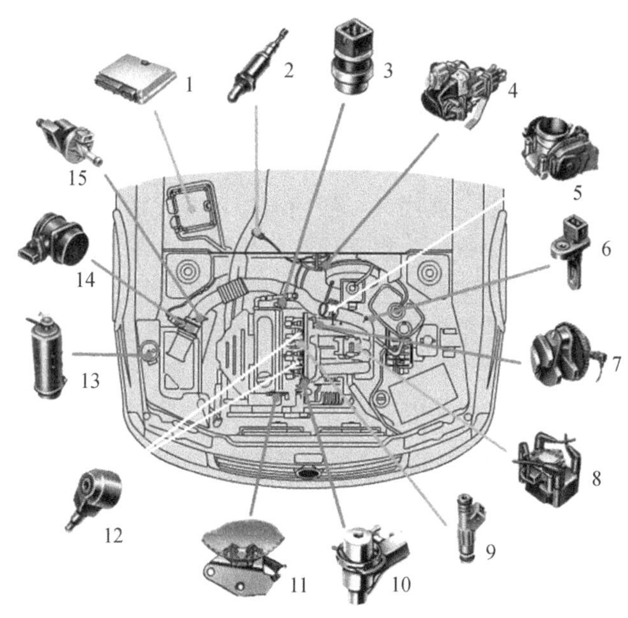

图 1-1　发动机电控元件及位置

1—控制单元　2—氧传感器　3—冷却液温度传感器　4—传感器插头　5—节气门位置传感器　6—进气温度传感器　7—曲轴位置传感器　8—点火线圈　9—喷油器　10—燃油压力调节器　11—霍尔传感器　12—爆燃传感器　13—活性炭罐　14—空气流量计　15—活性炭罐电磁阀

现在人们对汽车的安全性、舒适性、尾气排放及燃油经济性的要求越来越苛刻，使新的技术应用在车上越来越多。为了满足新技术的要求，使得控制单元的数量增加，控制单元之间的信息交换越来越密集，传感器和导线的数量迅速增多，加大了布线的复杂程度和汽车的自重，并且降低了汽车的可靠性。

以前的发动机控制系统、变速器控制系统及防抱死制动系统（ABS）或加速防滑控制

（ASR）都是独立的系统。在车辆电子装置的进一步发展中，承担复杂控制任务的控制单元应互相协作来实现控制单元之间的数据交换。每个信息都需要一根导线进行信息的传递（图 1-2），这使得导线束无限膨胀，于是需要非常多的插头连接，随之而来的是受干扰性增大。

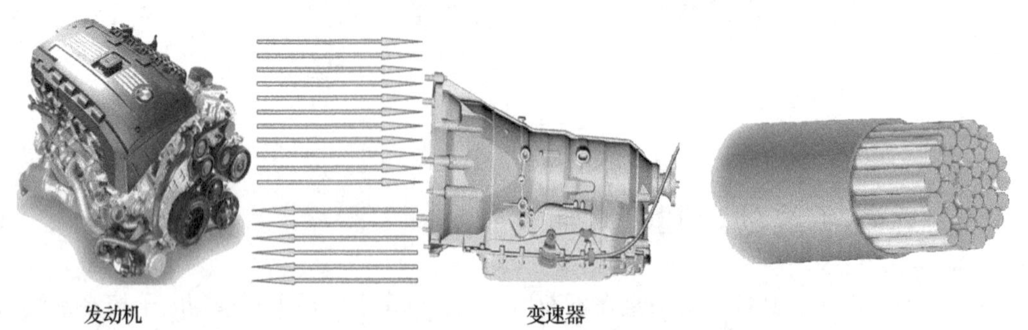

图 1-2 控制单元之间通过单根导线通信的常规接线

除此之外，汽车电子控制装置的大量使用，一些数据信息需要在不同的控制系统中共享，使得大量的控制信号在控制单元之间的信息交换越来越密集（图 1-3）。要想提高系统资源利用率和工作可靠性，如果再采用传统的点到点的连接方式，信号传输的可靠性和传送速度均已不适应，信息传输材料成本也较高。

基于安全性和可靠性的要求，现代汽车使用电控系统代替原有的机械和液压系统。为了满足电控系统的正常使用，简化线路，提高信息传输的速度和可靠性，降低故障频率，必须找到一种设计优良的解决方案来使车内电路系统在不占用太大空间的情况下仍然保持其可操作性，通过总线系统相互连接，采用串行总线实现多路传输，组成汽车电子网络，是一种既可靠又经济的做法。

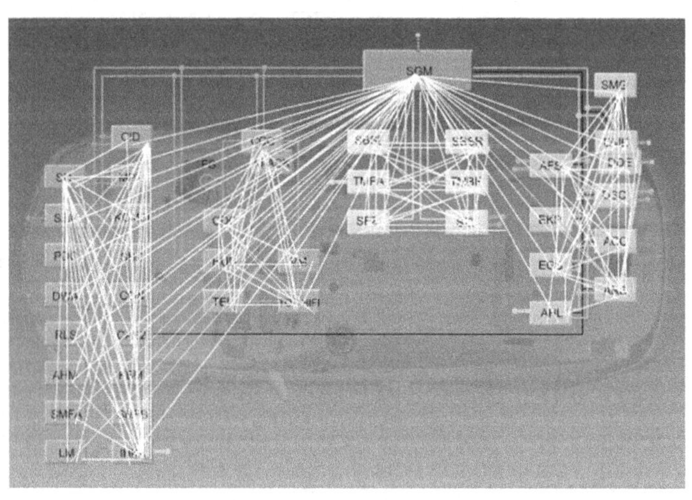

图 1-3 控制单元之间进行数据交换

二、总线系统的应用与优点

1. 数据总线和 CAN 总线

所谓数据总线，就是指在一条数据线上传递的信号可以被多个系统共享，从而最大限度地提高系统整体效率，充分利用有限的资源。例如，常见的计算机键盘有 104 位键，可以发出 100 多个不同的指令，但键盘与主机之间的数据连接线却只有 7 根，键盘正是依靠这 7 根数据线通过不同的编码来传递信号的（图 1-4）。

如果把这种方式应用在汽车电气系统上，就可以大大简化汽车电路，通过不同的编码信号来表示不同的开关动作、信号解码，然后根据指令接通或断开对应的用电设备（前照灯、刮水器、电动座椅等）。数据总线能将过去一线一用的专线制改为一线多用制，大大减少了汽车上电线的数目，缩小了线束的直径。当然，数据总线还将使计算机技术融入整个汽车系统之中，加速汽车智能化的发展。

因此，一种新的概念——汽车电子控制器局域网络 CAN 的概念应运而生。CAN 是控制单元局域网络（Controller Area Network）的缩写，意思是控制单元通过数据总线网络交换数据（图 1-5）。

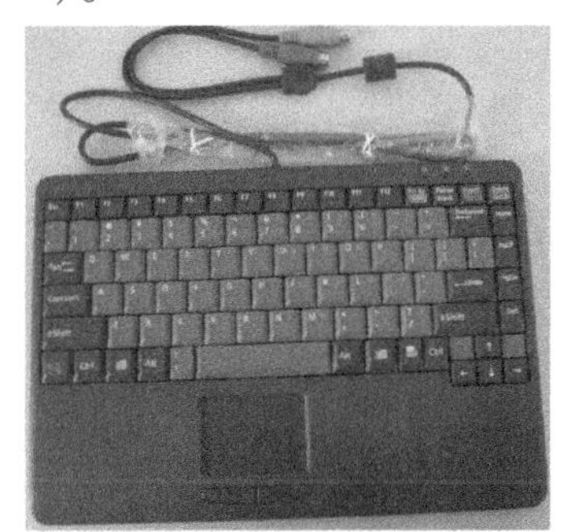

图 1-4　计算机键盘数据线只有 7 根

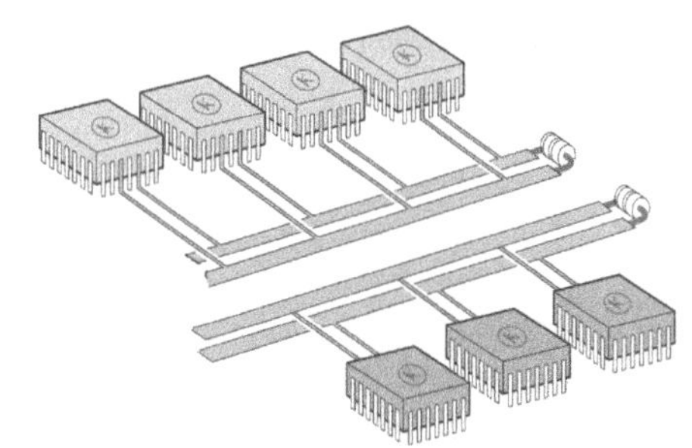

图 1-5　CAN 是控制单元局域网络

电子控制器局域网络 CAN 是德国 BOSCH 公司于 1986 年提出并推广应用的，它是专门为车辆系设计的，像常见的奥迪 A6、帕萨特 B5、高尔夫、宝来等车型都采用了 CAN 数据总线（简称 CAN 总线）。CAN 总线可以比作公共汽车，公共汽车可以运输大量乘客（图 1-6），CAN 总线也有很高的信息传送能力，所以 CAN 总线也称为 CAN-BUS 总线。

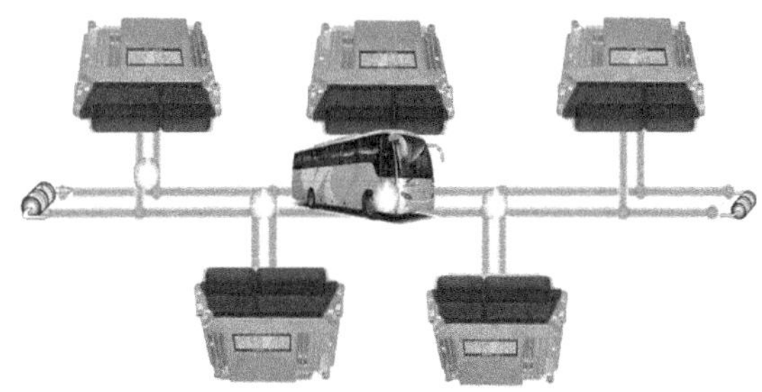

图 1-6　汽车上电子控制器局域网络 CAN

2. CAN 总线的应用

总线系统通过串行接口使车内各个控制单元联网，由此带来的种种好处促进了这些系统在车辆上的应用。

例如：某车型未采用 CAN 总线车门控制单元时，完成其全部控制功能需要 45 根线和 9 个插头（图 1-7）。

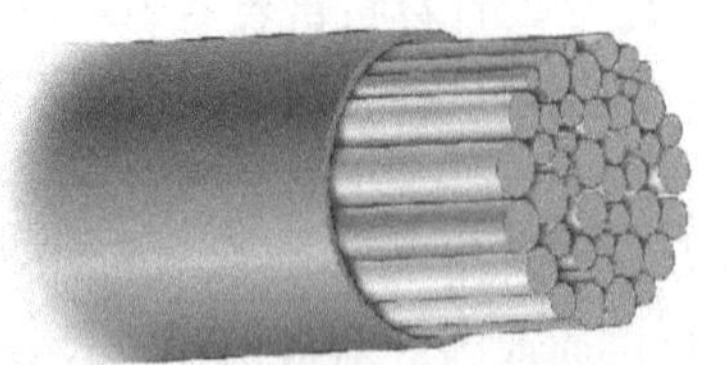

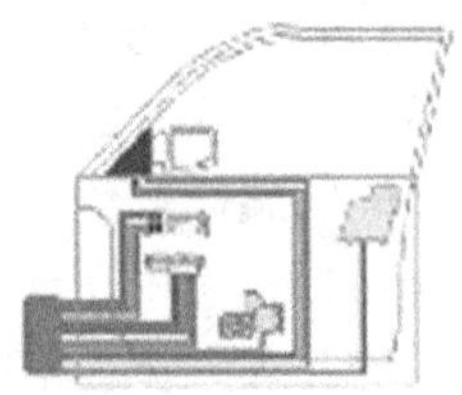

图 1-7 未采用总线时车门控制单元的导线多达 45 根

而采用 CAN 总线车门控制单元后，完成其全部控制功能最多只需 17 根导线、2 个插头即可（图 1-8）。

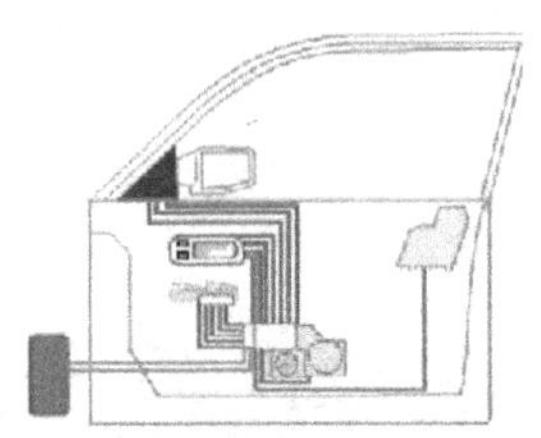

图 1-8 采用 CAN 总线时车门控制单元的导线只需 17 根

原来发动机电控汽油喷射系统与变速器之间的信息通信用多根导线来完成信号的传递。现在采用总线传递信号后，使用两根导线来完成，所有的信息都通过这两条数据线进行传递（图 1-9）。

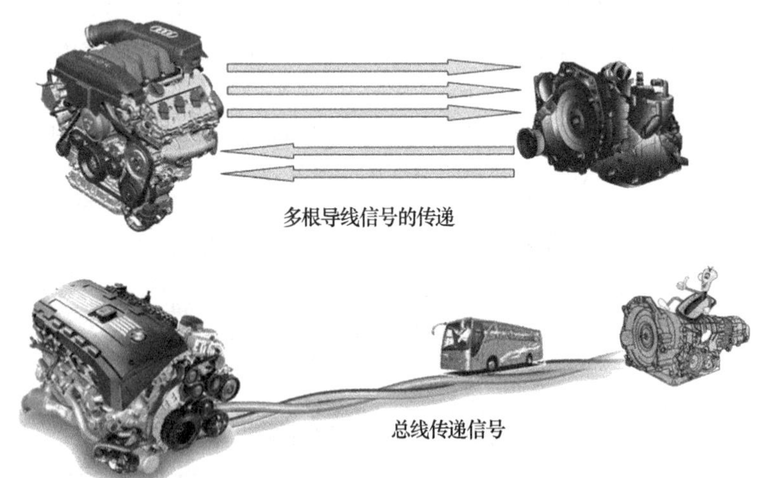

图 1-9 发动机电控汽油喷射系统与变速器之间的信息通信总线和专线的对比

在现代轿车的设计中，CAN 总线已经成为必须采用的系统，奔驰、宝马、大众、沃尔沃及雷诺等汽车公司都将 CAN 总线作为电子控制器联网的手段。由于我国中高级轿车主要以欧洲车型为主，因此欧洲车型应用最广泛的 CAN 总线技术，也将是国产轿车引进的技术项目。

汽车上的网络连接方式主要采用两根 CAN 总线，一根是用于动力系统的高速 CAN 总线，速率达到 500Kbit/s；另一根是用于车身系统的低速 CAN 总线，速率是 100Kbit/s。

动力系统用 CAN 总线的主要连接对象是发动机控制单元及 ABS 控制单元、组合仪表控制单元等。它们的基本特征相同，都是控制与汽车行驶直接相关的系统。车身系统用 CAN 总线的主要连接对象是 4 个车门以上的集控锁、电动门窗、后视镜和厢内照明灯、娱乐音响系统等。总线的网络结构如图 1-10 所示。

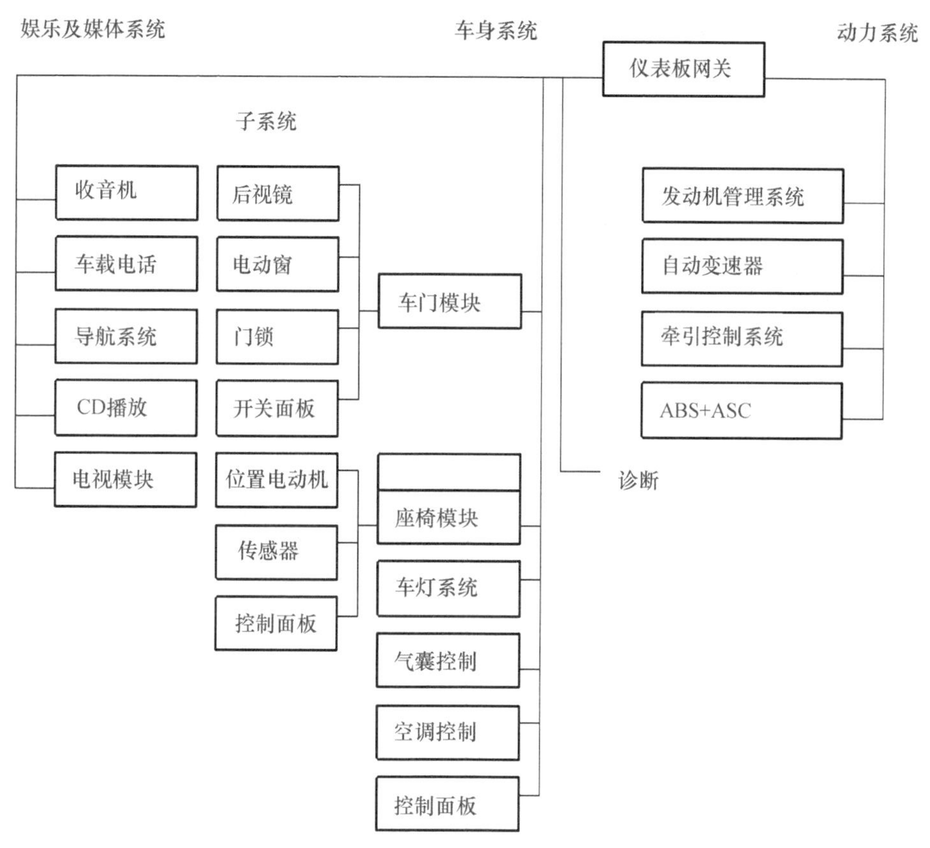

图 1-10　总线的网络结构

有些先进的轿车除了上述两种 CAN 总线外，还有第三种 CAN 总线，它主要负责卫星导航及智能通信系统。

动力系统用 CAN 总线和车身系统用 CAN 总线这两种总线彼此之间可以是相互独立的，也可以通过设置网关，使不同类型 CAN 总线之间搭桥实现资源共享，将各个数据总线上的信号反馈到仪表板总成的显示屏上。驾驶人只要看看显示屏，就可以知道各个电控装置是否正常工作了。

CAN 采用多主工作方式，节点之间不分主从，但节点之间有优先级之分；通信方式灵活，可实现点对点、一点对多点及广播式传输数据，无需调度。CAN 采用非破坏性总线仲裁技术，优先级发送，可大大节省总线冲突仲裁时间，在重负荷下表现出良好的性能。

数据总线技术引入汽车，对汽车电子技术的发展必将起到积极的推进作用。采用数据总线的控制系统能够利用传感器数据完成多项工作并实时传输信息，使用检测仪还能对车载网络进行有效诊断（图 1-11）。光缆总线利用光脉冲进行数据传输。

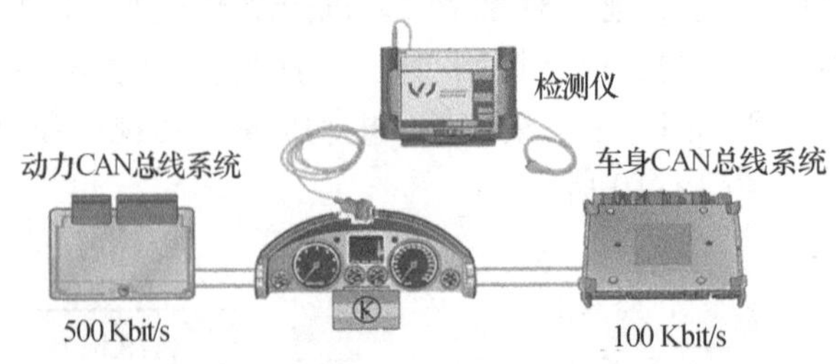

图 1-11　用检测仪对车载网络进行诊断

具体车型应用情况如下：

（1）大众公司早在 1997 年款 PASSAT 车型上应用了舒适总线，使用 K 总线传输信息，传输速率为 62. 5Kbit/s。

（2）在 1998 年款 GOLF 和 PASSAT 车型（图 1-12）上应用了 CAN 动力总线（图 1-13），传输速率为 500Kbit/s。

图 1-12　1998 年款 GOLF 和 PASSAT 轿车应用了 CAN 动力总线

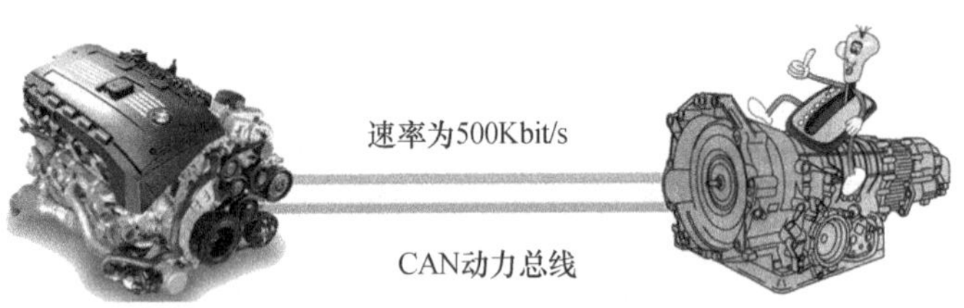

图 1-13　CAN 动力总线传输速率

（3）在 2000 年款 GOLF 和 PASSAT 车型上采用 CAN 网关上的 K 总线（图 1-14）。

（4）2000 年以后，控制单元之间信息量增大，K 总线不能满足系统通信的需要，使用了 CAN 总线的新系统，大众集团内 100Kbit/s 的 CAN 舒适总线已成为某些车型的标准配置。网关、CAN 动力总线及 CAN 舒适总线系统如图 1-15 所示。

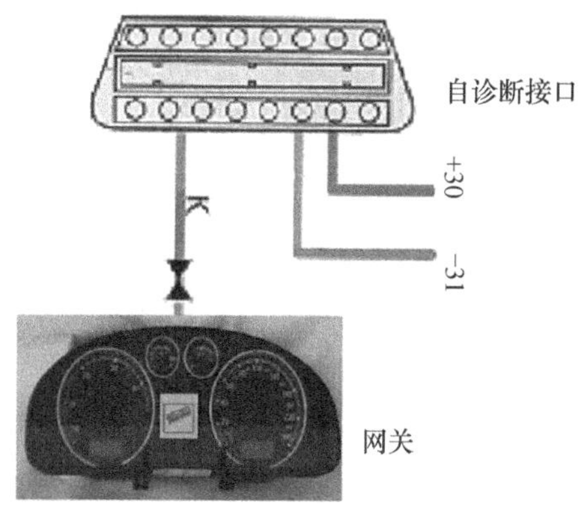

图 1-14　CAN 网关 K 总线

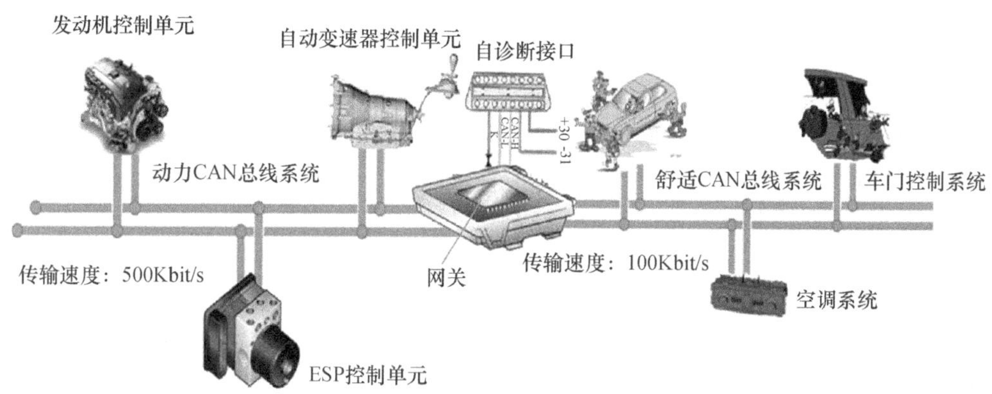

图 1-15　网关、CAN 动力总线及 CAN 舒适总线

3. 总线系统的优点

（1）使用总线后，由于减少了线路和节点，使信号传输的可靠性得以提高，提高了整车电气线路的工作可靠性。

（2）改善了系统的灵活性，通过系统软件即可实现控制系统的功能变化和系统升级，能够方便地为用户扩展新功能。

（3）总线可以单线工作，改善了应急运行特性。CAN 数据总线系统是一个有两条线的总线系统，通过这两条数据总线，数据便可以按顺序传送到与系统相连的控制单元。如果出现 CAN 导线断路，故障逻辑电路会识别出该故障，从而进入单线工作模式。

（4）能对总线系统中的控制单元进行有效诊断。通过诊断接口用多功能测试仪对数据进行测试与诊断，方便了维修人员对电子系统的维护和故障检修。

（5）提高了电磁兼容性（EMV），防止了电磁对传输信息的干扰。

（6）使用总线后，多个控制单元使用一个传感器数据，网络结构将各控制系统紧密连接，达到数据共享，各控制系统的协调性进一步提高。

（7）通过总线系统使各个控制单元之间实现高速数据信息传递。

(8) 由于用总线替代了多根甚至数十根导线，大大减少了导线的数量和线束的体积，简化了整车线束，使布线成本降低，整车自重也有所下降。

三、总线系统的分类

1. 按网络拓扑结构分类

计算机网络的拓扑结构是指网上计算机或设备与传输媒介形成的节点与线的物理构成模式。汽车网络的拓扑结构主要有星形结构、线形结构、环形结构。

(1) 星形结构。星形拓扑结构是一种以中央节点为中心，把若干外围节点连接起来的辐射式互联结构（图1-16）。这种结构适用于局域网。

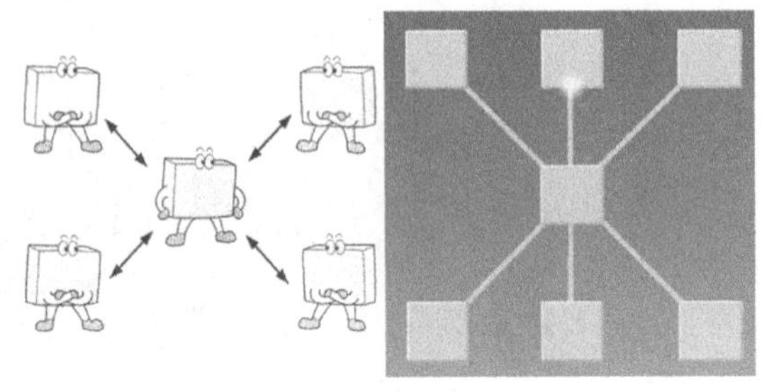

图1-16 星形拓扑结构

星形拓扑结构的特点是安装容易，结构简单，费用低，通常以集线器作为中央节点，便于维护和管理。中央节点的正常运行对网络系统来说是至关重要的。中央节点负载重，扩充困难，线路利用率低。

由于汽车网络的应用目的之一就是简化线束，所以这种结构不可能成为整车网络的结构，只在一个部件或总成上使用。宝马车的安全气囊系统就采用星形拓扑结构。

(2) 线形结构。线形拓扑结构是一种共享通路的物理结构。这种结构中总线具有信息的双向传输功能，普遍用于局域网的连接（图1-17），总线一般采用同轴电缆或双绞线。

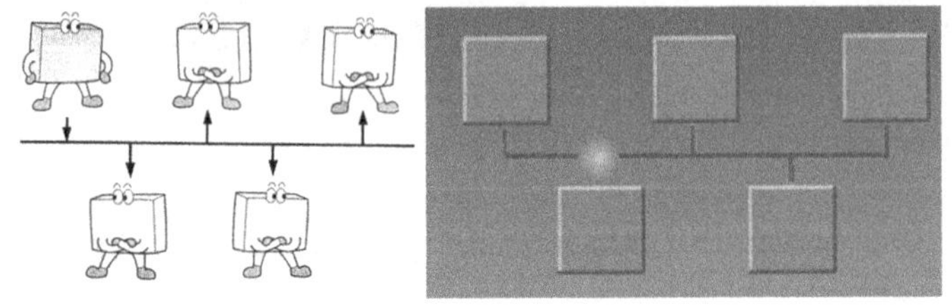

图1-17 线形拓扑结构

线形总线拓扑结构的优点是安装容易，扩充或删除一个节点很容易，不需停止网络的正常工作，节点的故障不会殃及系统。由于各个节点共用一个总线作为数据通路，信道的利用率高。但总线结构也有其缺点：由于信道共享，连接的节点不宜过多，并且总线自身的故障可以导致系统的崩溃。汽车上的网络多采用这种结构，应用在CAN总线系统上。CAN动力数据总线（高速）速率为500Kbit/s，用于动力系统和底盘系统数据总线；CAN舒适数据总线（低速）速率为100Kbit/s，用于将收音机、电话和导航系统联网。

注：数据总线的传输速度通常用比特率来表示（Kbit/s）。

(3) 环形结构。环形结构由各节点首尾相连形成一个闭合环形线路。环形网络中的信息传送是单向的，即沿一个方向从一个节点传到另一个节点；每个节点需安装中继器，以接收、放大、发送信号（图 1-18）。这种结构的特点是结构简单，建网容易，便于管理。其缺点是当节点过多时，将影响传输效率，不利于扩充，另外节点发生故障时，整个网络就不能正常工作。

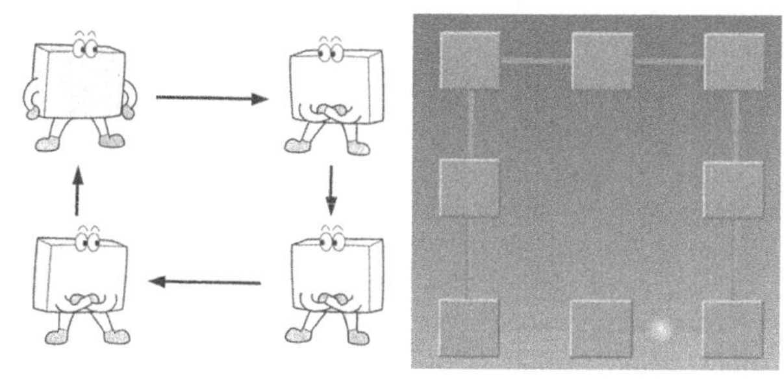
图 1-18 环形结构

由于汽车上要求网络系统实时性好，有一些车上网络系统支持这种结构，MOST 总线即采用环形结构，通过光脉冲传输数据，只能朝一个方向传输数据。光缆用作传输媒介可以传输各种数据（如控制单元、音频和图像数据），并提供各种数据服务。

2. 按信息传输速度分类

汽车工程师协会（SAE）定义了三类车辆数据连接网络：

A 类：允许节点间的同一总线进行多路信号的发送或接收，适用于低数据率汽车车身布线。传感器、执行器控制的低速网络，数据传输速率通常只有 1 ~ 10Kbit/s，主要应用于电动门窗、座椅调节、灯光照明等控制。

B 类：这是数据在节点间传输的多主总线系统，可取消多余的系统组件。当需要将许多功能集成在一个模块时，最适于利用 B 类连接方式。传输速率一般为 10 ~ 100Kbit/s，主要应用于电子车辆信息中心、故障诊断、仪表显示、安全气囊等系统。

C 类：与 B 类的定义相同，但面向高数据率信号传输，实时闭环控制的多路传输。最高传输速率可达 1Mbit/s，主要用于悬架控制、牵引控制、发动机控制、ABS 等系统。

3. 按联网范围分类

总线按联网范围分为主总线系统、子总线系统。

主总线系统负责跨系统的数据交换，主总线系统数据传输率见表 1-1。

子总线系统负责系统内的数据交换，子总线系统数据传输率见表 1-2。这些系统用于交换特定系统内数据量相对较少的数据。

表 1-1 主总线系统及数据传输速率

主总线系统	数据传输速率	总线结构
K 总线	9.6Kbit/s	线性，单线
D 总线	10.5 ~ 115Kbit/s	线性，单线
CAN	100Kbit/s	线性，双线
K – CAN	100Kbit/s	线性，双线
F – CAN	100Kbit/s	线性，双线
PT – CAN	500Kbit/s	线性，双线
byteflight	10Mbit/s	星形，光缆
MOST	22.5Mbit/s	环形，光缆

表 1-2 子总线系统及数据传输速率

子总线系统	数据传输速率	总线结构
K 总线协议	9.6Kbit/s	线性,单线
BSD	9.6Kbit/s	线性,单线
DWA 总线	9.6Kbit/s	线性,单线
LIN 总线	9.6~19.2Kbit/s	线性,单线

复习题

1. 为何使用总线系统?
2. 什么是 CAN 总线?
3. CAN 总线系统有哪些优点?
4. 总线如何分类?
5. 如何在车上找出主总线系统和子总线系统?
6. 总线网络拓扑结构如何分类?

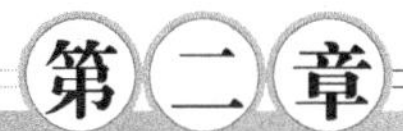

第二章 CAN 总线原理及相关概念

一、CAN 总线原理

由于汽车控制单元的数量在不断上升，从开始的几个发展到现在几十个甚至上百个控制单元。随着控制单元数量的增加，使得它们互相之间的信息交换也越来越密集。为此德国 BOSCH 公司开发了一种设计先进的解决方案——CAN 数据总线，提供一种特殊的局域网来为汽车的控制器之间进行数据交换。

CAN 总线系统中的信号是采用数字方式通过双绞线（铜导线）传输的（图 2-1）。

图 2-1　CAN 总线双绞线

CAN 是控制单元区域网络控制单元通过网络交换数据。CAN 总线可以传送大量的数据信息（图 2-2）。

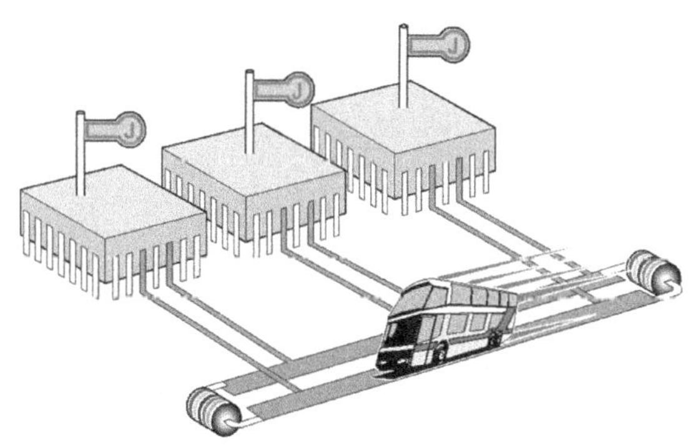

图 2-2　CAN 总线传输原理

1. CAN 总线数据传递形式

CAN 总线是控制单元间的一种数据传递形式，它连接各个控制单元形成一个完整的系统。一个控制单元能从 CAN 总线系统中获得大量的信息，使用这些信息来控制系统的工作，

控制单元之间还能在 CAN 总线上互相交换信息。

动力传动系统的控制单元组成了一个完整的 CAN 总线系统：发动机控制单元、自动变速器控制单元、ABS 控制单元等（图 2-3）。

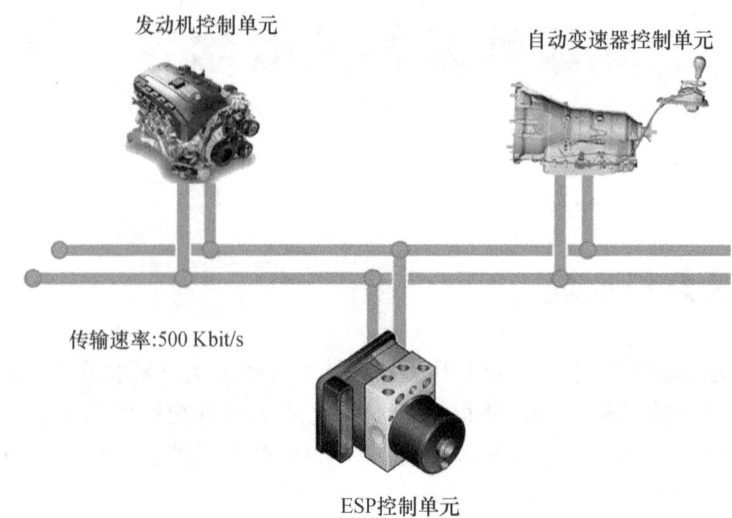

图 2-3 动力传动系统 CAN 总线

舒适系统的控制单元组成了一个完整的 CAN 总线系统：中央控制系统、车门控制系统、空调系统、收音机、电话和导航系统等（图 2-4）。

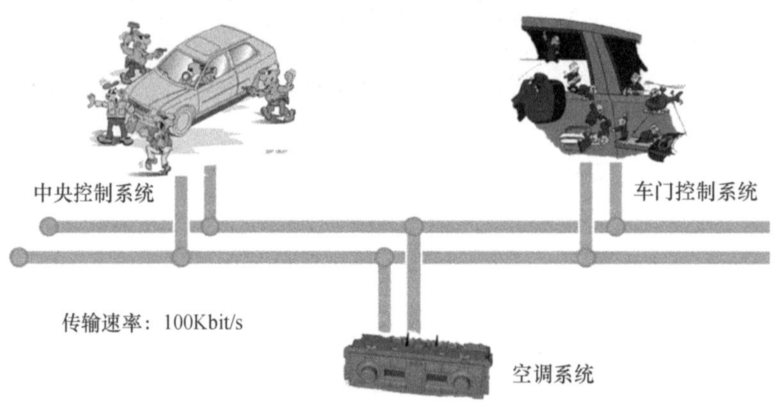

图 2-4 舒适系统 CAN 总线

2. 目前车辆上应用的数据传递形式

（1）车辆使用多根独立的数据进行数据传递，如发动机与变速器之间的信息通信，共需要 5 条数据线来传递数据。每项信息都需要一个独立的数据线，随着所需信息量的增加，数据线的数量和控制单元的端子数也会相应增加（图 2-5）。

（2）车辆使用两根数据线——CAN 总线进行数据传递，如发动机与变速器之间的信息

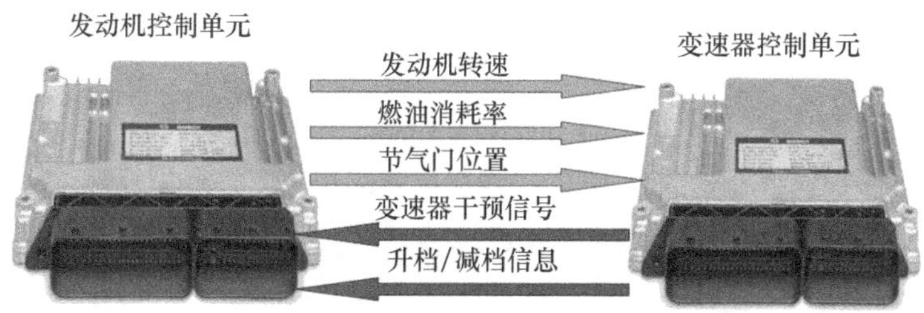

图 2-5　独立的数据线进行交换

通信通过两根 CAN 数据总线进行传递。不管控制单元的多少和信息量的大小，都可以通过这两条 CAN 数据线进行传递（图 2-6）。

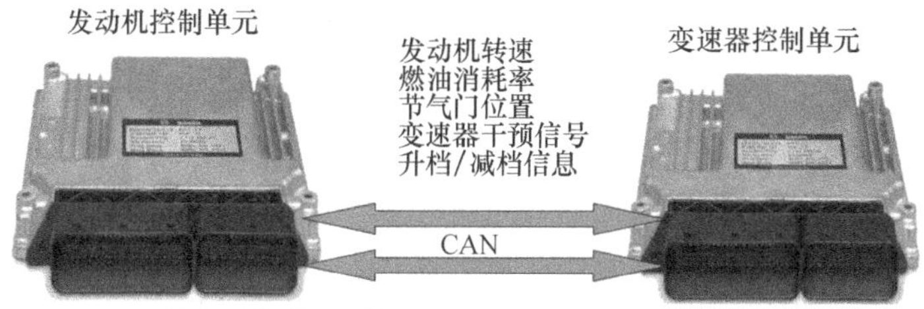

图 2-6　两根数据线（CAN 总线）进行交换

（3）车辆使用一根线——K 总线进行数据传递，如发动机与变速器之间的信息通信只用一根单独的导线朝两个方向传输数据。采用半双工模式传输数据（图 2-7）。

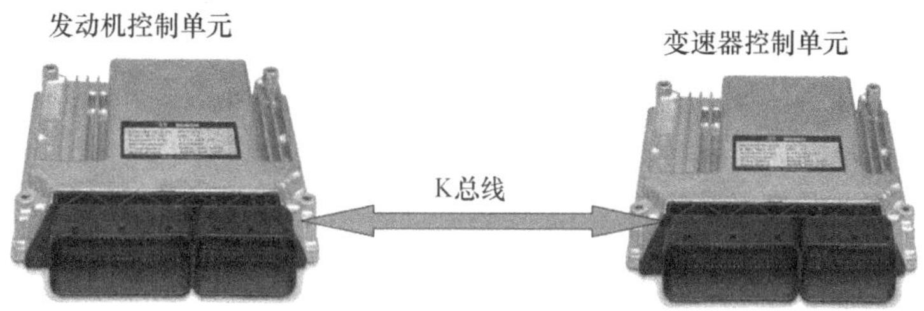

图 2-7　半双工模式传输数据

3. 目前车辆系统中的网络形式

（1）由一个控制单元和传感器组成的网络系统（图 2-8）。

图 2-8　中央控制单元系统

（2）由三个控制单元和传感器组成的网络系统（图2-9）。

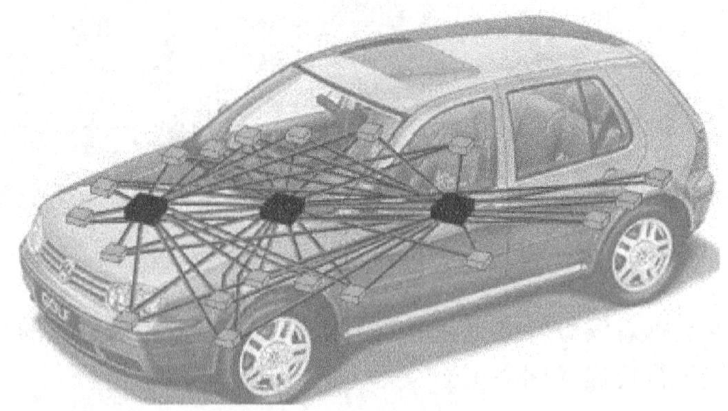

图2-9　三个控制单元系统

（3）由三个控制单元和传感器组成的网络，其中两个控制单元是通过CAN总线进行通信的网络系统（图2-10）。

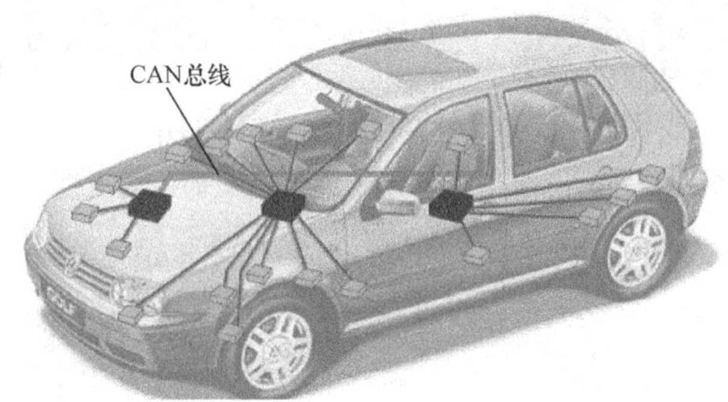

图2-10　三个控制单元和总线系统

（4）在早期的车辆中只有三个控制单元，三个控制单元通过总线进行数据传递（图2-11）。

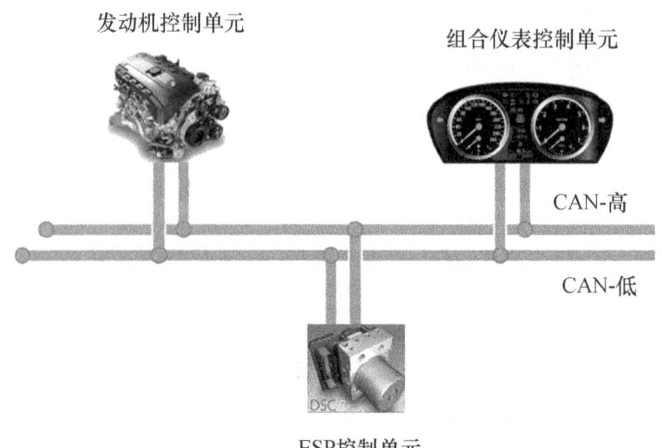

图2-11　三个控制单元的总线网络系统

（5）车辆由多个控制单元形成一个整体的总线网络系统（图 2-12）。

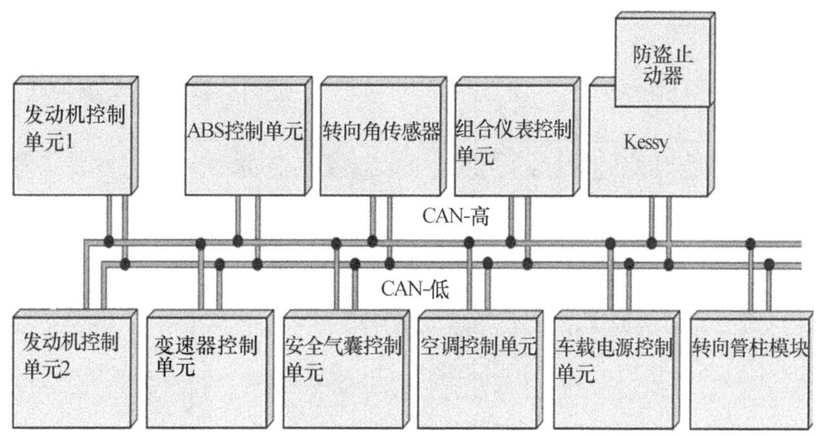

图 2-12　多控单元的 CAN 总线系统

4. CAN 数据总线的应用

CAN 数据总线是一种各控制单元间的数据传输的网络，它将各个控制单元组成一个总线网络系统，所有信息都沿两条线路传输。传输信息时与 CAN 总线上的控制单元数量和信息量的大小无关，这样就解决了随着新功能扩展而增加控制单元和信息量加大的问题。所有控制单元通过这两条 CAN 数据总线进行传递信息，连成总线网络（图 2-13）。

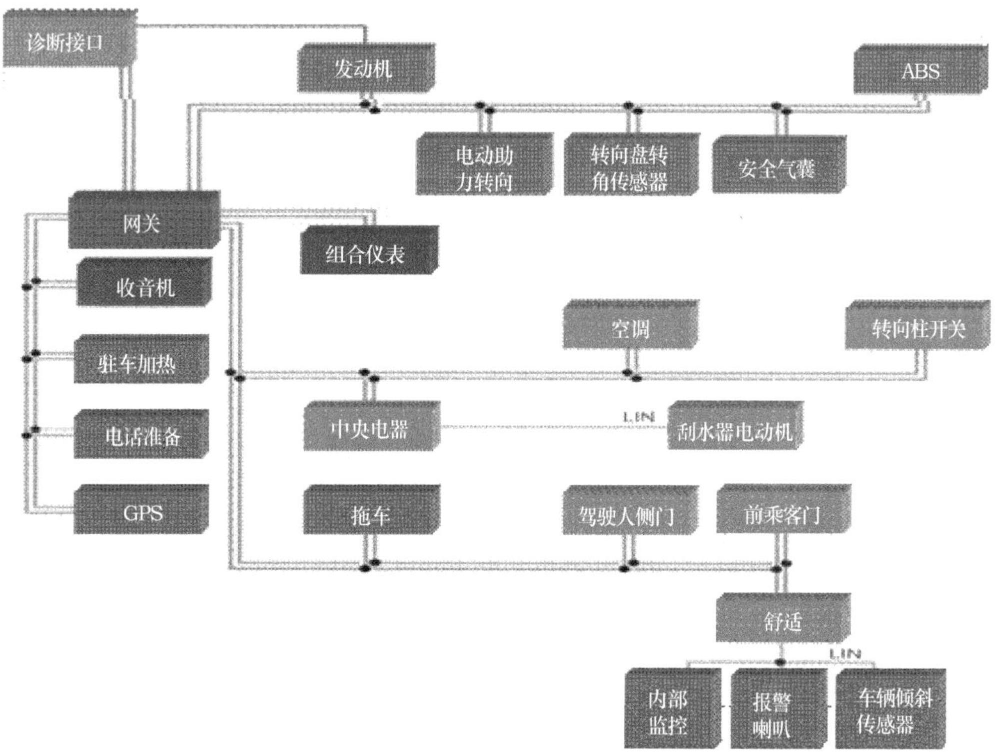

图 2-13　CAN 总线连成的网络

CAN 总线是一个开放系统，它可以与各种传输媒质进行适配，如铜线和光缆导线（图 2-14）。

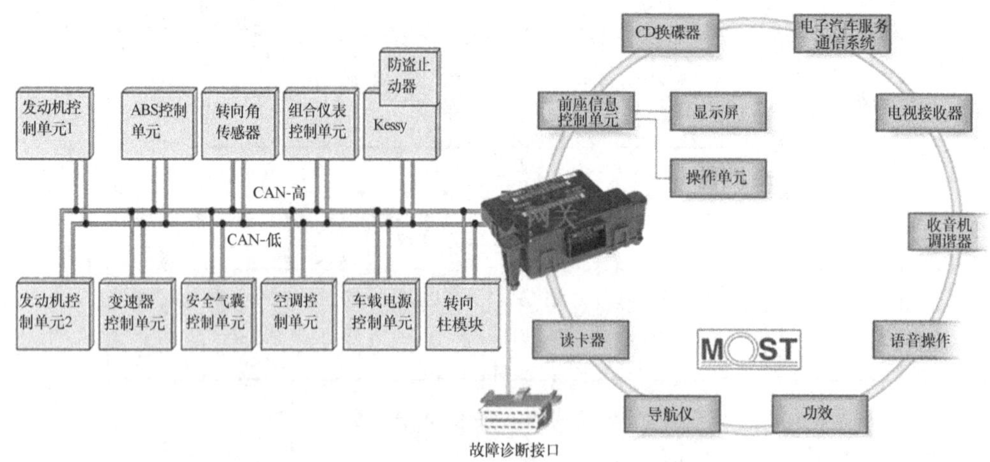

图 2-14　CAN 铜线和 MOST 光缆系统

早期的诊断是通过 K 总线进行的，使用检测仪通过 K 总线对网关进行检测，查找网关存储的信息（图 2-15）。

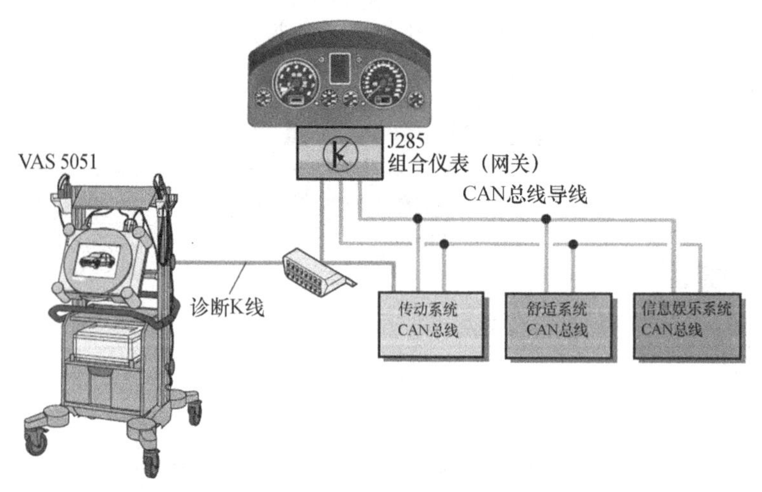

图 2-15　用 K 线对控制单元诊断

现在的车辆诊断是通过 CAN 总线来完成，因此也称为“虚拟 K 总线”。将来的车上有可能取消 K 总线，通过 CAN 总线进行诊断，即在网关同时对多个控制单元进行系统诊断（图 2-16）。

5. CAN 总线原理

CAN 总线是车内众多的电子控制单元装置中的一个独立系统，它就是数据线（图 2-17），用于控制单元之间连接进行信息交换和系统内部的数据交换。由于 CAN 总线自身的布置和结构特点，CAN 总线工作时的可靠性很高。

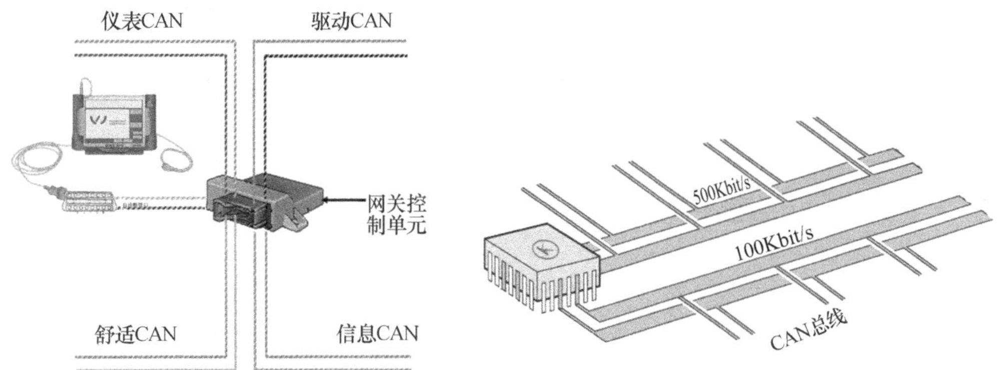

图 2-16　网关同时对多个控制单元进行系统诊断　　图 2-17　CAN 总线

CAN 总线在正常工作时，车辆在任何工况均不应有 CAN 总线故障记录。

总线系统有多个控制单元，这些控制单元通过控制单元的收发器（发射—接收放大器）并联在总线导线上（图 2-18）。

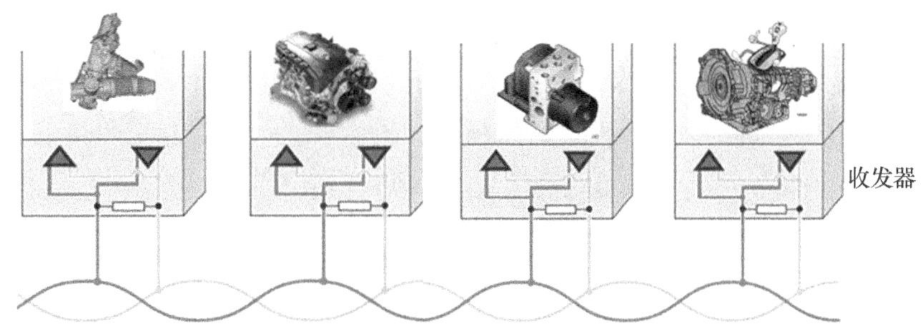

图 2-18　控制单元并联在总线

CAN 总线是控制单元间的一种数据传递形式（图 2-19），它连接各个控制单元形成一个完整的系统。一个控制单元能从 CAN 总线系统中获得大量的信息，使用这些信息来控制系统的工作，控制单元之间还要在 CAN 总线上互相交换信息。

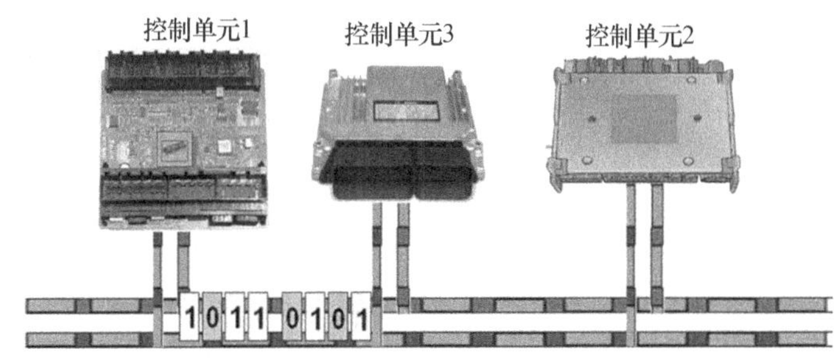

图 2-19　CAN 数据传递形式

所有控制单元的地位均相同，没有哪个控制单元有特权。在这个意义上也称之为多主机结构。信息交换是连续完成的（按顺序）。

原则上 CAN 总线用一条导线就足以满足功能要求了，但 CAN 总线系统上还是配备了第二条导线。在第二条导线上，信号是按相反顺序传送的，这样可有效抑制外部干扰。

如果 CAN 总线系统出现故障，故障就会存入相应的控制单元故障存储器内(图 2-20)。可以用诊断仪读出这些故障。

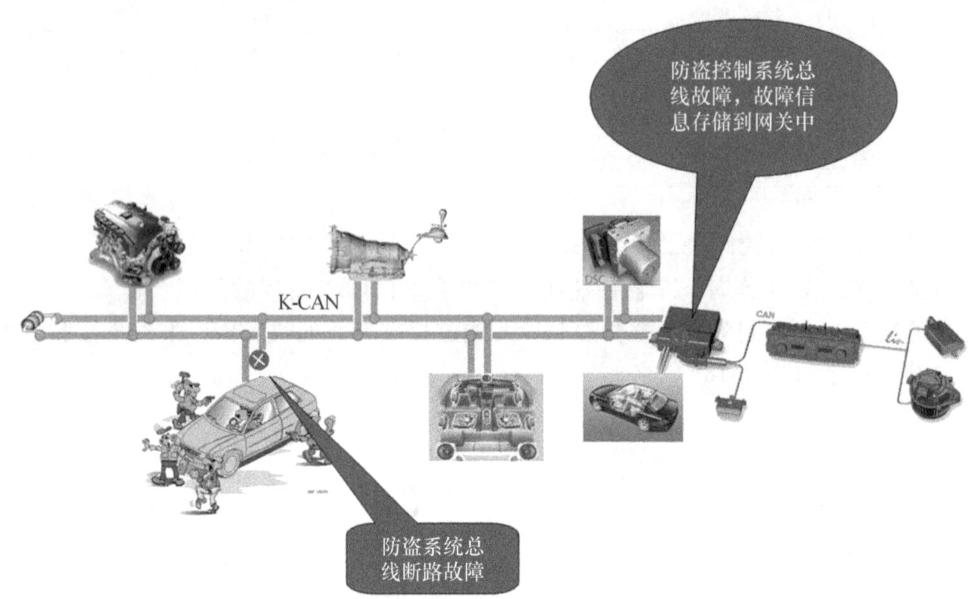

图 2-20　控制单元故障存入存储器内

- 控制单元有自诊断功能，通过自诊断功能还可识别出与 CAN 总线相关的故障。
- 用诊断仪读出 CAN 总线故障记录后，即可按这些信息准确地查寻故障（图 2-21）。
- 控制单元内的故障记录用于初步诊断故障，还可用于排除故障后的说明。如果想要更新故障显示内容，必须重新起动发动机。

6. CAN 总线系统的特点

（1）可靠性高。信息在传输时若出现故障（不论是由内部还是外部引起的）能准确识别出来。

（2）使用方便。如果某一控制单元出现故障，其余系统能保持原有功能，以便进行信息交换。

（3）所有控制单元在任一瞬时的信息状态均相同，这样就使得两控制单元之间不会有数据偏差。如果系统的某一处有故障，就像一个广播电台发送节目一样，每个连接的用户均可接收，总线上所有连接的控制单元都会得到通知。通过使用检测仪在网关处进行检测可提取故障信息（图 2-22）。

（4）为了防止有故障的控制单元干扰总线上的数据通信，当故障控制单元故障信息超过规定的错误率时，就会限制该控制单元的运行自由，甚至断开该控制单元与网络的连接(图 2-23)。

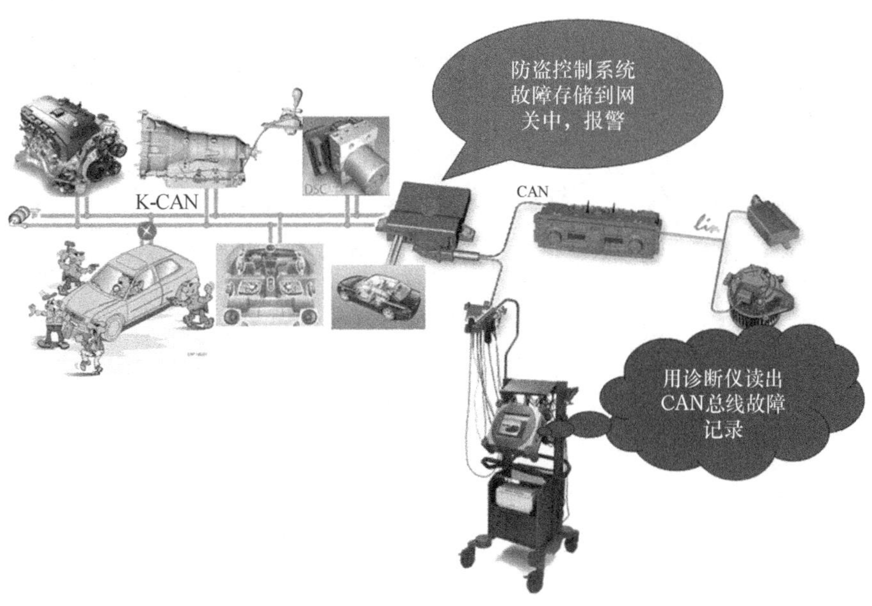

图 2-21 用诊断仪读出 CAN 总线故障记录

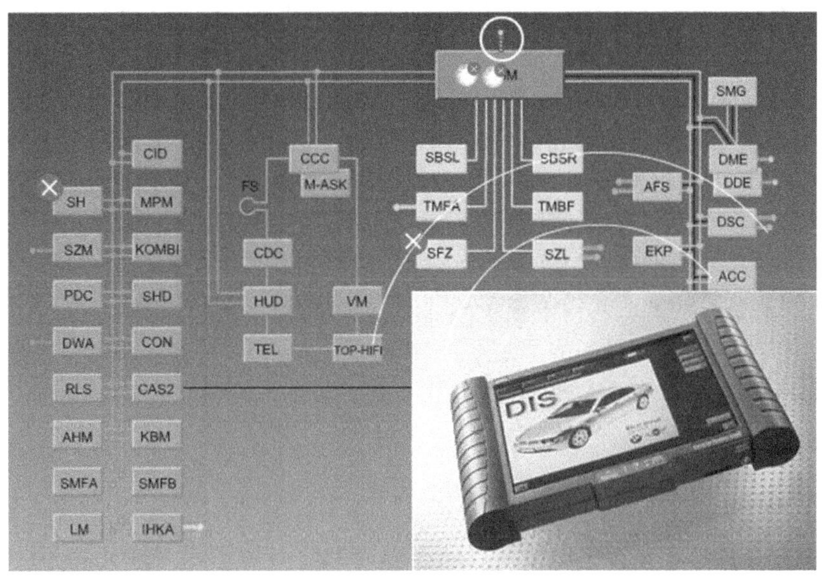

图 2-22 CAN 故障诊断

7. CAN 总线系统传输速度

信息通过导线的传输速度受物理性能和与之相关的易受干扰性限制。传输速度取决于 CAN 总线导线的长度和电压振幅（信号电平）。数据传输速度以 bit/s 为单位表示，即在一秒钟内传输数据的位数。CAN 总线规定在最大导线长度为 40m 时最大速度为 1Mbit/s。导线长度越长传输速度越低。

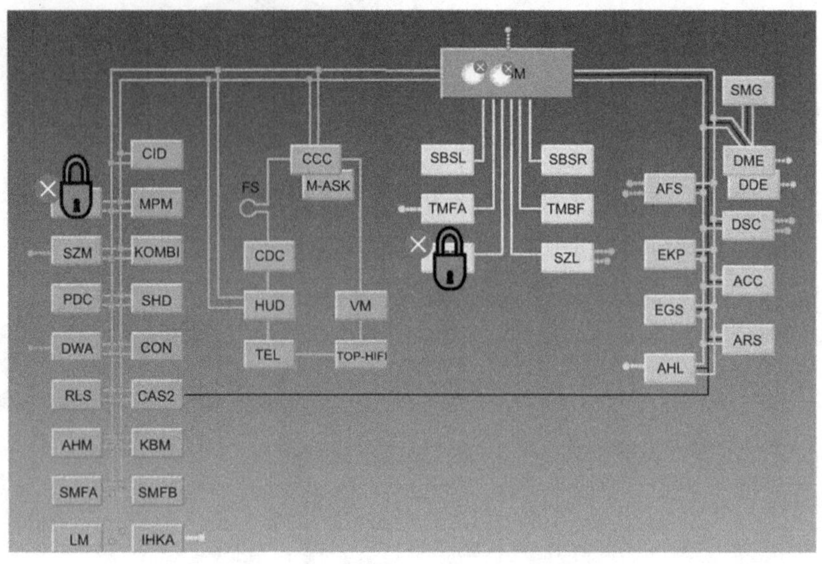

图 2-23　自动识别并关闭故障设备

人们要求车辆中的电子系统在传输信息时要迅速作出反应。为了使控制单元能够及时作出反应，必须保证优先传递重要数据。在控制和调节动力系统工作时会产生重要数据，动力系统 CAN 被设计成高速 CAN 总线。用于舒适性和娱乐系统要求不急迫的数据被设计成低速 CAN 总线。因此其最大稳定传输速率可达 1000Kbit/s（1Mbit/s）。大众和奥迪公司最大传输速率规定为 500Kbit/s。根据信号的重复率及数据量，CAN 总线系统分为三个专门的系统：

- CAN 动力总线（高速），500Kbit/s，可基本满足实时要求。
- CAN 舒适总线（低速），100Kbit/s，用于对时间要求不高的情况。
- CAN 娱乐总线（低速），100Kbit/s，用于对时间要求不高的情况。

二、CAN 总线的重要概念

1. 控制单元

控制单元是一种电子装置，简单一点的如温度和压力传感器，复杂的如计算机（微处理器）。传感器也是一个控制单元，它会根据温度或压力的不同，而产生不同的电压信号。这些电压信号在计算机的输入接口被转换成数字信号。在计算机总线系统中，一些简单的控制单元被称为节点。

2. 数据总线

数据总线是控制单元间运行数据的通道，即所谓的信息高速公路。如果控制单元可以发送和接收数据，则这样的数据总线就称为双向数据总线。

大多数的总线都有三种基本型：即低速型、中速型和高速型（表 2-1）。

表 2-1　总线的基本型

系统等级	信号种类	响应速度/ms
A	车身控制系统:灯具、继电器、电动门窗、电动座椅	20 ~ 50(低速)
B	动态信息系统:GPS、多信息、电话、故障诊断装置等	5 ~ 50(中速)
C	实时控制系统:发动机、传动系统、制动系统、悬架控制系统	1 ~ 5(高速)

3. 网络

网络是为了实现信息共享而将多条数据总线连在一起,或者将数据总线和控制单元作为一个系统。

4. 架构

架构是信息高速公路的配置,其输入和输出端规定了什么信息能进和什么信息能出。例如:指挥交通需要"警察"(一种具有特殊功能的芯片),那么就要有"警局",也许就在控制单元的输入/输出端。架构通常包括一二条线路,采用双绞线时,数据的传输是基于两条线的电压差。当其中的一条线传输数据时,其对地有一个参考电压。

5. 通信协议

通信协议即所谓交通规则,包括"交通标志"的制定方法。如总统乘坐的车具有绝对的优先通行权,其他具有优先通行权的车依次为政府要员的公车、警车、消防车、救护车等。但只能在执行公务时才能有优先通行权,架车兜风、执行公务完毕时,就无优先权可言。数据总线的通信协议并不是个简单的问题,可举例简单说明。当控制单元 A 检测到发动机已接近过热时,相对于其他不太重要的信息(例如 B 控制单元发送的最新大气压力变化数据)有优先权。通信协议的标准蕴含唤醒访问和握手。唤醒访问就是一个给控制单元的信号,这个控制单元为了节电而正处于休眠的状态。握手就是控制单元之间的相互确认兼容,并处在工作状态。

在汽车总线系统中采用的通信协议有多种形式,但主要的有 8 种,见表 2-2。

表 2-2　通信协议的形式

序号	通信协议名称	推荐或实施公司
1	CAN	奔驰、英特尔、博世、JSAE、ISO/TC22/SC3/WG1
2	BASIC CAN	飞利浦、博世
3	ABWS	大众
4	VAN	雷诺、标致、雪铁龙、ISO/TC22/SC3/WG1
5	HBCC	福特、SAEJ1850
6	PALMENT	马自达、SAE
7	DLCS	通用
8	CCD	克莱斯勒、SAE

到目前为止，世界上尚无一个可以兼容各大汽车公司通信协议的通用标准，也就是说，想用某个公司的通信协议取代其他公司的协议，是很难做到的。因此，在汽车上就形成了多种类型的总线通信系统共存的局面。作为汽车维修人员，并不关心通信协议本身，而真正关心的是它对汽车维修诊断的影响。

大多数通信协议（以及使用它们的数据总线和网络）都是专用的。因此，维修诊断时，需要使用专门的仪器和软件。

6. 网关

因为在现代汽车上装用多种总线和网络，所以必须用一种方法达到信息共享和不产生协议间的冲突。为了使采用不同协议及速度的数据总线之间实现无差错的数据传输，必须要用一种具有特殊功能的计算机，这种计算机就叫做网关。

网关实际上就是一种控制单元，它工作的好坏决定了不同的总线、控制单元和网络相互间通信质量的好坏。网关可以是一个单独的硬件控制器，也可以“寄生”在某个控制器（如组合仪表）内，见图2-24。

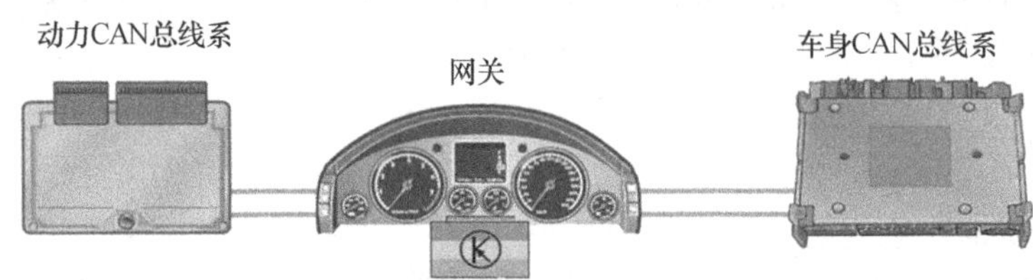

图2-24　组合仪表网关

7. 信息交换

CAN数据总线中的数据传递就像开电话会议一样：一个电话用户（控制单元）将数据“讲”入网络中，其他用户通过网络“接听”这个数据，对这个数据感兴趣的用户就会利用这个数据，而其他用户则选择忽略（图2-25）。

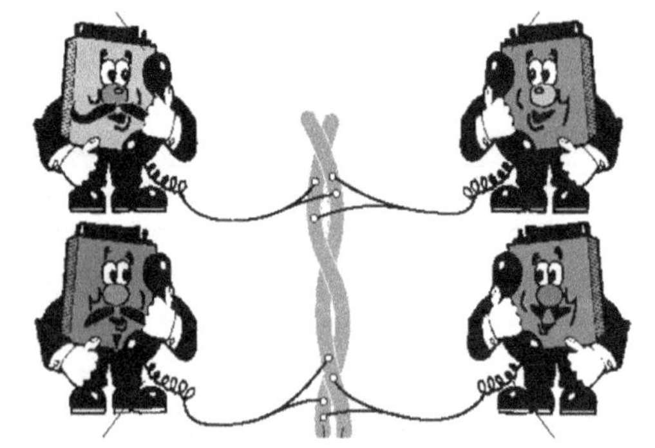

图2-25　数据传递的原理

人们也把该原理称为广播，就像一个广播电台发送某一节目一样（图2-26），每个连接的用户均可接收。这种广播方式可以使得连接的所有控制单元总是处于相同的信息状态。

在相应的数据电码中为CAN总线系统规定了“0”和“1”二进制值的信息电平（图2-27）。如果CAN总线导线的信息处在静止位置，就称其为隐性电位。CAN总线导线的信息处在传递位置，就称其为显性电位。传递信息时，每根导线上的电平都在隐性静止电位和显性工作电位之间波动。

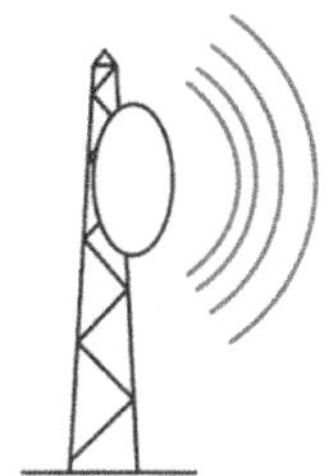
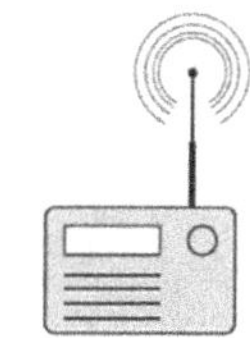
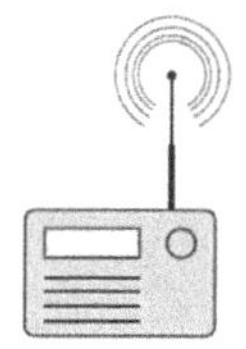

图2-26 广播电台发送节目

想要交换的数据称为信息，每个控制单元均可发送和接收信息。如发动机转速是用二进制值（0和1）来表示的，当发动机转速为1800r/min时就转换成00010101（图2-28）。

在发送过程中，二进制值被转换成连续的比特流，该比特流通过TX线（发送线）到达收发器（放大器），收发器将比特流转化成相应的电压值，最后这些电压值按时间顺序依次被传送到CAN总线的导线上（图2-29）。例如：0101001这个值是车轮的轮速信号，仪表控制单元接收ABS控制单元发射到总线上的信息，轮速信号通过总线到达里程表。

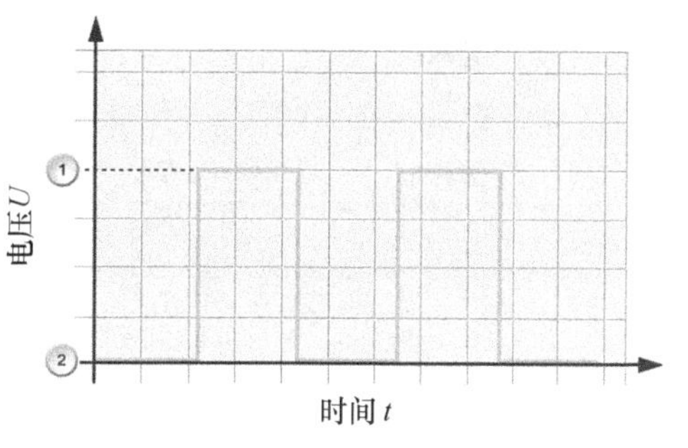

图2-27 总线信号电平

1—显性电位 2—隐性电位

图2-28 发动机转速为1800r/min转换成00010101

在接收过程中，车轮转速信号电压值经CAN总线传输到组合仪表控制单元上的收发器又转换成比特流，再经RX线（接收线）传至控制单元，控制单元再将这些二进制连续值转换成信息（图2-30）。

8.CAN总线系统的组成

CAN总线系统由多个控制单元（每个控制单元都有自己的控制器、收发器）、两个数据传输终端电阻以及两条数据传输线组成（图2-31）。CAN总线的两条导线分别叫CAN-High线和CAN-Low线。除了数据传输线，其他元件都置于控制单元内部。

（1）CAN控制器。接受由控制单元中的微电脑传来的数据，对这些数据进行处理并将其传往CAN收发器。同样，CAN控制器也接受由CAN收发器传来的数据，对这些数据进行

处理并将其传往控制单元中的微电脑（图 2-32）。

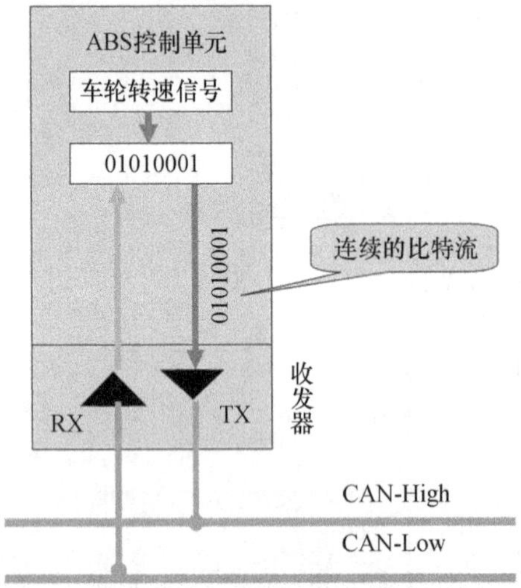

图 2-29　信息发射过程

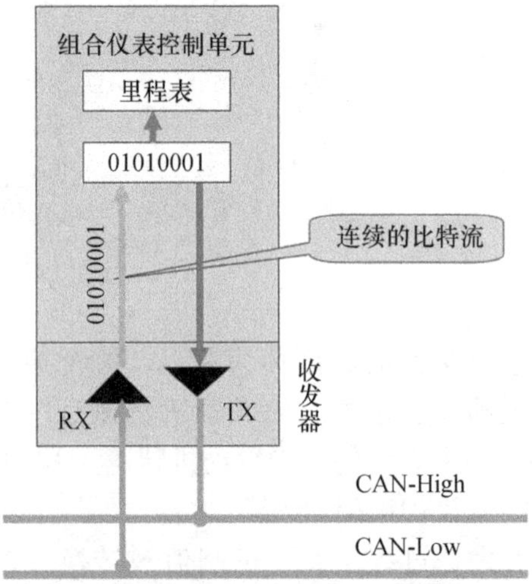

图 2-30　信息接收过程

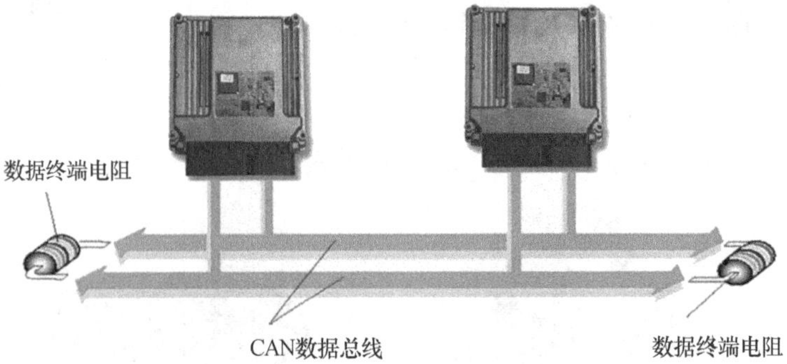

图 2-31　CAN 数据总线系统的组成

（2）CAN 收发器。它本身兼具接收与发送信息的功能。它是将 CAN 控制器传来的数据化为电信号传输到 CAN 总线上，也为 CAN 控制器接收和转化数据（图 2-33）。

（3）数据传输终端电阻。CAN 总线上装有数据传输终端电阻器，其作用是防止数据在线端被反射回来。数据反射是以回声的形式返回，这会影响数据的传输。最初的数据总线有两个终端电阻。

大众公司在 1999 年以后投产的车型上，将原来分布在两个控制单元中的 120Ω 的电阻，以并联的形式归并到一个控制单元中。此种改进的优点是，在轿车大批量生产而客户又有各种不同选择的情况下，它能极大地方便生产和物料管理，能降低管理成本（图 2-34）。

车身（舒适）系统的物理层是按照 ISO 标准中的低速 CAN 定义来实现的。与动力系统不同，车身（舒适）系统的 CAN-High 和 CAN-Low 之间不存在连接电阻，而将其连接电阻分别连到 CAN 驱动器的 RTH 和 RTL 上（图 2-35）。

连接在 CAN 总线上的控制单元就像是 CAN 导线上的一个负载电阻（因为装有电子件）。这个负载电阻取决于连接的控制单元数量和其电阻值（图 2-36）。

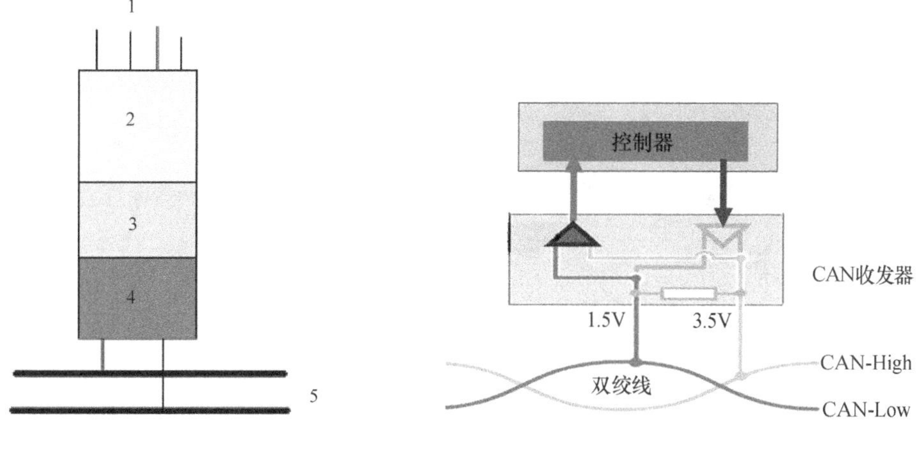

图 2-32　CAN 控制器

1—传感器/执行器　2—控制器
3—滤波器　4—收发器　5—CAN 总线

图 2-33　CAN 收发器

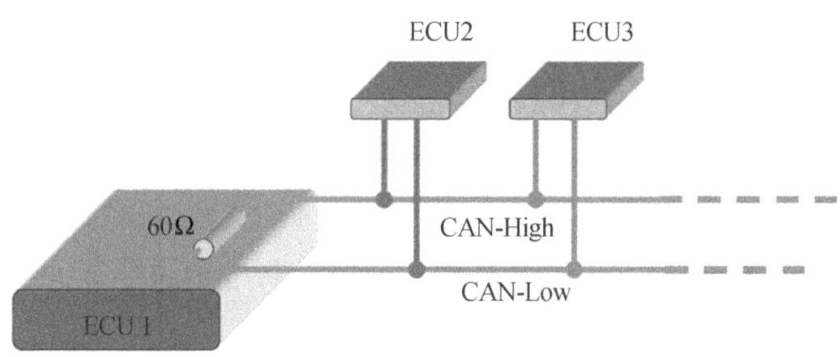

图 2-34　将电阻并联后动力系统 CAN

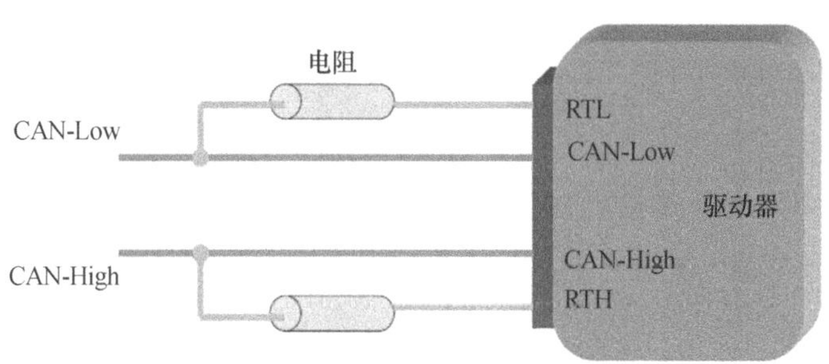

图 2-35　车身（舒适）系统 CAN

CAN 舒适数据总线的特点是，控制单元内的负载电阻不是作用于 CAN-High 线和 CAN-Low 线之间，而是体现在每根导线对地或对 5V 之间。如果蓄电池电压被切断，那么电阻也就没有了，这时用欧姆表无法测出电阻。

注意：为了能进行测量，CAN 动力总线的长度不应超过 5m。

（4）CAN 导线的特点。各个 CAN 系统的所有控制单元都并联在 CAN 总线上。两条扭

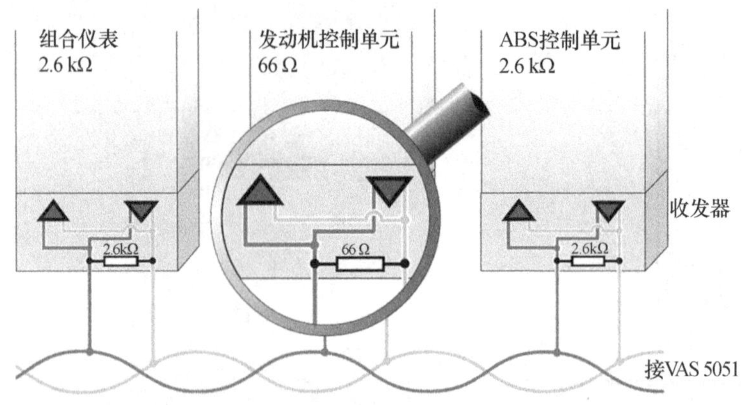

图 2-36 控制单元是总线上的负载电阻

绞在一起的导线称为双绞线。控制单元之间的数据交换就是通过这两条导线来完成的，这些数据可能是发动机转速信号、导航信号及车速信号等。

CAN 总线系统的两条导线（双绞线）分别用于不同的数据传送。CAN 导线的基色为橙色。对于大众车系中 CAN 动力数据总线来说，CAN-High 线上加黑色条作为标志色；对于 CAN 舒适数据总线来说，CAN-High 线上的标志色为绿色；对于 CAN 信息娱乐数据总线来说，CAN-High 线上的标志色为紫色。CAN-Low 线的标志色都是棕色（图 2-37）。

为防止数据传输中的电磁干扰，两条数据线缠绕在一起，这样能防止数据线发生噪声。两条线的电压相反，如果大约 0V 的电压加在一条线上，那么大约 5V 的电压就加在另一条上（图 2-38）。

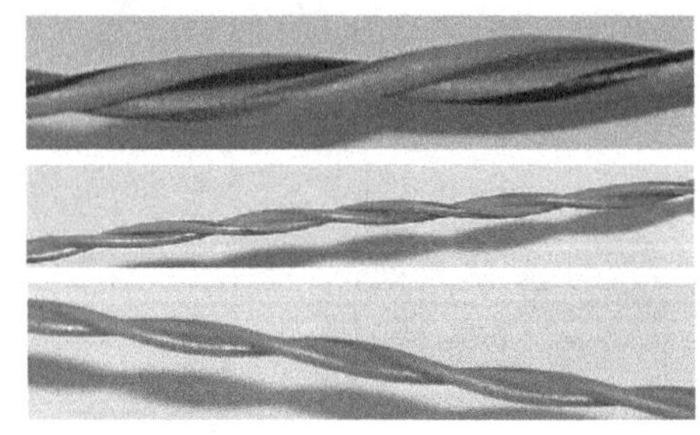

图 2-37 总线标志色

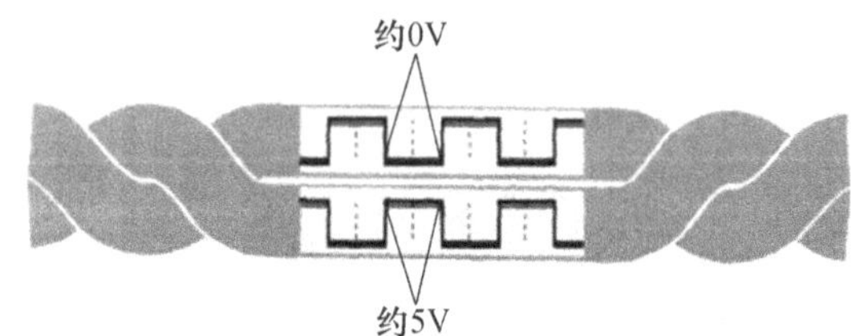

图 2-38 双绞线的电压

在 CAN 总线系统中使用双绞线进行数据传输，并以推挽方式传输信号。因此，在任何时候总电压都保持不变，而且两条数据线的电磁效应彼此抵消掉了。数据线被保护以防受到电磁辐射，而且也基本不发出辐射，这样就能够降低外部信号对 CAN 总线的干扰。

注意：为保证总线的抗干扰性，维修时其双绞线的缠绕很重要。

9. 电信号传输

数据传递方式（以发动机转速接收为例）：控制单元 A 发送发动机转速信息，所有的控制单元都能接收到发动机转速信息（图 2-39）。

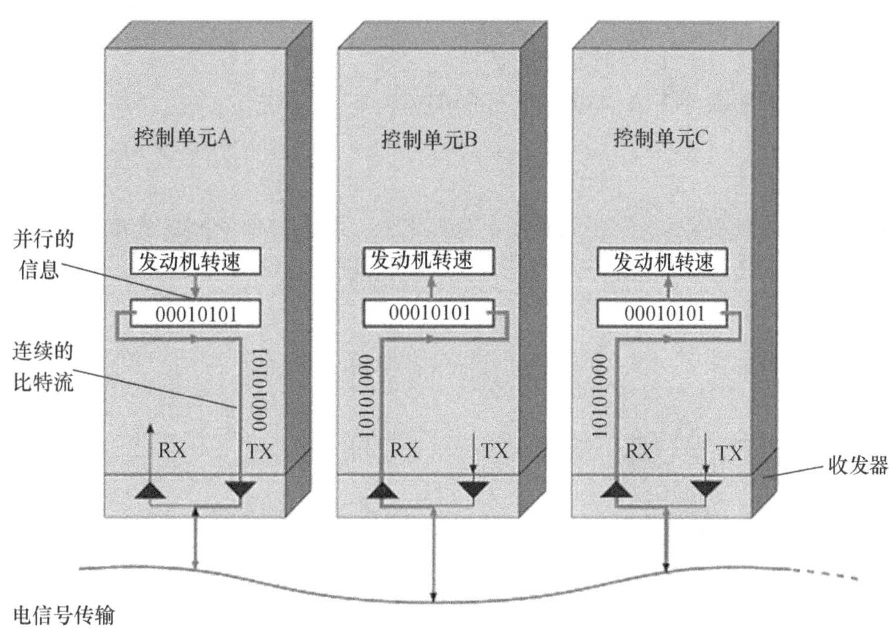

图 2-39　控制单元接收和发射信息

CAN 总线是按时间顺序传输电信号的（图 2-40）。

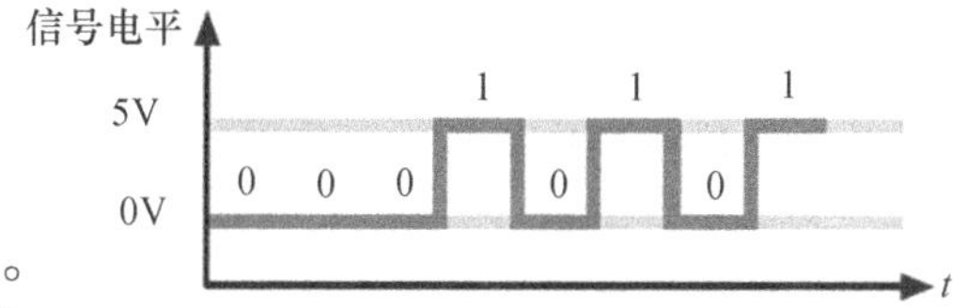

图 2-40　电信号传输

10. 二进制传输

CAN 总线采用二进制进行数字信息传输。一个二进制信号只能识别两种状态：0 和 1，或高和低。比如灯开关将灯打开或关闭（图 2-41），这意味着电灯开关只有两种状态，以分别产生一个值为“0”或“1”。

值为“1”的电灯开关状态是闭合，电灯亮。

值为“0”的电灯开关状态是断开，电灯熄灭。

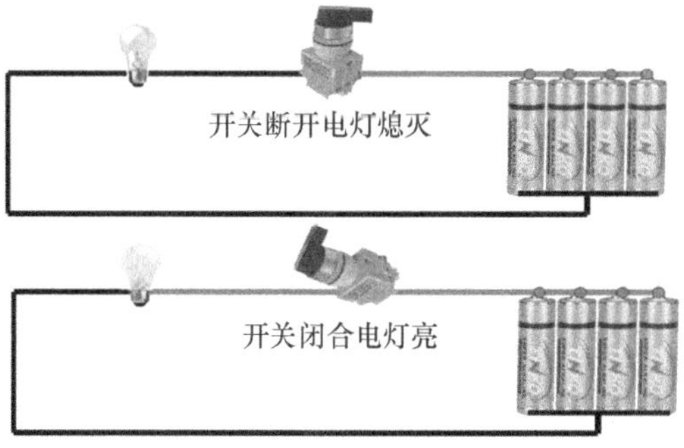

数字装置简单可靠，所用元件少；只有两个数码 0 和 1，因此它的每一位数都可用任何具有两个不同稳定状态的元件来表示；基本运算规则简单，运算操作方便。

每个字符、图片甚至声音都由具有特定顺序的二进制字符构成，例如 10010110，计算机或控制单元通过这种二进制数码处理信息。

图 2-41　灯开关将灯打开或关闭

二进制是数据处理中最常用的数制之一。在二进制中只有两个数字值：0 和 1，可以表示接通或关闭，高电压或低电压，即所谓的二进制符号或位。人们也把这两个值称为逻辑 0 和逻辑 1。每个数据信号都由一个二进制符号（位）的排列构成，例如：10010110。

相关知识：

二进制有两种状态 0 和 1，因此基数为 2。

十进制记数法中的数字 5 在二进制中为 0101：

$(0\times2^3)+(1\times2^2)+(0\times2^1)+(1\times2^0)=(0\times8)+(1\times4)+(0\times2)+(1\times1)=0+4+0+1=5$

可以看出，在二进制中位值逐位加倍（图 2-42）。二进制信号波形见图 2-43。

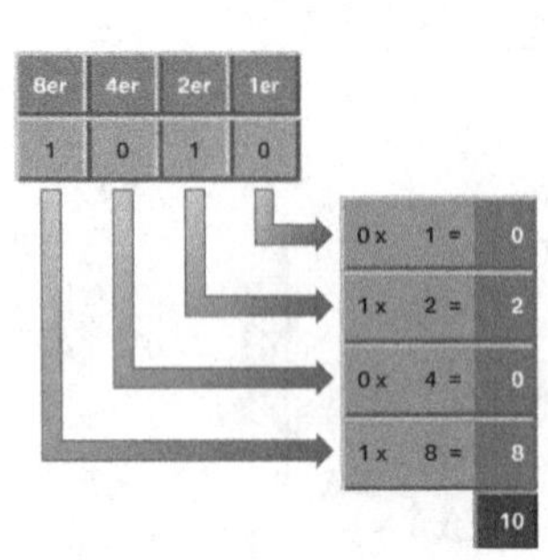

图 2-42 二进制数的结构

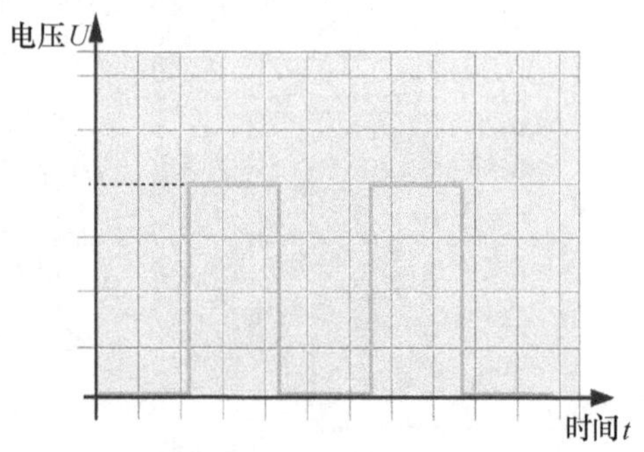

图 2-43 二进制信号波形

11. 比特和字节

比特（bit）是位（0、1），是计算机最基本的单位。计算机中的所有信息都以比特（二进制数字的最小信息单位）为单位进行存储和处理。因此，必须将所有数据（字母、数字、声音、图片等）转换成二进制代码，以便在计算机中进行处理。最常用的系统和代码用 bit 表示一个字符，即 bit 构成一个字节（Byte）。

字节单位的常用名称：

- 1 千字节（KB）$=2^{10}$字节，即 1024 字节。
- 1 兆字节（MB）$=2^{20}$字节，即 1024KB。
- 千兆字节（GB）$=2^{30}$字节，即 1024MB。

注意：此处换算系数 K 不是 1000，而是 1024。

数据列是由一串若干个比特组成。每个比特只能有一个值“0”或“1”。

两个比特有四种可能的组合（表 2-3）。每种组合可以指定为一条信息，并发往所有控制单元。如果比特 1 和 2 以 0V 发送，表中的信息为“电动车窗在运动中”，或“冷却液温度为 10℃”。

表 2-3 两个比特有四种可能的组合

可能的组合	比特 2	比特 1	图形	电动车窗状态信息	冷却液温度信息
一	0V	0V		运动中	10℃
二	0V	5V		未运动	20℃
三	5V	0V		范围以内	30℃

（续）

可能的组合	比特2	比特1	图形	电动车窗状态信息	冷却液温度信息
四	5V	5V		全关闭确认 到达上止位点	40℃

12. CAN 总线数据列

CAN 总线系统以短促的时间间隔在控制单元之间传输数据列。数据列包含一长串比特。数据列中的比特数由数据区域的大小决定。图 2-44 为一个数据列的格式，这一格式在 CAN 的两条数据线中是相同的。

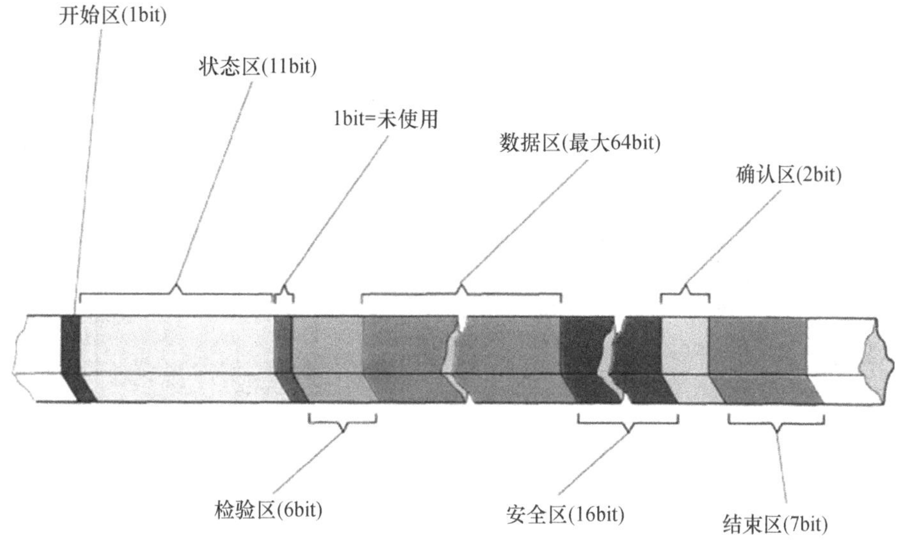

图 2-44　数据列的格式

数据列分七个区域：

（1）开始区：标志数据列的开始，大约 5V（由系统决定）的一个比特由 CAN-高线（CAN-High）送出，而 CAN-低线（CAN-Low）中大约为 0V。

（2）状态区：确定数据列的优先级别。例如：若两个控制单元想在同时送出其数据列，优先级较高的数据列先行。

（3）检验区：显示数据区中包含的数据数目。该区允许接收者检验其是否收到传输来的全部信息。

（4）数据区：传给其他控制单元的信息。

（5）安全区：检验传输中的错误。

（6）确认区：接收者发给发送者的信号，用来告知已正确收到了数据列。若有错误被检验到，则接收者迅速通知发送者，这样发送者将再次发出该数据列。

（7）结束区：标志数据列的结束。这是显示错误以得到重新发送的最后可能区域。

13. 优先级

如果多个控制单元要同时送出数据列，系统必须决定哪个控制单元优先。这和在路上行驶各种车辆一样，只有消防车在执行任务时才有优先通行权。多个控制单元同时发送信息，那么数据总线上就必然会发生数据冲突，为了避免发生这种情况，CAN 总线采用的措施是，每个控制单元在发送信息时通过发送标识符来识别优先权（图 2-45）。

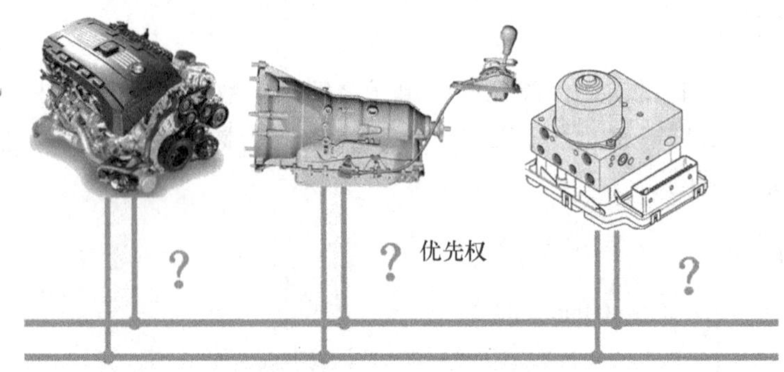

图 2-45 控制单元优先权分配

发送规则：标识符中的号码越小，表示该信息越重要，这种方法称为仲裁。

首先比较优先级，最高优先级的控制单元优先发出数据。为安全起见，ABS/EDL 控制单元因安全原因发出的数据列比发动机和自动变速器控制单元（行车舒适性）发出的数据重要（图 2-46），所以 ABS/EDL 控制单元信息数据优先。

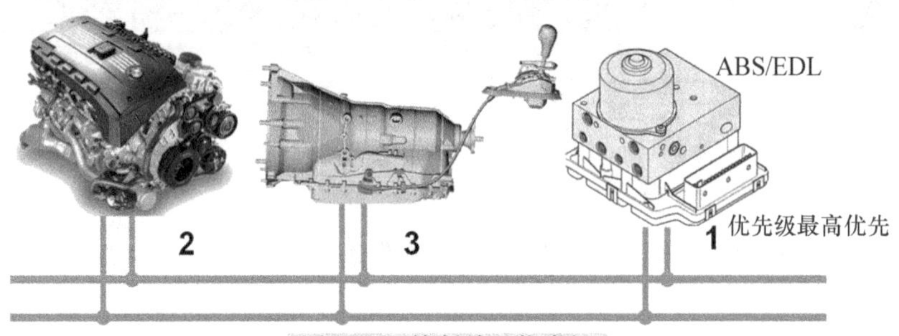

图 2-46 控制单元优先权

（1）怎样分配。每个比特有一个值，这个值被指定为一个级别。有两种可能的级别：高级别和低级别（表 2-4）。

（2）数据列的优先权怎样确认。根据其状态区的优先级，每个数据列被指定了一个由 11 比特组成的代码。表 2-5 为三个不同数据列的优先级。

表 2-4 高级别和低级别

比特电压	值	级别
0V	0	高
5V	1	低

表 2-5 比特组成代码

优先级	数据列	状态区
1	ABS1	001 1010 0000
2	发动机 1	010 1000 0000
3	变速器 1	100 0100 0000

所有三个控制单元同时开始发送数据列，与此同时，它们在数据传输线上一比特一比特地比较数据。如果一个控制单元发出一个低级别比特而检测到一个高级别比特，它将停止发送而转为接收（图2-47）。

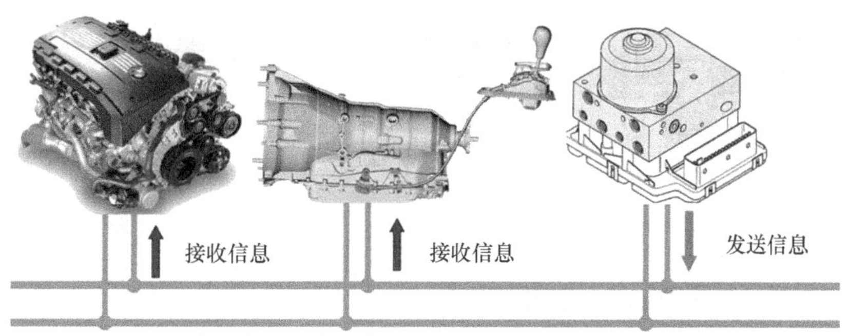

图2-47 ABS/EDL控制单元优先发送信息

复习题

1. 车辆上应用的数据传递形式有几种？
2. 车载网络有几种？
3. 车上应用的CAN总线系统的优点是什么？
4. 说出CAN总线的原理。
5. 说出CAN总线的传输方式。
6. 说出CAN总线系统的组成。
7. 说出CAN导线的特点。
8. CAN总线系统在控制单元之间怎样传输数据列？
9. 什么是二进制传输？
10. 控制单元在发送信息时通过什么来识别优先权？

第三章 CAN总线系统的故障诊断与检修

一、CAN总线的故障诊断

1. CAN总线系统的常见故障

在CAN总线控制单元中可能有两个总线故障记录：

- CAN通信故障；
- CAN线路故障。

（1）CAN通信故障。通信故障有两种情况：

- 控制单元断路（图3-1）；
- 控制单元损坏（图3-2）。

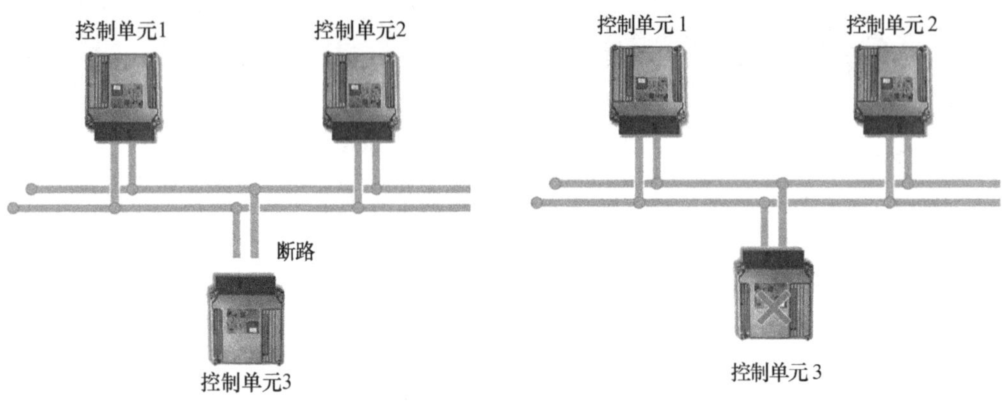

图3-1　控制单元断路

图3-2　控制单元损坏

（2）CAN总线线路故障。CAN线路故障有以下几种情况：

- CAN总线导线短路（图3-3）；
- CAN总线一根导线断路（图3-4）；
- CAN总线导线接地（图3-5）；
- CAN总线导线之间断路（图3-6）；
- CAN-Low线与CAN-High线之间交叉连接（图3-7）；
- CAN-Low线与蓄电池正极短接（图3-8）；

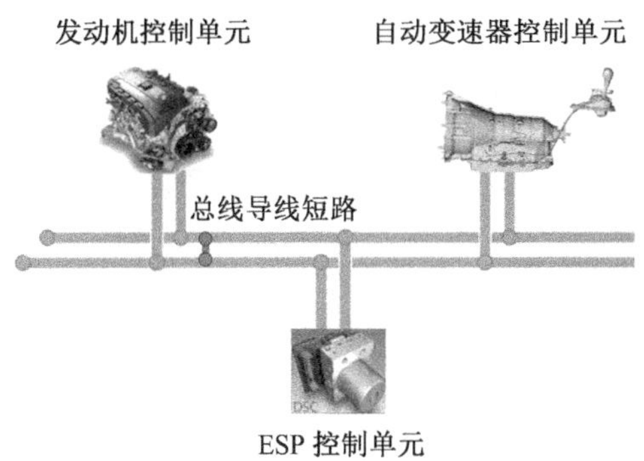

图 3-3　总线导线短路

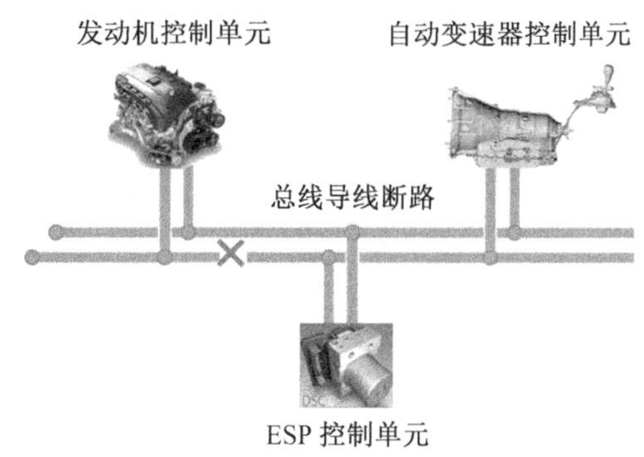

图 3-4　总线一根导线断路

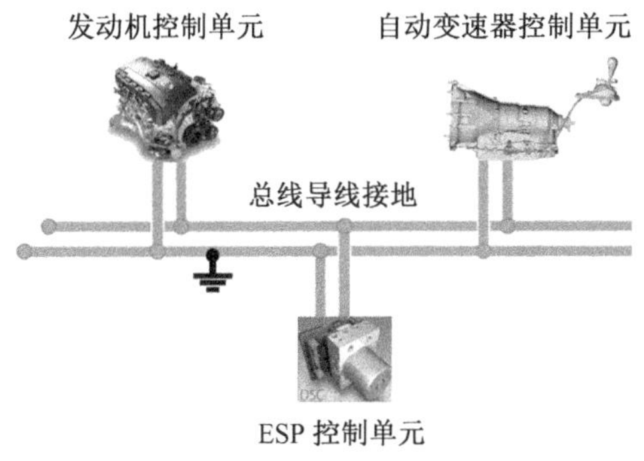

图 3-5　总线导线接地

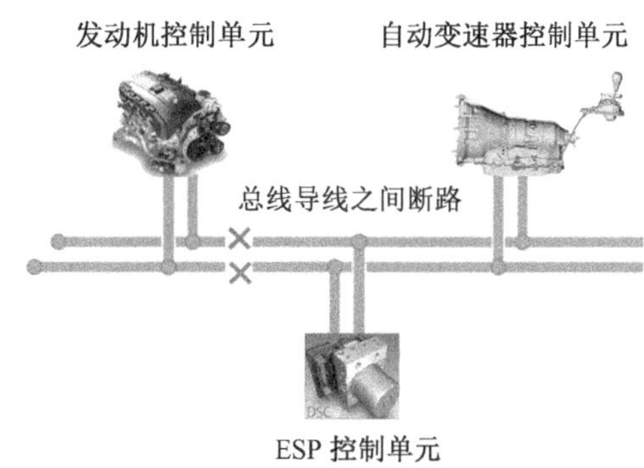

图 3-6　总线导线之间断路

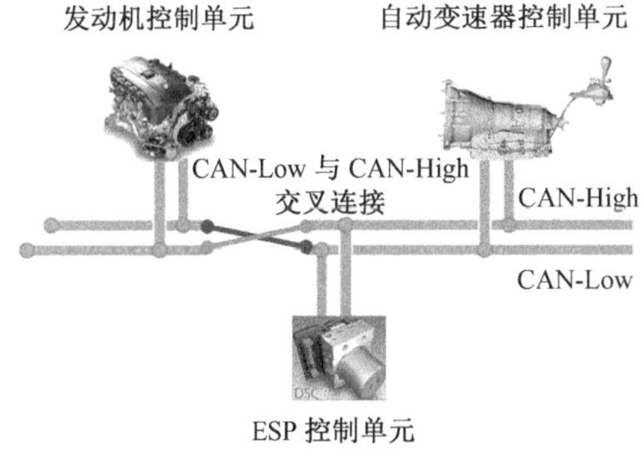

图 3-7　CAN-Low 线与 CAN-High 线交叉连接

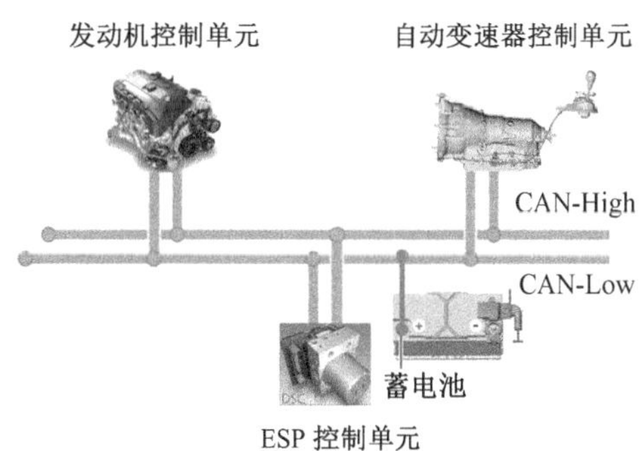

图 3-8　CAN-Low 线与蓄电池正极短接

- CAN-High 线与蓄电池正极短接（图 3-9）；
- CAN-Low 线与蓄电池负极短接（图 3-10）；
- CAN-High 线与蓄电池负极短接（图 3-11）。

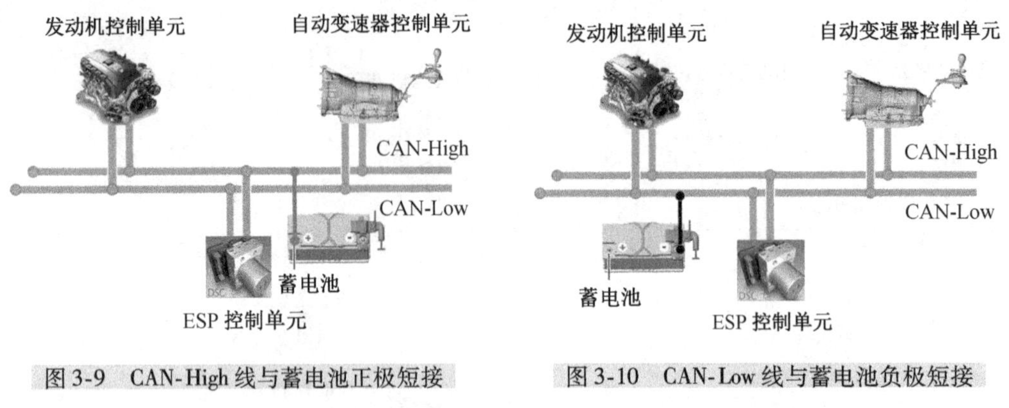

图 3-9 CAN-High 线与蓄电池正极短接

图 3-10 CAN-Low 线与蓄电池负极短接

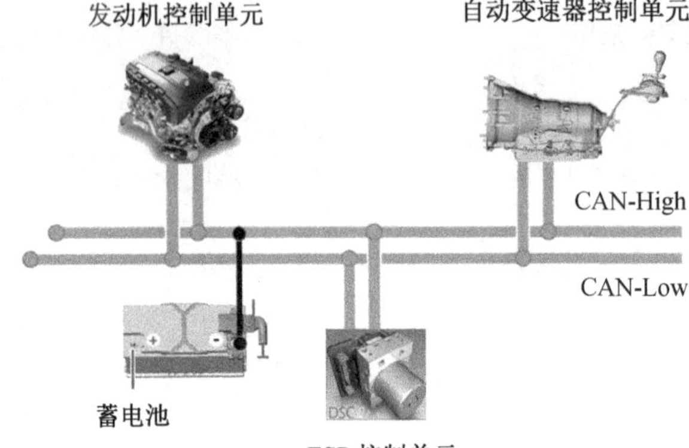

图 3-11 CAN-High 线与蓄电池负极短接

2. CAN 总线故障的存储

网关的作用是将不同传输速度的总线系统连接，并在此进行数据交换（图3-12）。总线系统中出现的故障信息被存储在网关中。

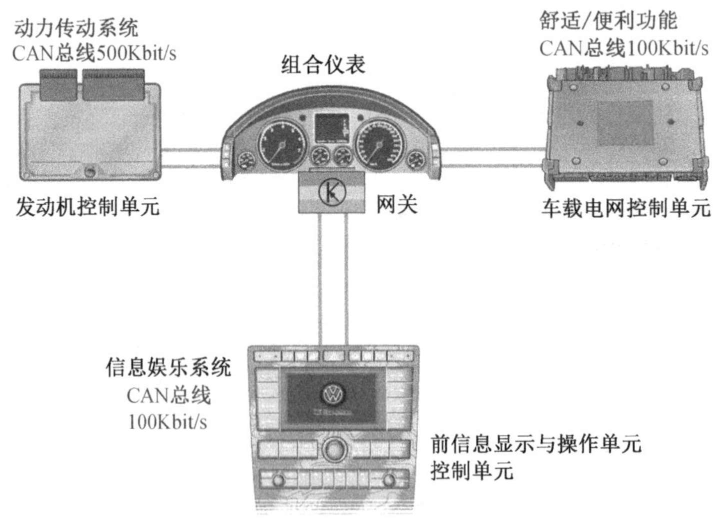

图 3-12 CAN 网关

车辆中总线分为动力系统总线（底盘系统总线）、车身系统总线（舒适系统总线、信息娱乐系统总线），如图 3-13 所示。

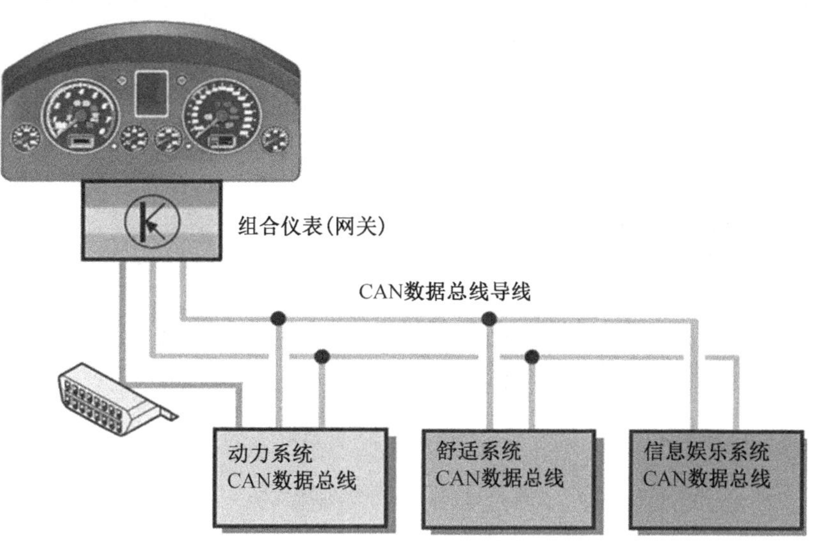

图 3-13 CAN 总线车身电子系统

一旦总线系统中的控制单元通信出现故障，就会在各控制单元中生成故障存储信息。值得注意的是，一般情况下，一个故障原因会在不同控制单元中造成多条故障存储信息（图 3-14）。

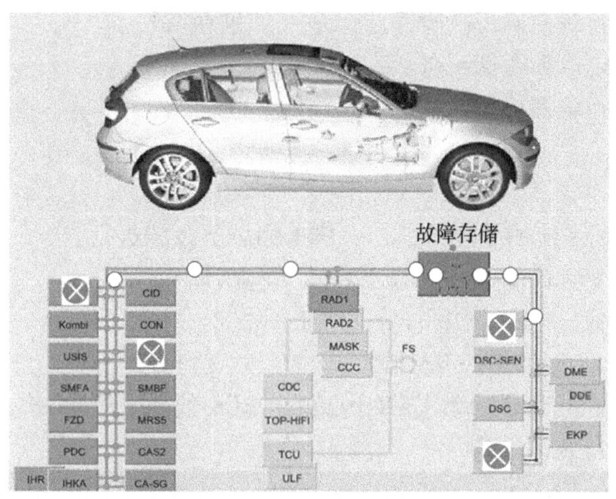

图 3-14 多条故障存储网关

断路：车身总线可以单线运行，一旦断路，会存储下故障信息“CAN 线路故障”。

短路：如果在系统中存在短路故障，CAN 控制单元便记录“CAN 线路故障”。

CAN 总线失效：CAN 数据总线失效原因可能是 CAN-Low（低速）或 CAN-High（高速）导线短路，或某个控制单元损坏。

特别提示：装有CAN总线系统的车辆出现故障时，维修人员应首先检测CAN总线系统是否正常。因为如果CAN总线系统有故障，则整个汽车CAN总线系统中的有些信息将无法传输，接收这些信息的控制系统无法正常工作，从而为故障诊断带来困难。对于汽车CAN总线系统故障的维修，应根据CAN总线系统的具体结构和控制线路进行具体分析。

使用检测仪（图3-15）对控制单元和CAN总线出现的故障信息进行分析，找出故障原因。

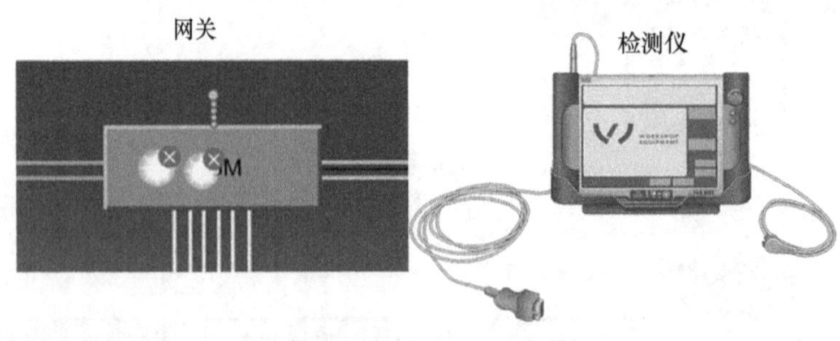

图3-15 CAN总线检测仪

3. 故障检查过程

（1）用故障查询指南读取所有故障存储。
（2）得到故障查询的结果（如果存在）。
（3）用读取测量数据块确定故障存储记录（如果存在）。
（4）用执行元件自诊断确定故障存储记录（如果存在）。
（5）用检测仪确定故障存储记录。
（6）用万用表进行电器检测，例如线路通断。

4. 故障诊断步骤

对于多路信息传输系统的故障诊断，一般采用以下步骤进行。

第1步：了解该车型CAN总线系统的特点。包括以下内容。

1）传输介质：如双绞线、同轴电缆、光纤。

2）区域网形式：如CAN网、LAN网。

3）网络通信协议的类型：如CAN协议、ABUS协议、VAN协议、PALMENT协议、CCD协议、HBCC、DLCS协议等。

第2步：了解汽车CAN总线系统的各种功能。如有无唤醒功能、休眠功能等。

第3步：检测汽车电源系统是否存在故障。如交流发电机的输出波形是否正常（若不正常将导致信号干扰等故障）等。

第4步：检查汽车CAN总线系统的链路是否存在故障，采用替换法或采用跨线法进行检测。

第5步：检查节点。如果是节点故障，只能采用替换法进行检测。

5. 检测CAN总线的故障

（1）两个控制单元组成的双线式数据总线系统的检测。检测时，关闭点火开关，断开两个控制单元（图3-16），检查数据总线是否断路、短路或对正极/地短路。如果数据总线无故障，更换较易拆下（或较便宜）的一个控制单元试一下。如果数据总线系统仍不能正常工作，更换另一个控制单元。

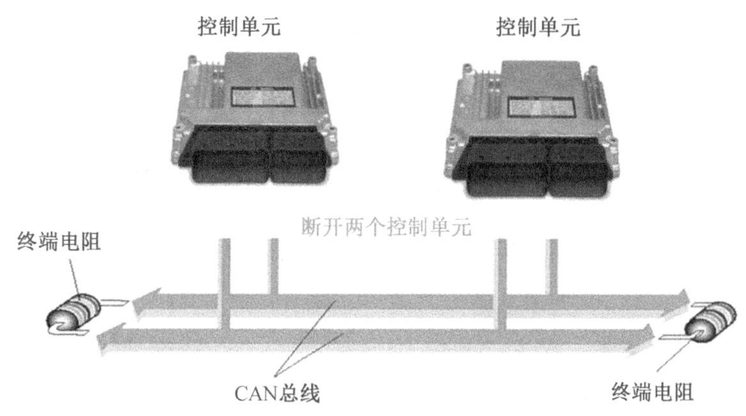

图3-16 两个控制单元总线的检测

（2）三个或更多控制单元组成的双线式数据总线系统的检测。检测时，先读出控制单元内的故障码，如果控制单元1与控制单元2和控制单元3之间无通信，关闭点火开关，断开与总线相连的控制单元，检查数据总线是否断路（图3-17）。如果总线无故障，更换控制单元1。如果所有控制单元均不能发送和接收信号（存储器“硬件故障”），则关闭点火开关，断开与数据总线相连的控制单元，检测数据总线是否短路，是否对正极/地短路。

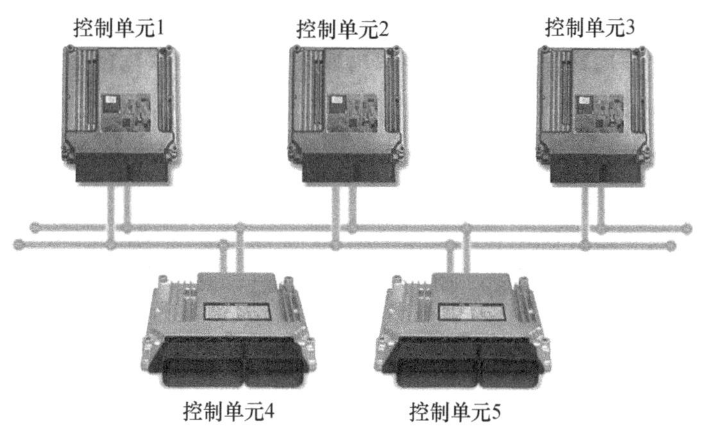

图3-17 多控制单元总线的检测

如果在数据总线上查不出引起硬件损坏的原因，则检查是否某一控制单元引起该故障。检查方法如下：

1）断开所有通过 CAN 数据总线传递数据的控制单元，关闭点火开关。

2）接上其中一个控制单元，连接检测仪，打开点火开关，清除刚接上的控制单元的故障码。

3）打开点火开关 10s 后，用故障诊断仪阅读刚接上的控制单元故障存储器内的内容。如显示“硬件损坏”，则更换刚接上的控制单元；如未显示“硬件损坏”，接上下一个控制单元，重复上述过程（图 3-18）。

连接蓄电池接线柱后，输入收音机防盗密码，进行玻璃升降器基本设定及时钟调整。对于汽油发动机的汽车，还应进行节气门控制器的自适应（自学习）操作。

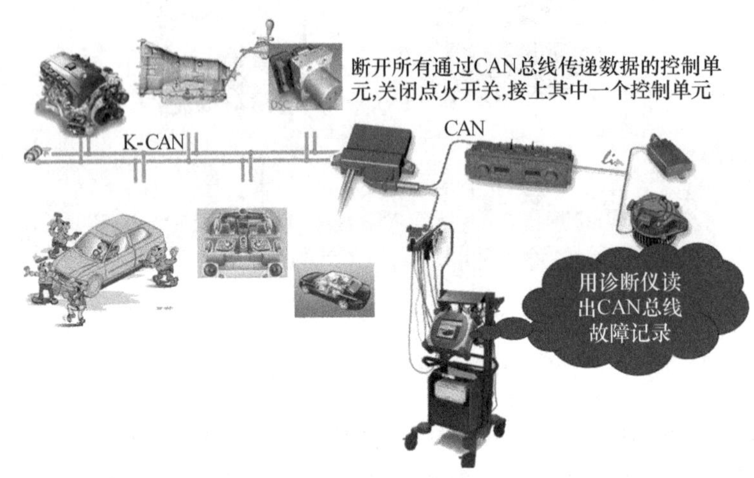

图 3-18 接上其中一个控制单元使用检测仪检测

（3）检测控制单元的功能故障。在检查数据总线系统前，须保证所有与数据总线相连的控制单元无功能故障。功能故障不会直接影响数据总线系统，但会影响某一系统的功能流程。例如：传感器损坏，其结果就是传感器信号不能被传递到数据总线上。这种功能故障对数据总线系统有间接影响，会影响需要该传感器信号的控制单元的通信。如存在功能故障，先排除该故障，记下该故障并消除所有控制单元的故障码。

6. 使用检测仪对总线进行检测

总线系统出现故障时，使用检测仪如 VAS5051 等对总线进行检测（图 3-19）。通过对总线系统的波形进行分析，查找故障的原因。总线系统正常波形如图 3-20、图 3-21 所示。常见故障及波形如下：

图 3-19 总线系统检测

1）发动机控制单元 CAN-Low 线断路，如图 3-22 所示。

2）动力系统总线 CAN-Low 线与蓄电池短路，如图3-23 所示，读出的测量数据块：与所有 CAN 动力系统总线上的控制单元的通信中断。

3）动力系统总线 CAN-High 线和 CAN-Low 线接反了，如图 3-24 所示。

4）车身总线 CAN-Low 线断路，如图 3-25 所示。

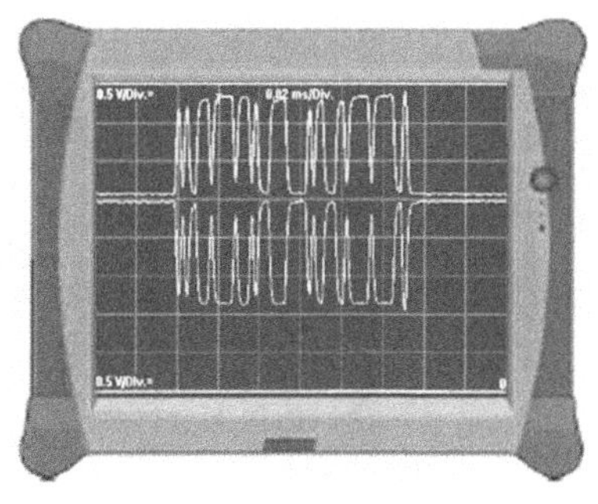

图 3-20　动力系统总线正常波形

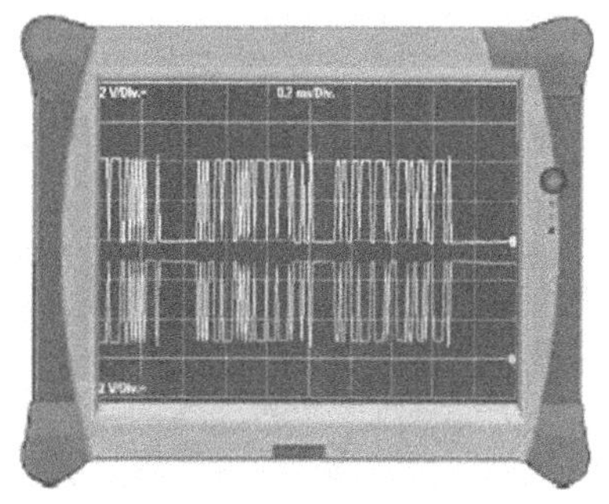

图 3-21　车身系统总线正常波形

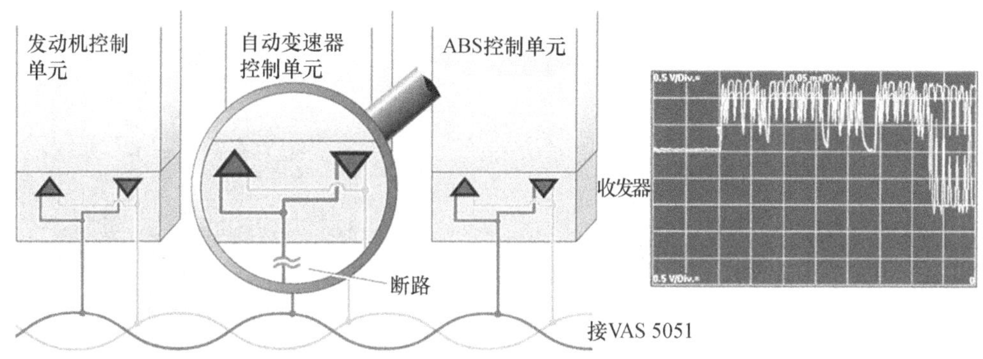

图 3-22　动力系统 CAN-Low 线断路及波形

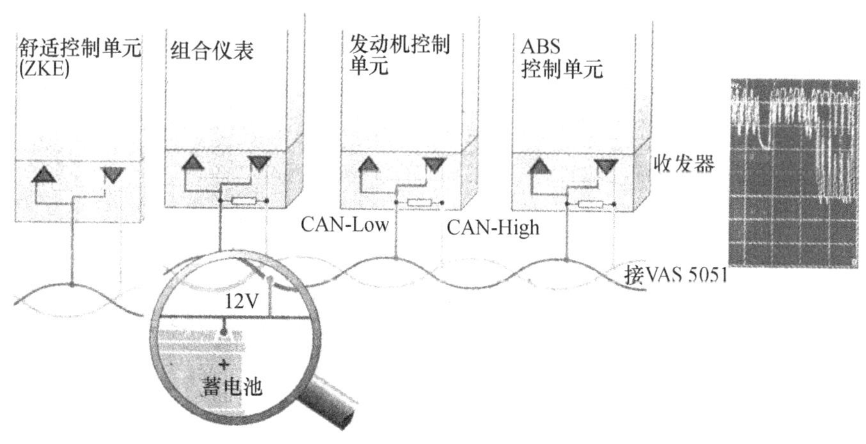

图 3-23　动力总线 CAN-Low 线与蓄电池短路及波形

5）车身总线 CAN-Low 线对蓄电池正极短路时，如图 3-26 所示。

6）车身总线 CAN-High 线对地短路，如图 3-27 所示。

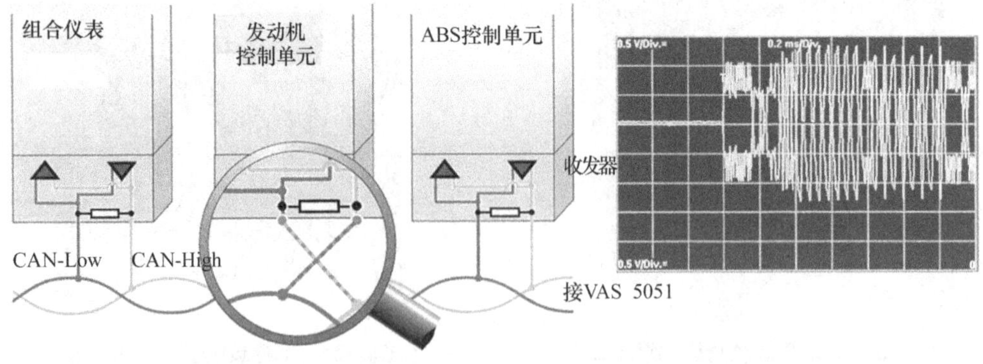

图 3-24 动力系统总线 CAN-High 线和 CAN-Low 线接反及波形

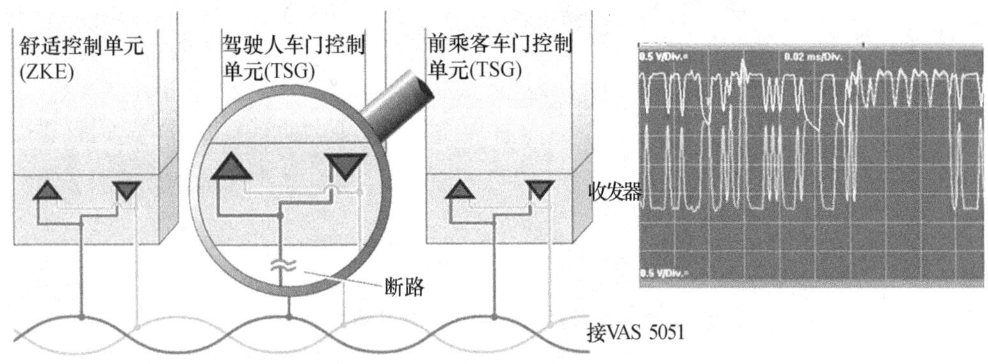

图 3-25 车身总线 CAN-Low 线断路及波形

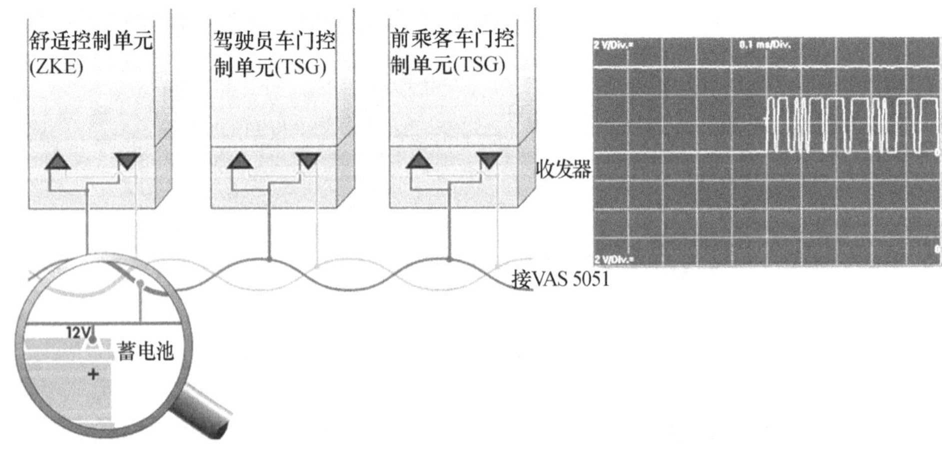

图 3-26 车身总线 CAN-Low 线对蓄电池正极短路及波形

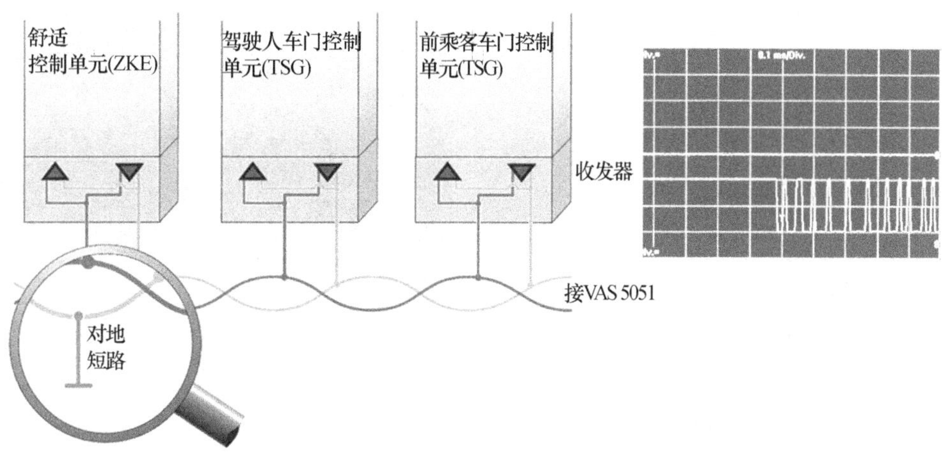

图 3-27　车身总线 CAN-High 线对地短路及波形

7）车身总线 CAN-High 线对 CAN-Low 线短路，如图 3-28 所示。

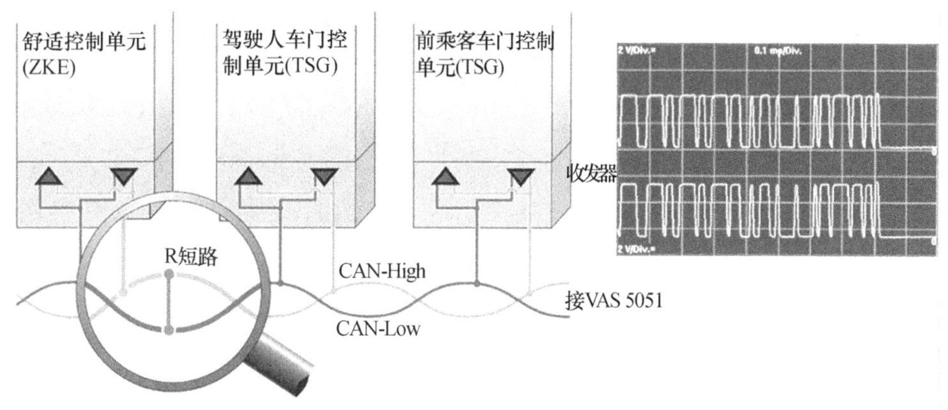

图 3-28　车身总线 CAN-High 线对 CAN-Low 线短路及波形

8）车身总线 CAN-High 线和 CAN-Low 线接反，如图 3-29 所示。

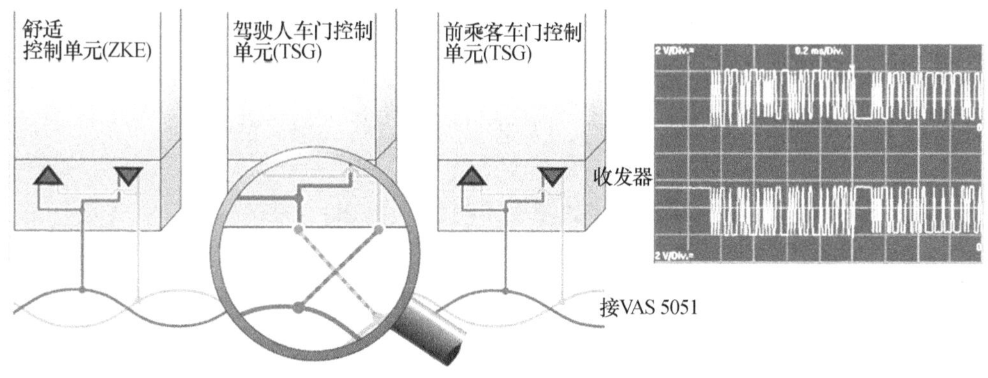

图 3-29　车身总线 CAN-High 线和 CAN-Low 线接反及波形

9）车身总线 CAN-Low 线与蓄电池短路，如图 3-30 所示。

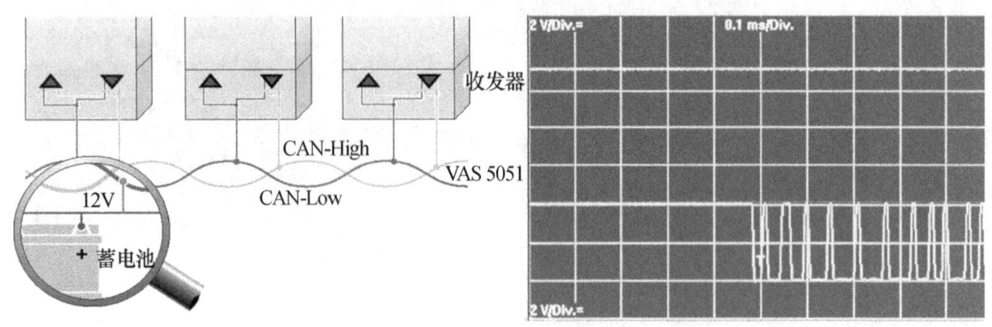

图 3-30　车身总线 CAN-Low 线与蓄电池短路及波形

10）车身总线 CAN-Low 线与地短路，如图 3-31 所示。

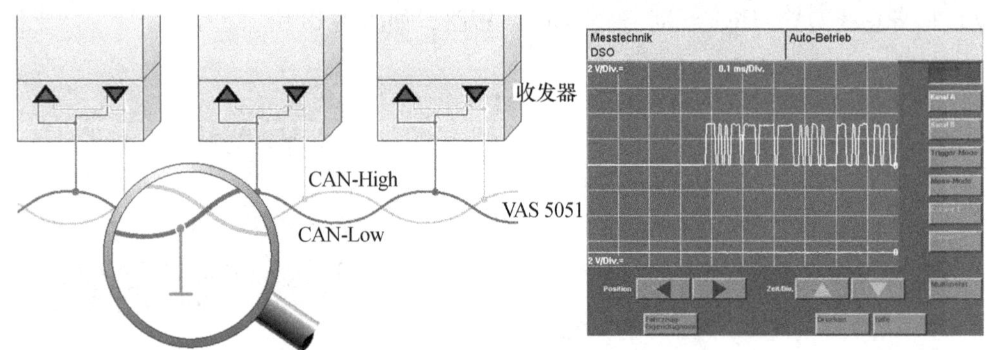

图 3-31　车身总线 CAN-Low 线与地短路及波形

特别提示：当在车辆中出现电源电压过低情况时，同样也可能（错误地）记录为总线故障。因此在分析总线故障之前应检查电源电压过低故障是否存储在超过两个控制单元中。如果回答是肯定的，就不用再进行其他的总线故障分析了，而只在供电范围内查询故障原因就可以了。

7. 睡眠和唤醒模式波形检测

在 CAN 总线的睡眠和唤醒功能出现问题的状态下，将会提高静态工作电流。睡眠和唤醒模式：

- 在 CAN 总线上所有控制单元共同处于“唤醒”状态。
- 在 CAN 总线上所有控制单元共同处于“休眠”状态。

这意味着，一个控制单元不准备休眠模式，则其他的所有控制单元都保持“唤醒”状态，这致使有更高的静态电流消耗。

CAN 总线处于激活状态时（图 3-32），是在点火开关关闭和车门关闭的状态下，激活的总线静态电流很高。

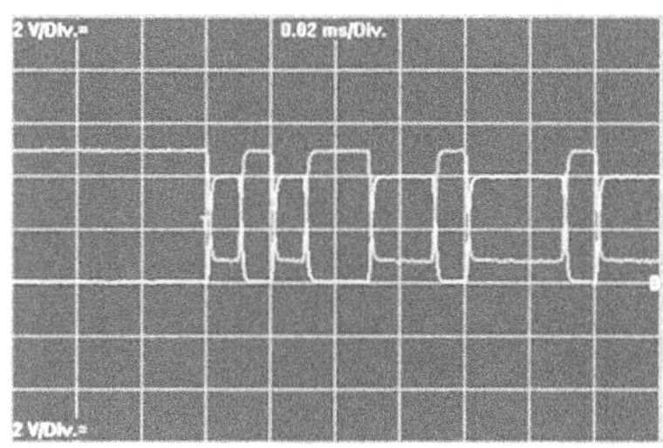

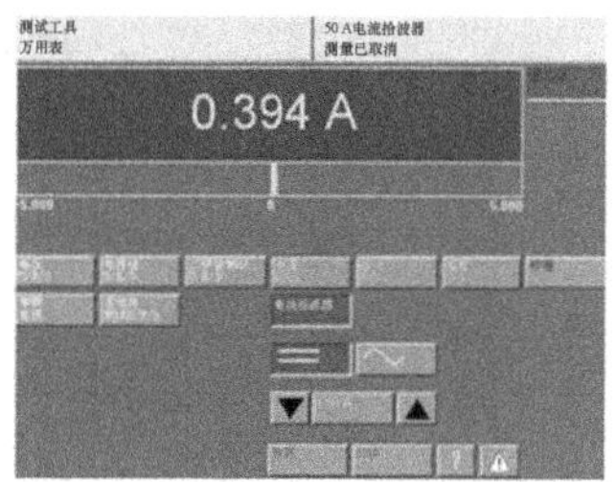

图 3-32　CAN 总线处于激活状态的波形及电流

CAN 总线处于未激活状态时（图 3-33），是在点火开关关闭和车门关闭的状态下，未激活的总线静态电流较低（该值不是额定值）。

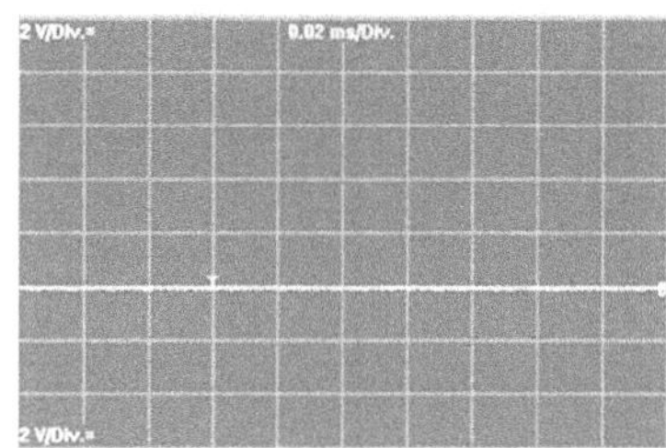

图 3-33　CAN 总线处于未激活状态的波形及电流

8. CAN 总线的故障原因

CAN 总线出现通信故障可能是下列原因：

- CAN-Low 线或 CAN-High 线通信线断路或者短路。
- 插头连接损坏，如触头损坏、污垢、锈蚀。
- 车用电源系统中的电压故障，例如由损坏的点火线圈或接地连接引起。
- 某个控制单元中的通信部件故障。
- 某个控制单元的供电故障。当蓄电池电量快耗尽时，蓄电池电压缓慢下降可能导致故障记录存储，因为不是所有的控制单元由于电压下降而同时关闭。

CAN 总线对正极短路和对地短路、导线相互短路不会损坏控制单元，但在最严重的情况下会造成总线系统失灵。车辆中的总线系统不仅会出现断路和短路故障，当水汽侵入总线系统中的插头时，就可能在接地、正极和 CAN 总线导线之间出现接触电阻，使总线系统工作不正常。

9. 检测仪的使用

CAN 总线的所有故障通常存储在故障码存储器中。故障记录仅在个别情况下可以进行简单的诊断，绝大多数时候必须进行详细的检查。短路和因水汽引起的接触电阻所产生的故障通常只能用示波器进行可靠诊断。对于用示波器进行的诊断，推荐使用存储器示波器。为了能够同时显示 CAN-High 线和 CAN-Low 线上的信号，此示波器应具有两个通道（图 3-34）。

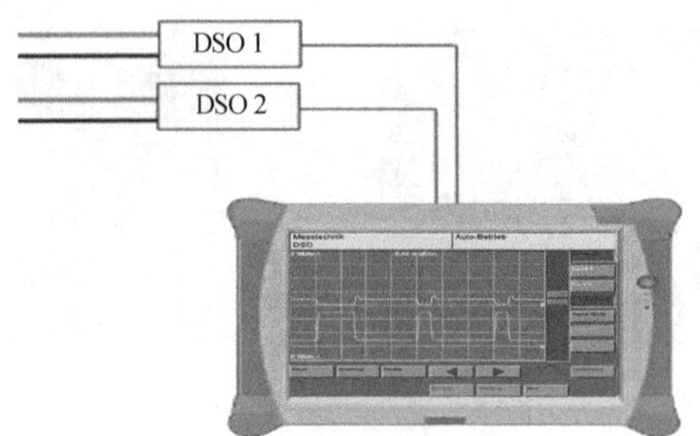

图 3-34 两通道示波器

在分析电平时要注意，在用示波器进行测量时必须考虑一个最大为 10% 的测量误差。

在无故障的情况下，在示波图中可看到，CAN-High 和 CAN-Low 的脉冲始终是沿相反的方向移动。在分析时首先查找隐性电位。CAN-High 是脉冲由隐性电位沿正向成像的通道。CAN-Low 导线上的脉冲由隐性电位沿负向成像。

使用电脑检测仪进行波形分析，如图 3-35 所示。

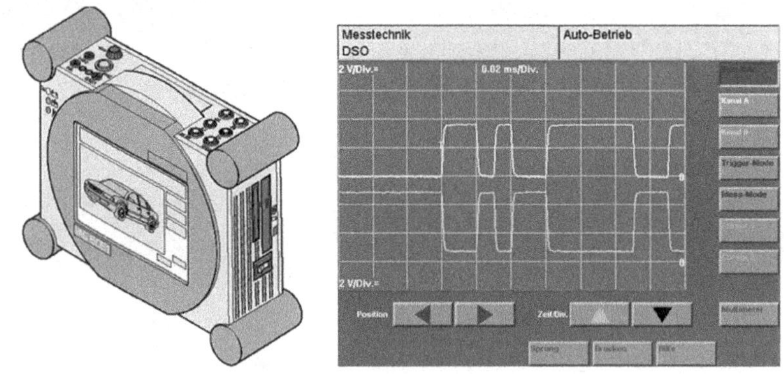

图 3-35 进行波形检测的电脑检测仪

就车检测时使用适配器，两通道工作情况下的连线如图 3-36 所示。

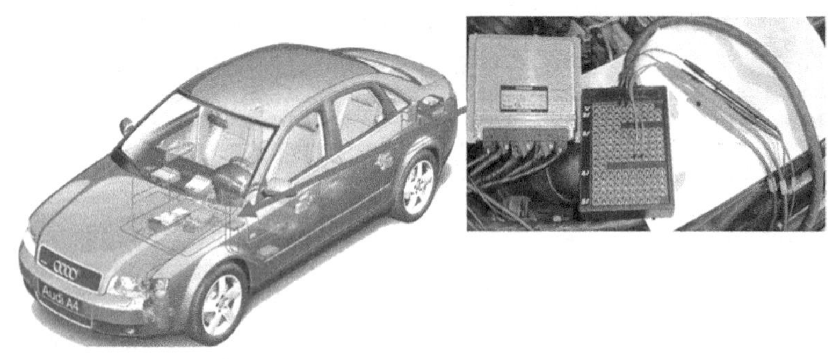

图 3-36 使用适配器进行检测

这里通道 A 红色的测量线连接 CAN-High，黑色的测量线连接接地；通道 B 红色的测量线连接 CAN-Low，黑色的测量线连接接地（图 3-37）。

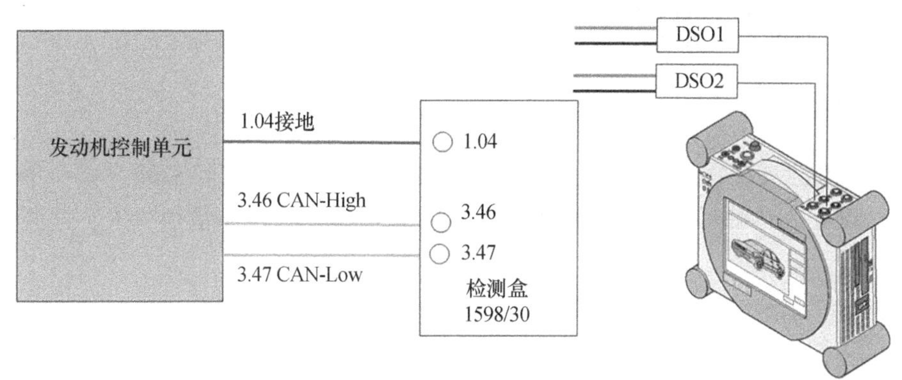

图 3-37　连接测量线

对 CAN 进行测量时，例如：利用测试盒连接中央舒适电器控制单元，使用双通道工作模式下进行检测（图 3-38）。

两条 CAN 总线每一条线都通过一个通道进行测量，通过对波形的分析可以很容易地发现故障。由于需要单一的电压测量值，CAN 的测量采用双通道测量是必要的。CAN 测量采用这样形式的连接可以简单地判定“单线工作”故障（图 3-39）。

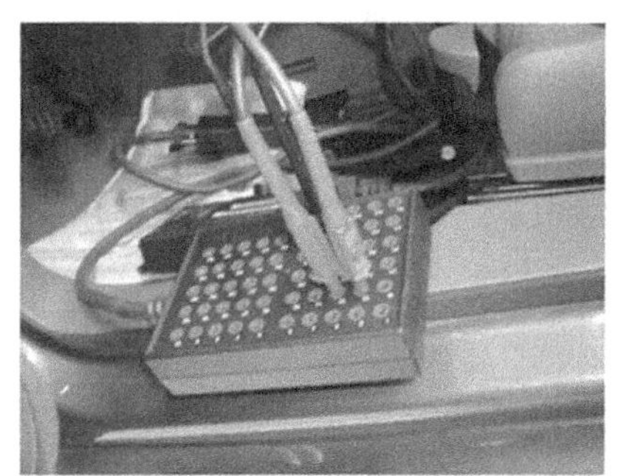

图 3-38　双通道模式下检测 CAN

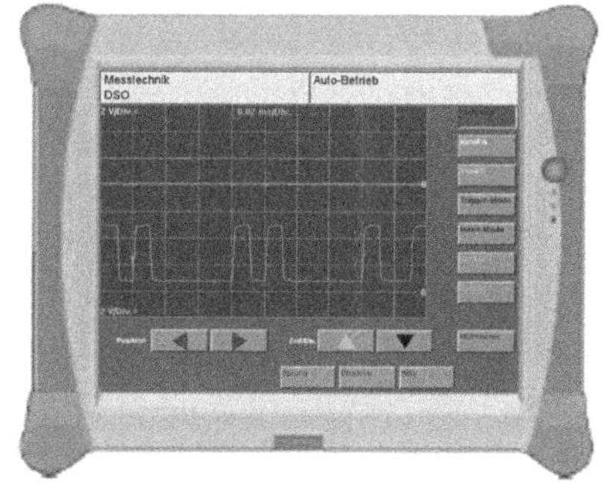

图 3-39　CAN 的测量判定“单线工作”故障

就车检测时，有条件的可以使用适配器，没有适配器时可以使用教学包进行检测（图 3-40）。

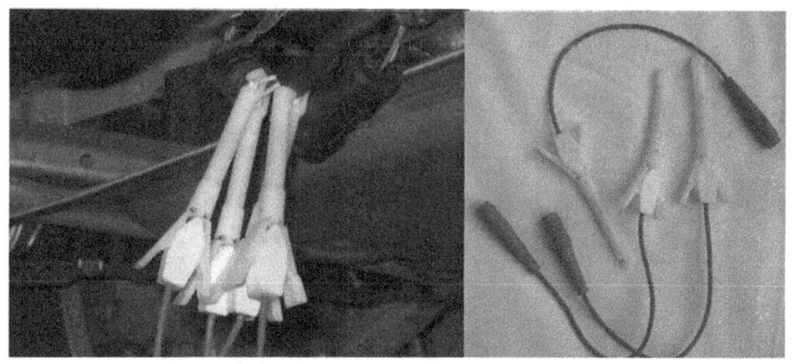

图 3-40　使用教学包进行总线系统的检测

二、CAN 总线导线的维修

1. 线束的维修

控制单元通过插头连接在 CAN 总线上，在插头的压接点中始终只能连接一根导线。这就导致第二根导线必须在一个规定点上连接到 CAN 线束上。在通常情况下，这同样通过压接点进行。

特别注意：为了避免在维修 CAN 导线时把新的、可能影响安全的故障无意间引入车辆系统中，CAN 的压接点绝对不能打开和通过维修更新。

- 如果要脱开 CAN 导线，则只允许在与下个压接节点相距≥100mm 处进行。
- CAN 导线的绞合对于 CAN 的干扰影响具有决定意义。只有绞合不受损坏，才能保证 CAN 抗干扰地工作。由于这个原因，在维修 CAN 导线时只允许尽量少地干涉该绞合(图 3-41)。
- 在总线维修时，在接点断开总线时一定要留出 100mm（图 3-42），不要在接点处打开接头。

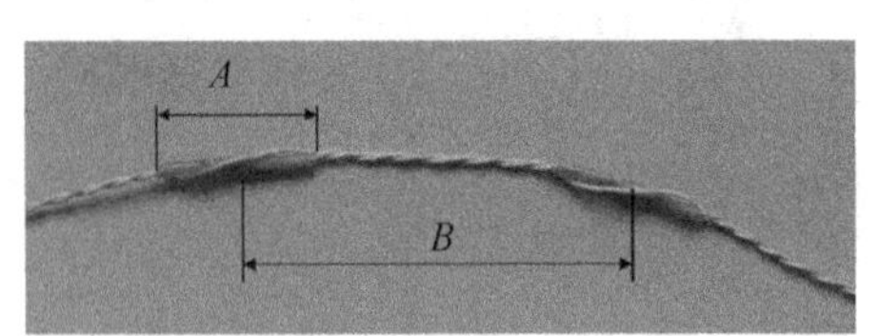

图 3-41 维修 CAN 导线

A—绞合只可解开最长 50mm *B*—CAN 导线断开处要与下一个压接节点相距至少 100mm

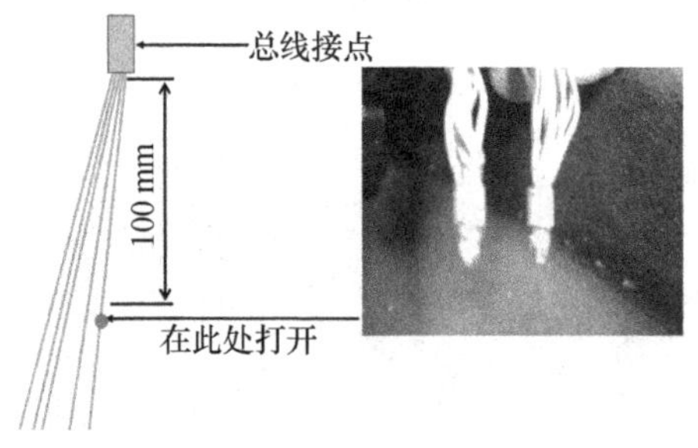

图 3-42 维修总线时留出 100mm

奥迪、宝来轿车总线接点位置如图 3-43 所示。

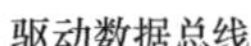

奥迪左侧A柱
宝来白色插头

舒适系统数据总线
信息娱乐系统数据总线

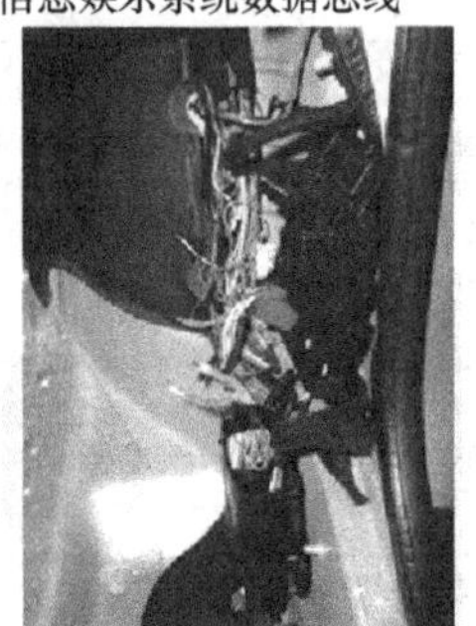

奥迪右侧A柱
宝来仪表台右侧线束内

图 3-43 奥迪、宝来轿车总线接点位置

2. 终端电阻的检测

在通常情况下使用检测仪的万用表功能进行检测，不允许使用其他测量仪（并联测量仪）。测量在 CAN-Low（低速）和 CAN-High（高速）导线间进行；实际值允许与标准值有几欧姆的偏差。

（1）检测仪连接方法。测量两个终端电阻（总的阻值）时，使用检测仪的万用表电子测量功能进行检测。将检测仪的红表笔连接 CAN-High，黑表笔连接 CAN-Low 进行检测（图 3-44）。

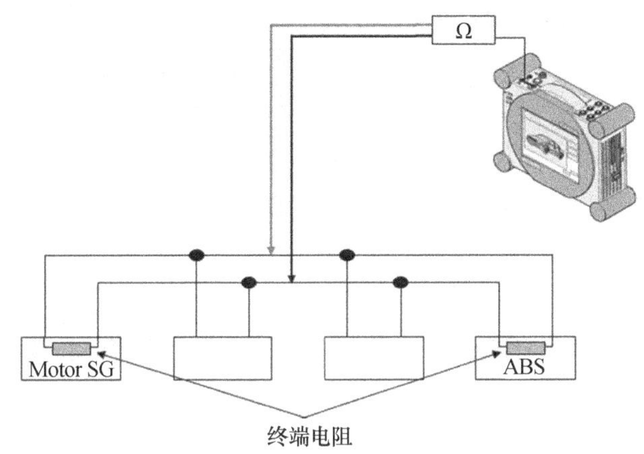

图 3-44 使用检测仪检测 CAN 总线的终端电阻

（2）终端电阻的测量步骤。

1）将蓄电池的负极导线拔除。

2）等待大约 5min，直到所有的电容器都充分放电。

3）连接测量仪器并测量总阻值。

4）将一个带有终端电阻控制单元的插头拔下来。

5）检测总的阻值是否发生变化。

6）将第一个控制单元（带有终端电阻）的插头连接好，再将第二个控制单元的插头拔下来。

7）检测总的阻值是否发生变化。

8）分析测量结果。

在控制单元内设置的不是一个固定阻值的终端电阻。它是由很多个被测量的电阻组合在一起的。在带有泵喷嘴单元的 1.9TDI 车型上，发动机控制单元装置为 66Ω 终端电阻。终端电阻是根据车型设计的，总的电阻值依赖于车辆的总线结构。

对总的阻值测量后，还需要将一个带有终端电阻控制单元的插头拔下，进行两次的单个电阻的测量。当在控制单元被拔取后测量的阻值发生了变化，则说明两个阻值都正常。

检测操作程序也是很重要的。例如奥迪 A6-1.9TDI 车型在 ESP 控制单元出现了故障，

阻值显示为66Ω。这说明，仅测量到了带有66Ω的发动机控制单元的阻值。以前该车型装置有2个120Ω的终端电阻，在电阻完好的情况下总的阻值大约60Ω。但是将该发动机控制单元拔下后，阻值变为∞。在该情况下，如果没有进行进一步的复核校验，则以为该车辆是正常的。误认为66Ω为两个120Ω的总阻值。

宝马车系为了避免信号反射，在两个CAN总线上连接阻值各为120Ω的终端电阻（在PT-CAN网络中的距离最远）。这两个终端电阻为相互并联，并构成一个60Ω的替代电阻。在断开电源电压后，可以在通信线之间对该替代电阻进行测量。此外，单个电阻可以各自分开测量，测量CAN-Low（低速）和CAN-High（高速）间的电阻值。

（3）使用检测仪的直流电压测量功能测量总线的电压值。检测的前提：蓄电池已连接且点火开关打开。为了确定CAN-Low（低速）或CAN-High（高速）导线是否损坏，分别测量CAN-Low（低速）或者CAN-High（高速）的对地电压。CAN-Low（低速）对地：PT-CAN、F-CAN电压约2.4V；CAN-High（高速）对地电压约2.6V。K-CAN CAN-Low（低速）对地：电压约4.8V，CAN-High（高速）对地电压约0.2V，总线负载可以有约几百毫伏的偏差。

三、奥迪轿车的驱动系统CAN总线/舒适系统CAN总线连接插座

1. CAN总线连接插座

（1）CAN总线连接插座（图3-45）分别构成了舒适系统CAN总线及动力系统CAN总线的中央结点。各总线系统下的所有控制单元的CAN线均被连接到连接插座上。动力系统CAN总线和舒适系统CAN总线以星形方式接入连接插座中。一个总线系统下的部分控制单元接在右边的连接插座中，而其他部分则接在左边的连接插头中。另一方面，左侧和右侧的连接插座又通过CAN导线连接，最终将所有的舒适系统CAN总线的控制单元跟所有动力系统CAN总线的控制单元连接在一起(图3-46)。

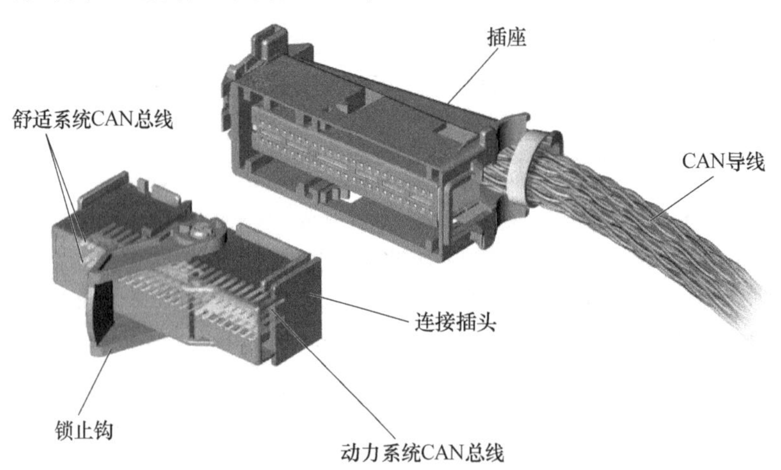

图3-45 奥迪轿车CAN总线连接插座

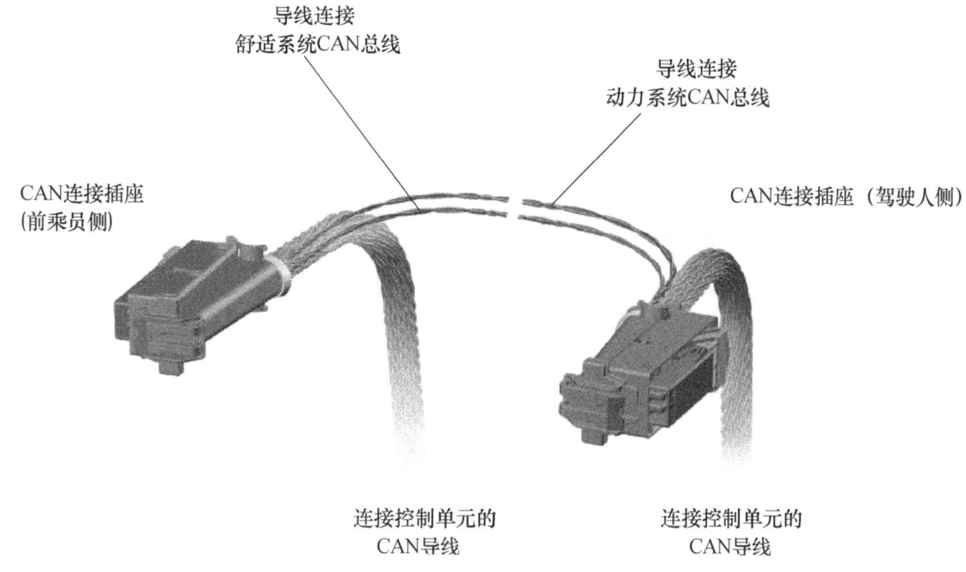

图 3-46 动力系统 CAN 总线和舒适系统 CAN 总线以星形方式接入连接插座中

(2) 连接插座安装位置。连接插座被安装在仪表板总成左右两侧的盖板下面。取下连接插头时，应该首先将锁止钩打开。对于左置或右置转向盘车，两个侧面的连接插座的插脚分布是不同的（图 3-47）。

2. 总线系统检测箱

(1) CAN 连接插座可以使用检测箱 1598/38 进行检测。借助于此检测箱及 VAS5051 上的数字存储示波器，检测控制单元在舒适系统 CAN 总线及动力系统 CAN 总线的单根导线上的信号和总线波形。这使得在总线系统故障查寻时可将各控制单元区分开来进行检测，以确定 CAN 总线在某处短路。检测操作时，将各控制单元 CAN 导线检测插座与检测箱插接连接即可（图 3-48）。

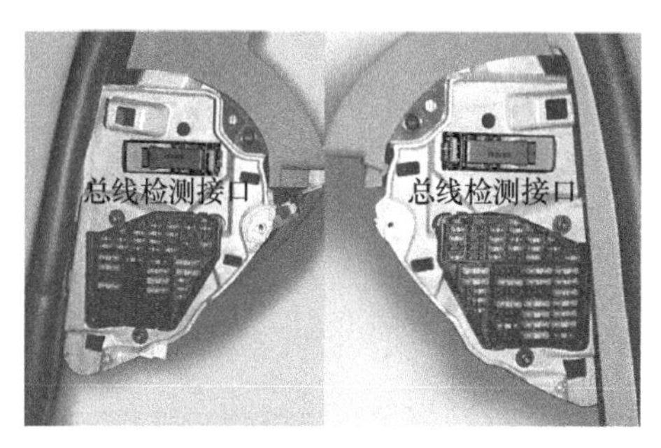

图 3-47 连接插座安装位置

图 3-48 总线检测箱

(2) 检测箱功能线路图如图 3-49 所示。

颜色编码

= H．舒适系统CAN-H线

= I．舒适性CAN-L线

= J．动力系统CAN-H线

= K．动力系统CAN-L线

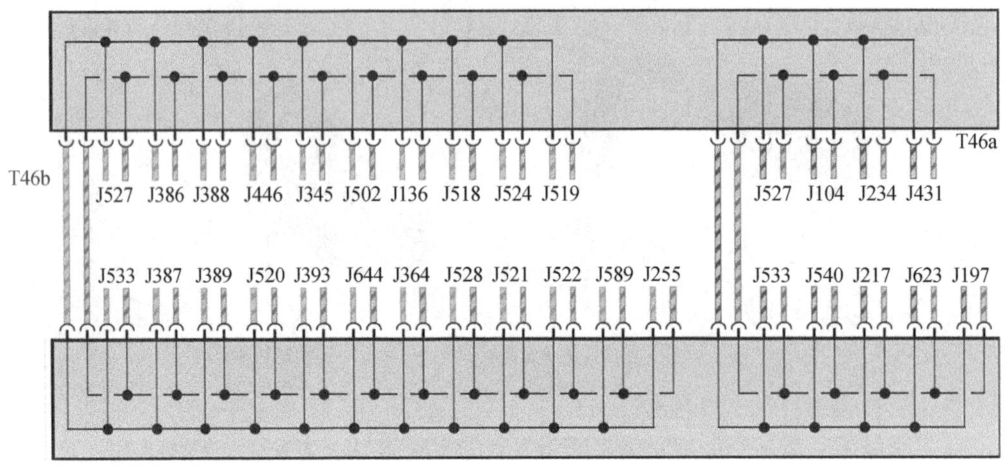

图 3-49 检测箱功能线路图

J104—配有 EDS 的 ABS 控制单元 J136—带有记忆的座椅调整控制单元 J197—自动水平调节装置控制单元 J217—自动变速器控制单元 J234—气囊控制单元 J255—自动空调装置控制单元 J345—挂车识别控制单元 J364—辅助加热系统控制单元 J386—车门控制单元（驾驶人侧） J387—车门控制单元（前乘员侧） J388—车门控制单元（后座左侧） J389—车门控制单元（后座右侧） J393—舒适系统控制单元 J431—灯光距离调节装置控制单元 J446—辅助停车装置控制单元 J502—轮胎压力检测控制单元 J518—进入和启动许可装置控制单元 J519—电力驱动控制单元 J520—电力驱动控制单元 2 J521—带有记忆的座椅调节控制单元（前乘员侧） J522—带有记忆的座椅调节控制单元（后座） J524—信息控制单元，显示器及控制单元（后座） J527—转向柱组合开关模块 J528—顶棚电子部件控制单元 J533—网关 J540—电子停车及驻车控制单元 J589—驾驶人身份识别控制单元 J623—发动机控制单元 J644—能源管理控制单元 T46a—连接插座，46 针，黑色，在 CAN 分离插口的左边 T46b—连接插座，46 针，黑色，在 CAN 分离接口的右边

（3）使用检测箱 1598/38 检查总线系统。在将检验箱接头插到车辆上以后，检验箱插座上的连接插头必须由从车上拔下来的连接插头代替（图 3-50）。

图 3-50 检测箱 1598/38 插上连接插头

检测箱 1598/38 测量动力系统 CAN 总线的测试点如图 3-51 所示。

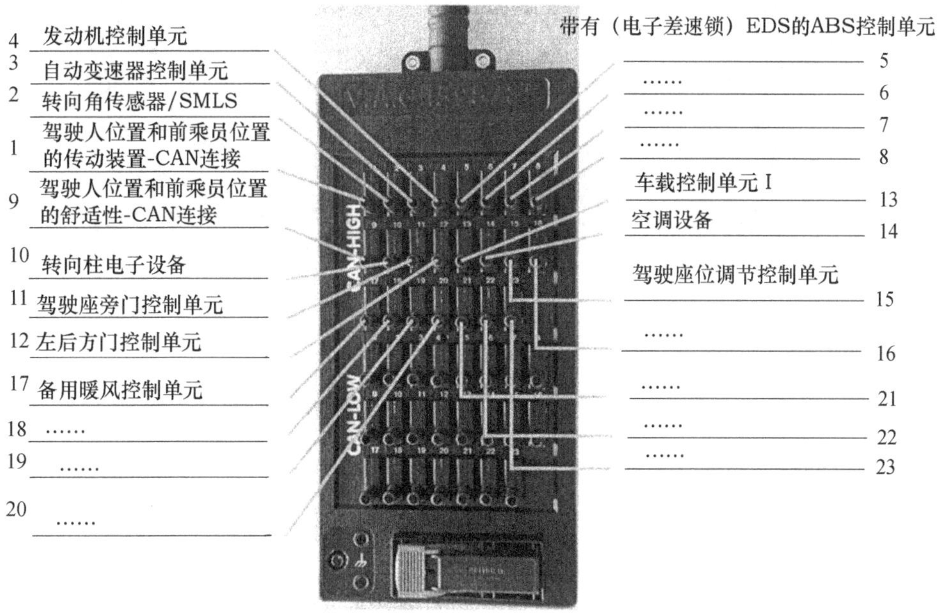

4 发动机控制单元
3 自动变速器控制单元
2 转向角传感器/SMLS
1 驾驶人位置和前乘员位置的传动装置-CAN连接
9 驾驶人位置和前乘员位置的舒适性-CAN连接
10 转向柱电子设备
11 驾驶座旁门控制单元
12 左后方门控制单元
17 备用暖风控制单元
18 ……
19 ……
20 ……
带有（电子差速锁）EDS的ABS控制单元 5
…… 6
…… 7
…… 8
车载控制单元 I 13
空调设备 14
驾驶座位调节控制单元 15
…… 16
…… 21
…… 22
…… 23
CAN-HIGH
CAN-LOW

图 3-51　检测箱 1598/38 测量动力系统 CAN 总线的测试点

检测箱 1598/38 测量车身系统 CAN 总线的测试点如图 3-52 所示。

4 电子车停和驻车控制单元
3 高度调节控制单元
2 诊断界面
1 驾驶人位置和前乘员位置传动装置-CAN连接
9 驾驶人位置和前乘员位置舒适性-CAN连接
10 诊断界面
11 前乘员座旁门控制单元
12 右后方门控制单元
17 进入和起动权限控制单元
18 ……
19 ……
20 轮压检测控制单元
气囊控制单元 5
照明宽度调节控制单元 6
…… 7
…… 8
车载控制单元Ⅱ 13
舒适性控制单元
能源管理控制单元
悬架识别控制单元
车停帮助控制单元 14
多功能单元控制单元 15
前乘员座位调节控制单元 16
…… 21
…… 22
…… 23
CAN-HIGH
CAN-LOW

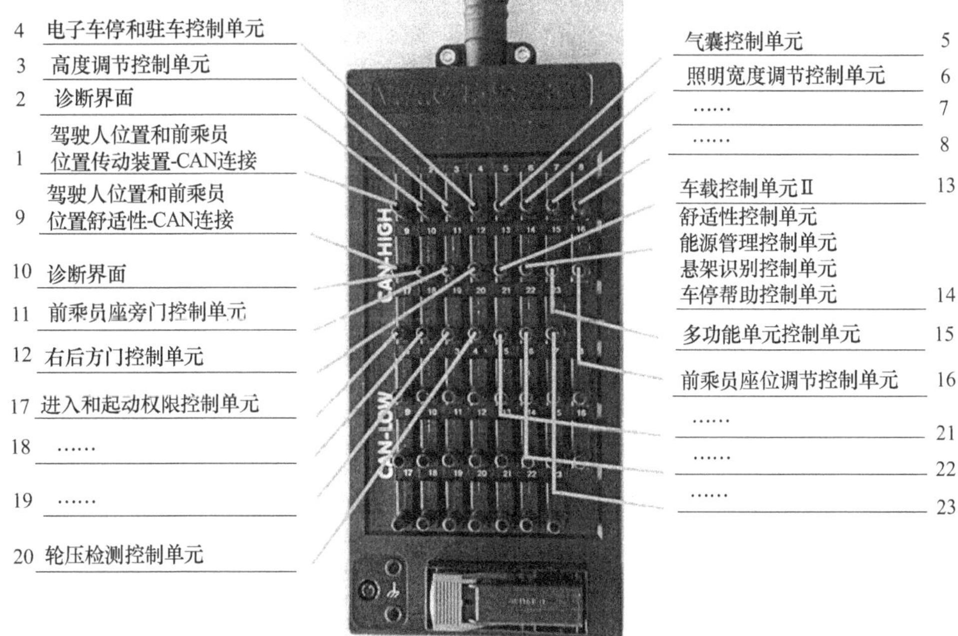

图 3-52　检测箱 1598/38 车身系统 CAN 总线的测试点

测量总线系统检测箱就车连接 CAN 总线检测箱 1598/38 如图 3-53 所示。

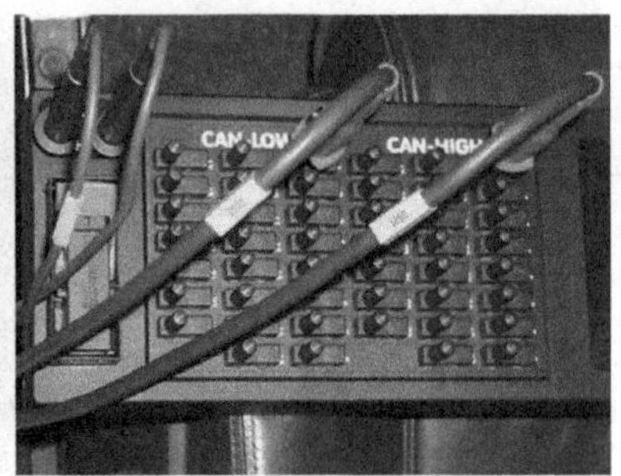

图 3-53 总线系统检测箱就车连接 CAN 连接插座

3. 奥迪 A6L 轿车控制单元安装位置

动力系统控制单元安装位置如图 3-54 所示，车身系统控制单元安装位置如图 3-55 所示。

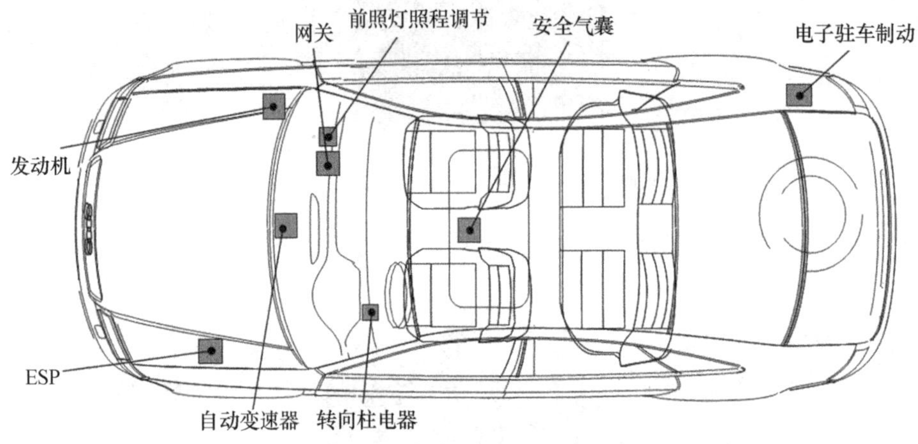

图 3-54 动力系统控制单元安装位置

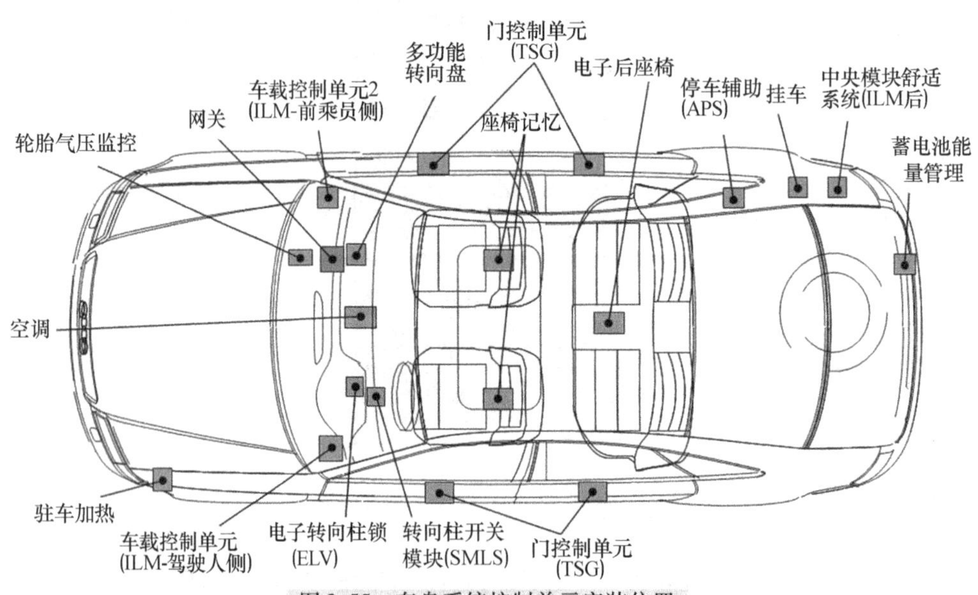

图 3-55 车身系统控制单元安装位置

复习题

1. CAN 总线常见故障有哪些？
2. CAN 总线故障诊断步骤有哪些？
3. 怎样检测 CAN 总线的故障？
4. 总线的维修方法有哪些？
5. 终端电阻的检测方法有哪些？

第四章 MOST 总线与光缆的检查维修

在德系车上使用了专门针对多媒体应用的通信技术——MOST 系统。MOST 系统主要应用在音频、视频、宽带和导航数据传输。宝马公司开发的安全总线 byteflight 系统，应用于车辆上与安全性相关的程序，主要是传输特别紧急的安全气囊系统数据。这些都是采用光缆传输信息的总线系统。

一、光缆及传输原理

1. 光缆传输的优点

现在的汽车为什么使用光缆？是因为汽车上的电子设备越来越多，而且传输声音或图像的数据量越来越大。光缆能传输大量数据，还具有质量轻、维修方便等优势。

使用铜导线时，数据传输率较高时会造成较强的电磁辐射，这种电磁辐射会干扰车内的电子元件的工作，造成电子元件工作不正常。

铜导线上传输数字或模拟电压信号，光缆传输的是光线。光缆部件间的数据传输以数字方式进行（图 4-1）。借助于光波，在显著提高传输速度的同时，仅需要较少的缆线并可实现较低的质量。与无线电波相比，光波的波长十分短，不会产生电磁干扰波，而且对电磁干扰波不敏感。这种传输方式使光缆具有较高的传输速度和抗干扰安全性。

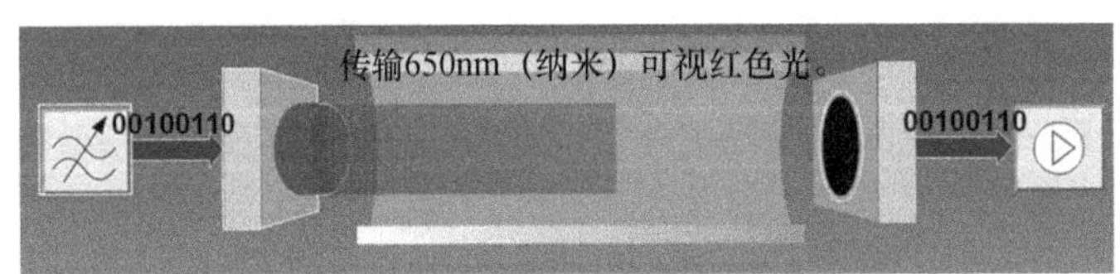

图 4-1　光缆的部件间的数据传输

2. 光缆结构

光缆有塑料光缆和玻璃光缆两种类型，汽车上只使用塑料光缆。与玻璃光缆相比，塑料光缆具有以下优势：

1）纤维横截面更大。

2）简化了技术制造过程。

3）对灰尘相对不敏感。

4）更易于使用，因为塑料不会像玻璃那样破碎。

5）更易于处理，能够剪切、打磨或熔化。

6）成本低廉。

汽车总线光缆是一根较细的圆柱形塑料纤维，外面包裹着一层较薄的护皮和缓冲保护层（图 4-2）。

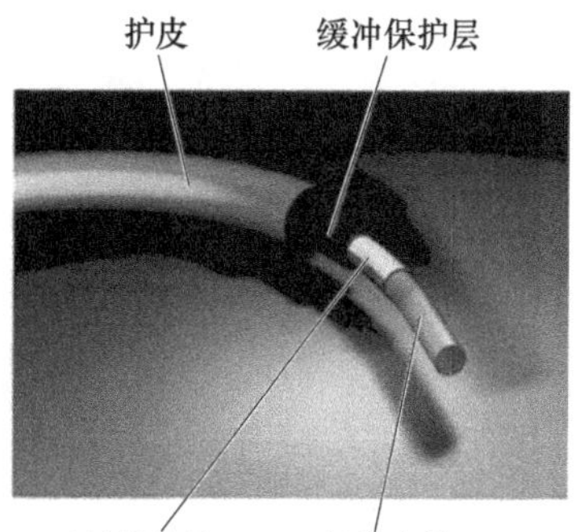

图 4-2　光缆结构

3. 光学传输原理

（1）光学信息系统类似于电传输，如图 4-3 所示。

在进行光学信息传输时，通过一个发光二极管将数字信号转化为光信号。这些光信号通过光缆传输至下一个控制单元后，在该控制单元处光敏二极管将光信号重新转化为数字信号。

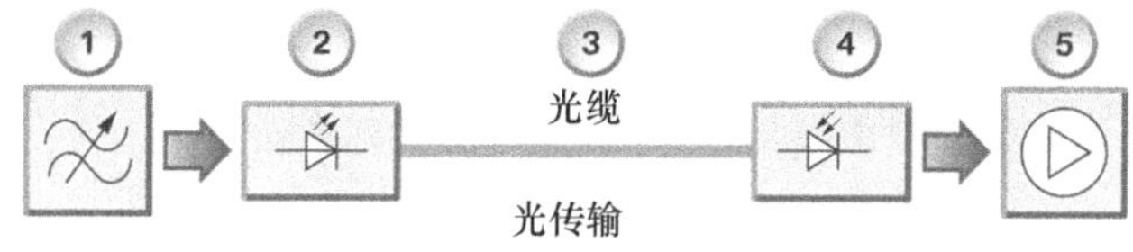

图 4-3　光学传输系统

1—信号源　2—发光二极管（发送二极管）　3—光缆

4—光敏二极管（接收二极管）　5—接收装置

由控制单元产生的电信号在一个发送组件内转化为光信号后射入纤维内芯。纤维内芯外裹有一层反射涂层，以免光线溢出芯外（图 4-4）。

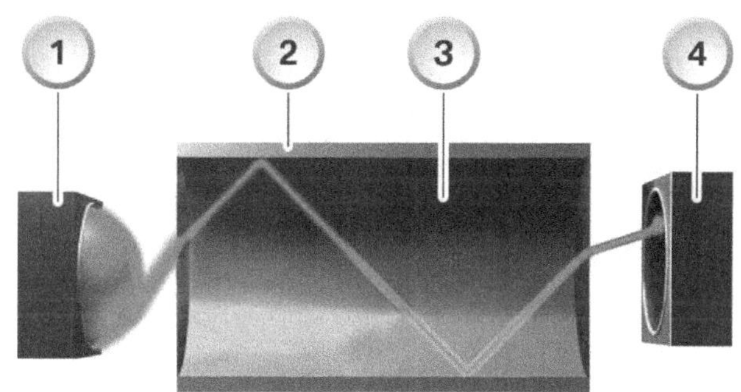

图 4-4　光学传输原理

1—发光二极管　2—护皮　3—纤维内芯　4—接收二极管

（2）光缆控制单元的内部构造如图 4-5 所示。

- 光缆插头：光缆信号通过光缆插头传输进控制单元，将产生的光缆信号传输给下一个光缆线成员。
- 电气插座：连接电源、环形断路诊断仪以及输入、输出信号。
- 仪器内部的电源：通过电气插座输送到控制单元的供应电压由仪器内部的电源系统分配到部件，这样可在控制单元中切换每个元件时降低静电流。
- 发射和接收单元：它由一个光数二极管和一个发光二极管组成。到达的光纤信号由

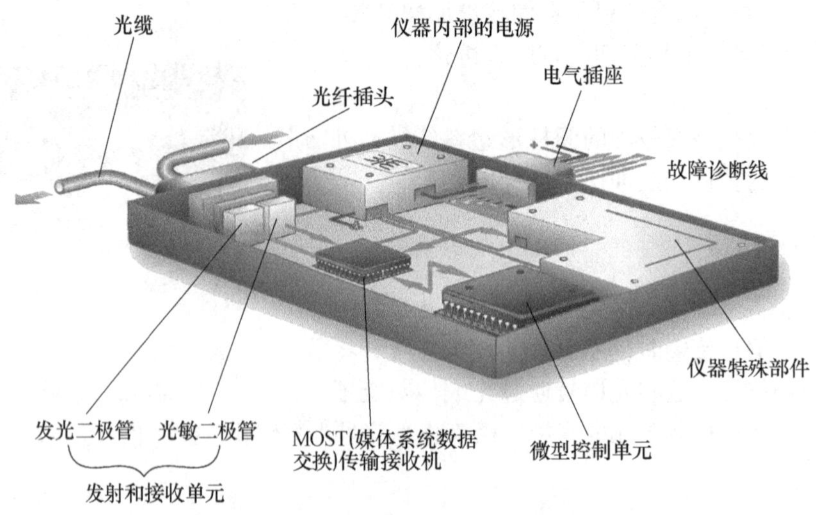

图 4-5 光缆控制单元的内部构造

光敏二极管转化为电压信号，并继续传输到传输接收机。发光二极管的任务是将传输接收机的电压信号转化为光信号。

产生光波的波长为650mm（纳米），是可视红色光。

数据是通过红色光波来进行传输。经调制后的光信号在环型光缆中进行传输，将光信号传输到各个控制单元。

传输接收机由传输器和接收器两个部件组成（图 4-6）。

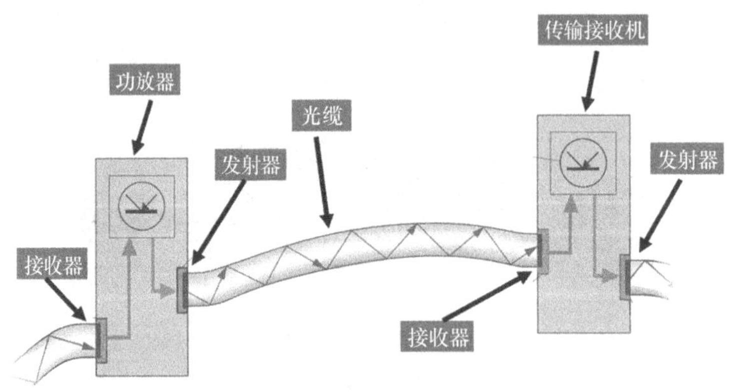

图 4-6 发射器内生成的光波导向其他控制单元的接收器

二、使用光缆时的注意事项

进行车辆线束方面的工作时必须特别小心。与铜电缆不同，光缆损坏时不会立即产生故障，而是在日后使用中用户才能察觉出来。

判断信号质量的一个标准就是衰减度。过度衰减可能是由不同原因造成的。使用光缆时的注意事项如下：

1. 弯曲半径不能过小

塑料光缆的弯曲半径不得小于 50mm。50mm 大约相对于一个饮料瓶的直径。弯曲半径过小时会影响光缆的性能，甚至造成塑料光缆完全损坏（图4-7），光线会从过度弯曲部位射出，因为此处无法正确反射光线。

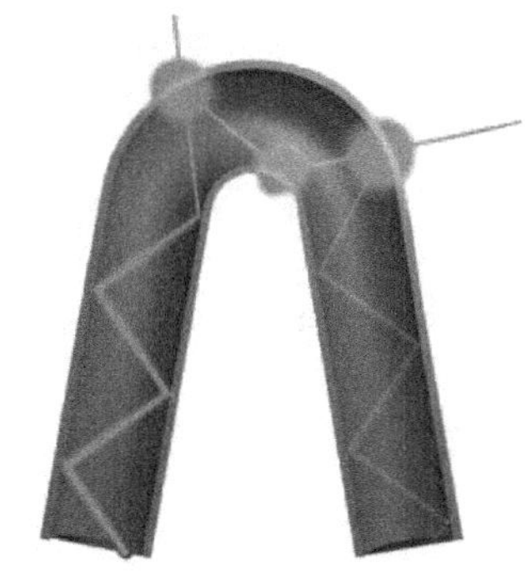

图 4-7 弯曲半径不能小于 50mm

2. 不准扭结

安装时切勿扭结光缆，因为这会损坏纤维内芯和护皮，部分光线会在扭结部位发生散射（图 4-8），从而造成传输损失。即使仅仅短促扭结过一次，也会损坏光缆。

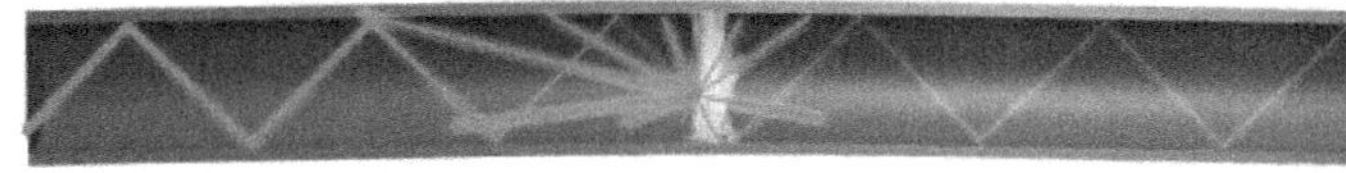

图 4-8 光缆扭结

3. 不准挤压光缆

要避免挤压光缆，因为挤压可能会造成光导横截面永久变形（图 4-9），传输时就会丢失光线。电缆扎带过紧也可能会造成这种挤压。

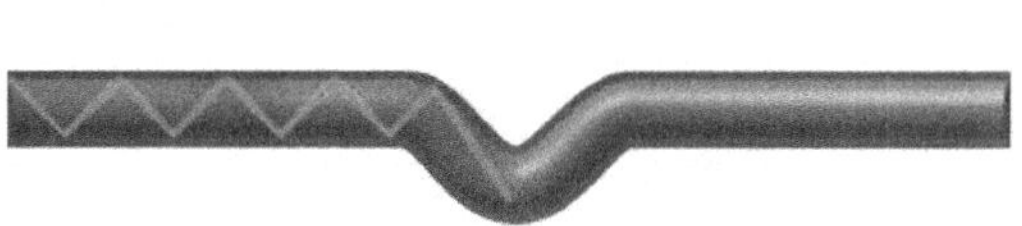

图 4-9 光缆被挤压部位

4. 严禁摩擦

光缆上的摩擦部位会造成光线损失或使外部光线射入，系统就会受到干扰或完全失灵（图 4-10）。

图 4-10 光缆摩擦部位会造成光损失

5. 不准过度伸长

过度伸长会使芯线拉长并减小纤维内芯横截面面积，从而减少通过的光量。拉伸光缆时同样可能造成光缆损坏（图 4-11）。

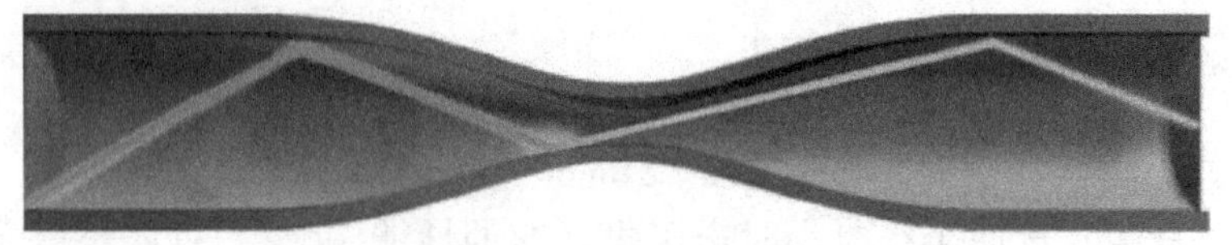

图 4-11 光缆被过度伸长会减少通过的光量

6. 不准过热

光缆过热时不会立即产生故障，而是在日后使用中才会造成损坏。例如，油漆烘干或焊接时不得超过 85℃（图 4-12）。

7. 端面不准有污物或划痕

光缆端面有污物或划痕时也可能会导致出现问题。虽然可以避免无意中接触端面，但操作不当仍可能会造成故障。光缆端部的污物会妨碍光线射入和射出，污物会吸收光线造成衰减程度过大。端面有划痕时会使到达该处的光线形成散射，从而减少到达接收装置的光线（图 4-13）。

图 4-12 过热

图 4-13 光缆端面有污物或划痕

8. 光缆不准太长

光信号在光缆内传输距离过长，会使光信号减弱。

9. 插头连接要规范

为了使光导体能连接到控制单元，要使用特殊的光纤线插头（图 4-14）。

在插座接头上有一个信号方向箭头，显示了输入（到接收器）的方向。插头的外壳建立了到控制单元的连接。通过内核的正面实现了光线到控制单元内发射机/接收器的传输。在生产光缆时为了在插头外壳上固定光缆，在光缆尾端利用激光焊上塑料套管或者在尾端卡上黄铜的套管（图 4-15）。

10. 只能使用专用工具切割光缆

光缆在维修和使用中为了尽可能减少传输损耗，光导体的正面必须平滑、垂直、干净。

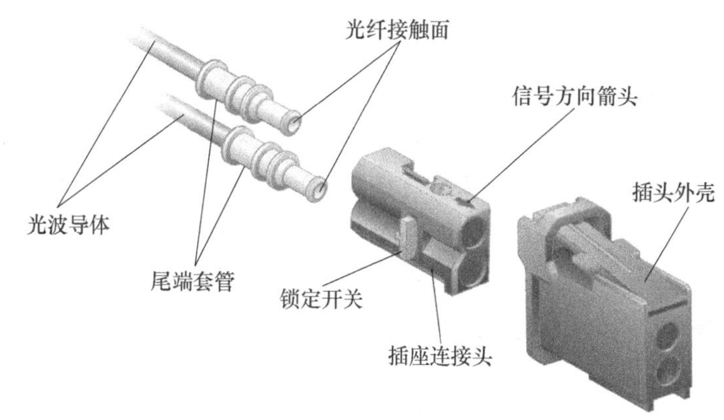

图 4-14 光缆连接插头

这种要求只能通过专用的切割工具来实现（图4-16），污染和划痕会提高损耗（衰耗）。

图 4-15 光缆尾端黄铜的套管

图 4-16 光缆专用切割工具

11. 光缆防弯曲保护

通过安装防弯曲保护波纹管以保证在铺设光缆时的最小半径 50mm（图4-17）。

使用光缆连接器（图 4-18）更便于在行李箱区域内加装控制单元。光缆连接器位于后座椅靠背旁的左侧盖板后。光缆连接器旁装有一个套管，用于防止光缆弯曲半径过小。

12. 在光缆和其部件上不允许的操作

- 诸如钎焊、高温粘贴、焊接等加工和修理方法。
- 化学和物理方法，如粘贴、对接。
- 光缆线路绞合或一根光缆线路和铜线绞合。
- 外皮的损坏，如穿孔、割口、擦裂等。在车内安装时不得踩踏，不得在导线上放置物品等。
- 表面污染，例如液体、灰尘、燃料等，前面所述的保护盖板只有在进行插入或测试时才能特别小心的去除。
- 在车内铺设时绕圈和打节；更换光缆时要注意长度。

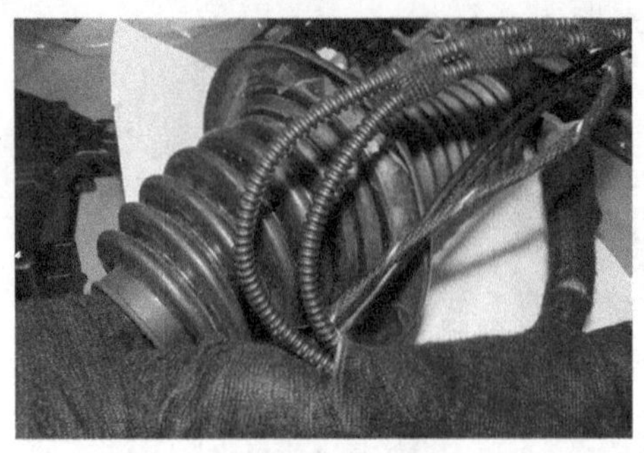

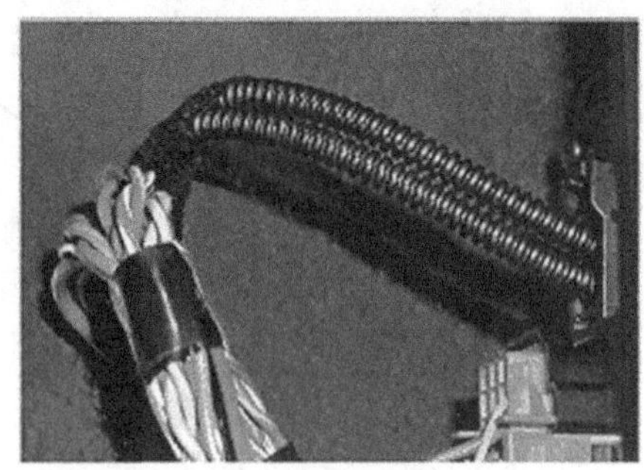

图 4-17　光缆防弯曲保护

三、MOST 系统

1. MOST 系统概述

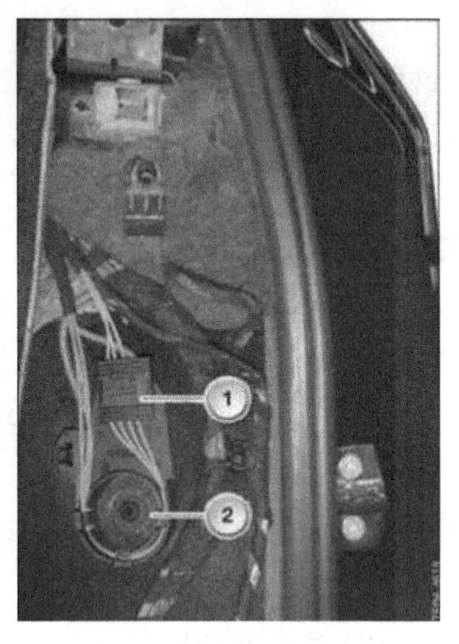

图 4-18　光缆连接器
1—光缆连接器　2—套管

MOST 是一种专门针对车内使用而开发的、服务于多媒体应用的通信技术，MOST 表示“多媒体传输系统”（图 4-19）。

- MOST 总线传输控制单元、音频、视频和导航数据。
- MOST 技术提供了一种控制数据多样性和数据复杂性的逻辑框架模型。

车内装有如下多媒体组件（图 4-19）：

1）电话；

2）收音机；

3）电视；

4）导航系统；

5）CD 换碟机；

6）放大器；

7）多功能信息显示屏/车载监视器。

MOST 系统具有以下优点：

可达到较高的数据传输率；可在不相互干扰的前提下，并行同步提供信息和娱乐服务；具有良好的电磁兼容性。

由于以前使用的总线系统已无法应对这种系统复杂性，因此需要一种新型总线技术，即 MOST 系统。

多媒体的利用只有通过安装一个分布式系统才能对控制单元进行连接和故障的诊断。也就是说，一个功能（比如收听广播）需要多个控制单元连接起来才能实现（图 4-20）。

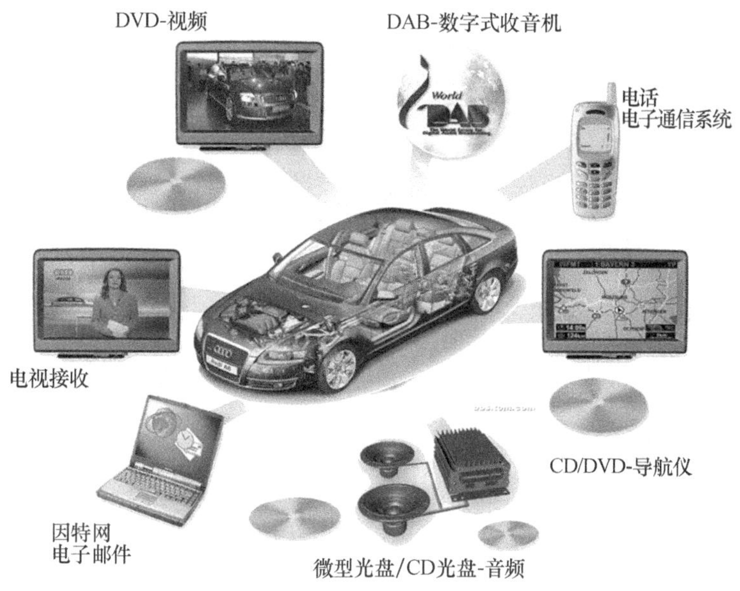

图 4-19 MOST 多媒体组件

图 4-20 收听广播

2. 奥迪、宝马典型 MOST 系统

奥迪轿车的 MOST 系统如图 4-21 所示。

宝马轿车的 MOST 系统如图 4-22 所示。

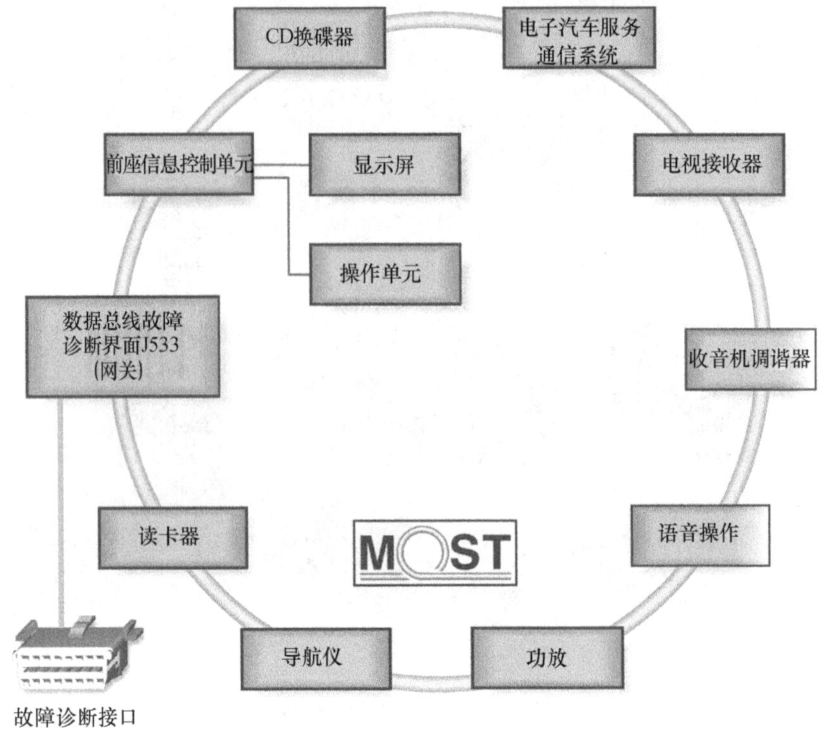

图 4-21 奥迪轿车 MOST 系统

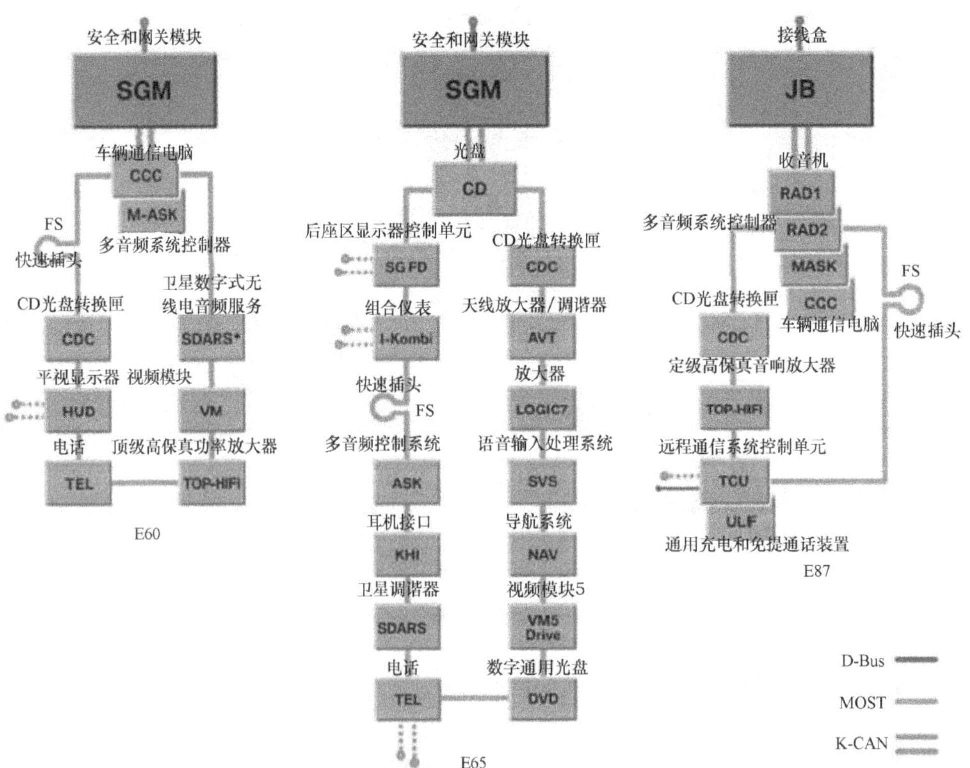

图 4-22 宝马轿车的 MOST 系统

3. MOST 系统的特点

（1）MOST 采用环形光缆结构，如图 4-23 所示，可以传输各种数据（控制单元、音频和图像数据）并提供各种数据服务。

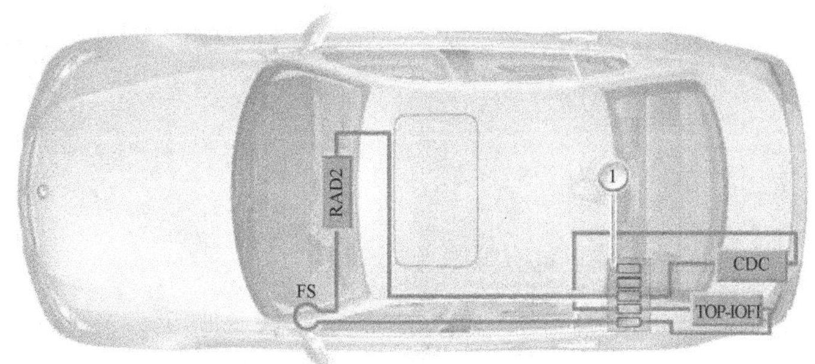

图 4-23　MOST 采用环形光缆结构

1—插接件

（2）MOST 总线通过光脉冲传输数据，但只能朝一个方向传输数据。光缆用作传输媒介（图 4-24）。各组件通过 MOST 总线共同组成一个中央单元（图 4-25）。

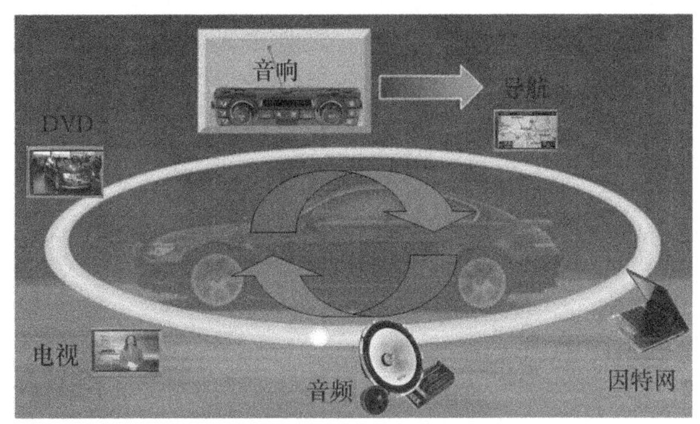

图 4-24　MOST 总线采用环形结构朝一个方向传输数据

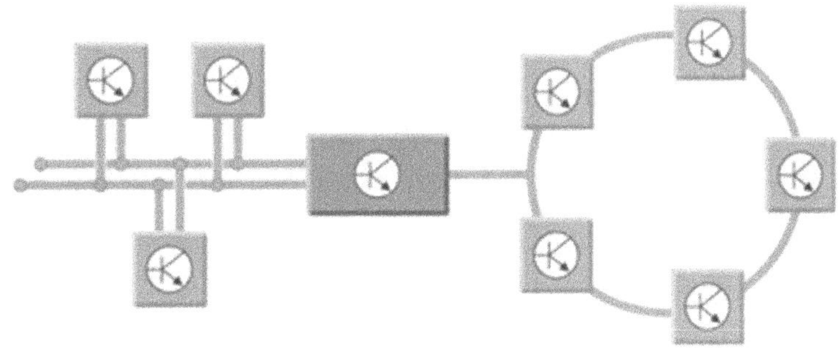

图 4-25　MOST 总线共同组成一个中央单元

（3）一旦 MOST 系统某一个控制单元出现故障就会影响整个系统的工作（图 4-26）。

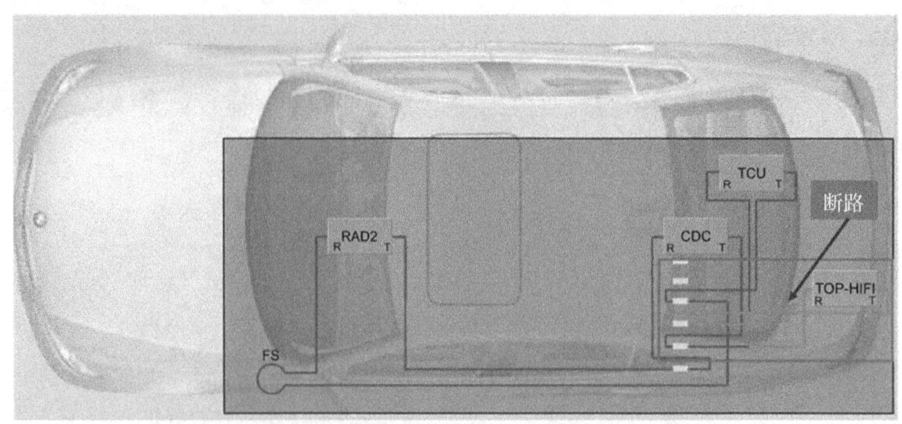

图 4-26 MOST 系统某一个控制单元出现故障

（4）利用即插即用（连接后即可使用）原则可以非常简单地通过各组件扩展系统。

（5）有较高的数据传输率，奥迪轿车数据传输率为 21.2Mbit/s。

（6）MOST 将控制单元的节点分配到总线内。MOST 不仅表示一种传统意义上的网络，还表示一种用于多媒体和网络控制的集成技术。

在环形结构网络内每个终端设备（节点、控制单元）都通过一个环形导线连接（图 4-27）。在环形结构网络内每个终端设备（节点、控制单元）都通过一个环形导线连接。允许发送的信息在该环形导线上循环运行，该信息由每个节点（控制单元）读取并继续传送。

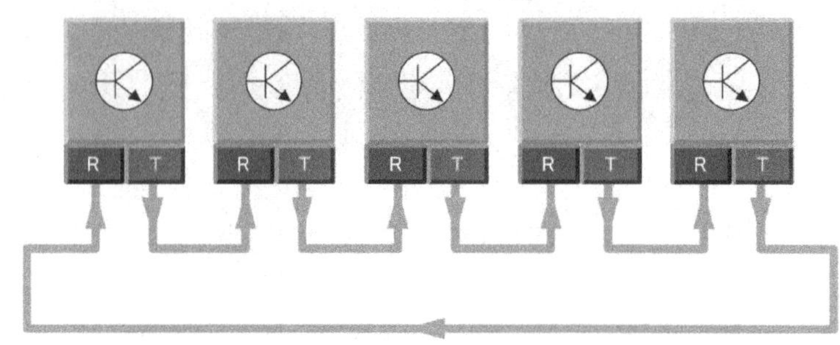

图 4-27 环形结构

R—接收装置 T—发射装置

某一节点需要发送数据时，会将“准备发送”信息转换为“占用”信息，随后添加接收装置地址、一个故障处理代码和相关数据。为了保持信号强度，数据包经过的节点会再次产生相关数据（转发器）。作为接收装置分配有地址的节点复制这些数据并以循环形式继续发送。

数据再次到达发送装置时，发送装置就会将数据从循环中清除并重新发出“准备发送”信息。

光线方向由主控控制单元（例如多功能音频系统控制器）至光缆连接器，再从连接器处至控制单元（例如行李箱内的 CD 换碟机）。光线从最后一个控制单元处通过快速编程插头返回主控单元（图 4-28）。

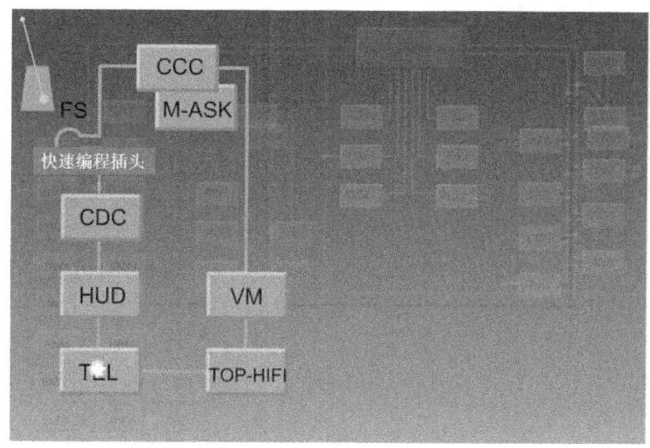

图 4-28　光信号在环形导线上循环运行

例如，打开 CD 换碟机换光碟操作：

1）发出换光碟信息（图 4-29）。

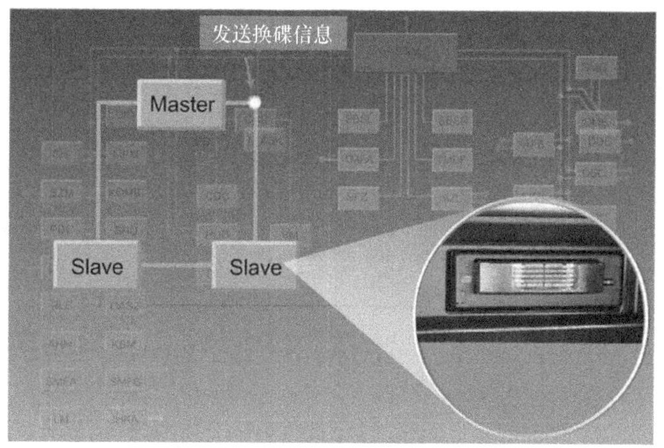

图 4-29　发出换光碟信息

2）信息到 CD 换碟机（图 4-30）。

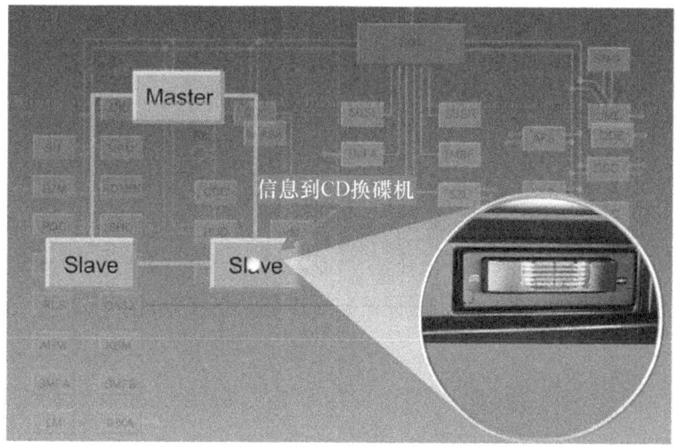

图 4-30　信息到 CD 换碟机

3）进行更换光碟（图 4-31）。

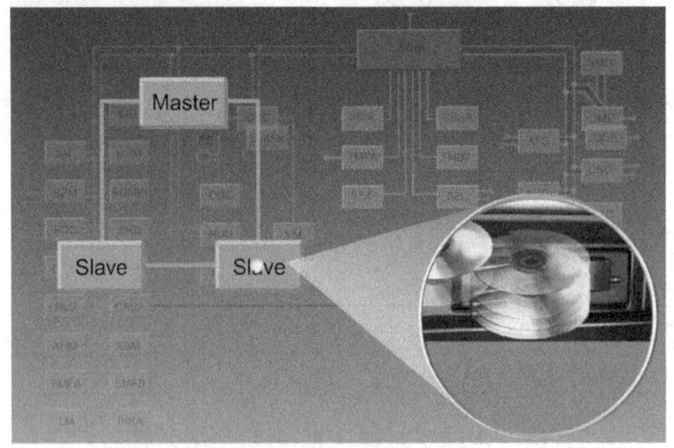

图 4-31 进行更换光碟

4）通过转向盘上的控制系统控制音量（图 4-32）。

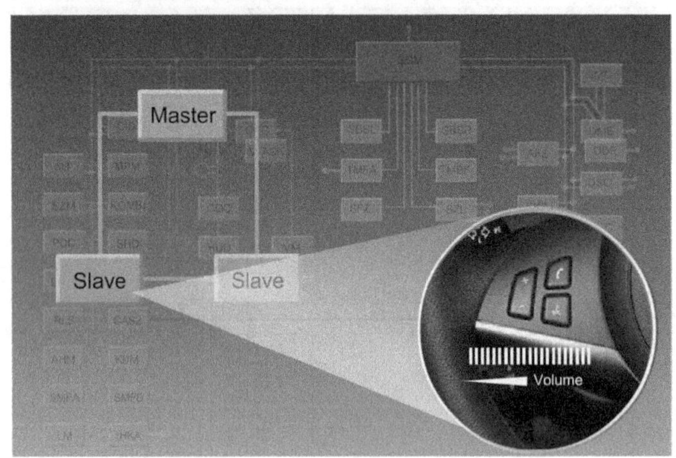

图 4-32 通过转向盘上的控制系统控制音量

4. 数据传输

每个 MOST 控制单元都可以将数据发送到 MOST 总线上，但只有主控控制单元能通过总线与其他总线系统之间的数据交换（图 4-33）。

为了满足数据传输应用方面的各种要求，每条 MOST 信息都分为三个部分(图 4-34)：

- 同步数据、异步数据、控制数据。
- 同步通道：传输同步数据，主要用于传送音频数据、TV 和视频信号。
- 异步通道：传输异步数据，主要用于传输导航系统的图像数据，例如地图视图和方向箭头。
- 控制通道：传输控制数据（例如扬声器音量控制信号和诊断数据）通过控制通道发送（图 4-35）。

MOST 总线采用环形结构。各通道（同步通道、异步通道和控制通道）在媒介上以同步

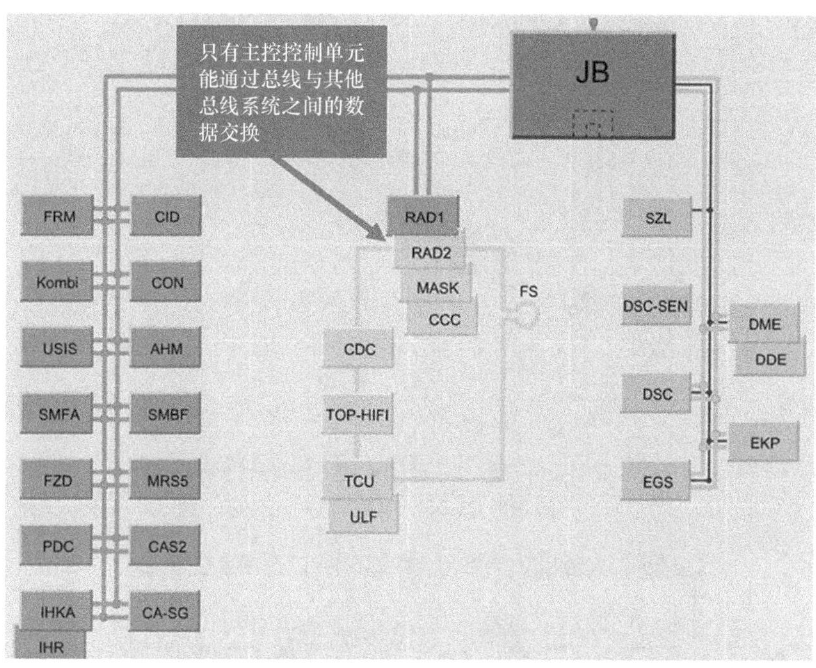

图 4-33　主控控制单元能通过总线与其他总线系统之间的数据交换

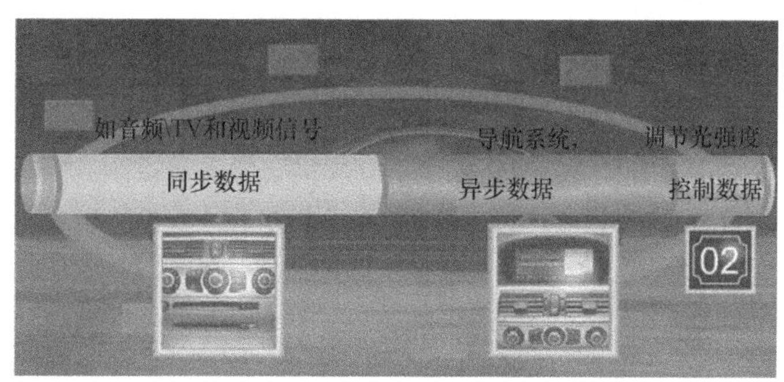

图 4-34　数据传输控制

方式传输。在整个环形总线内都可获得相关数据，即以无损方式读取（复制）数据并能够用于不同组件（图 4-36）。

图 4-35　MOST 系统信息传输的通道类型

1—同步通道　2—异步通道　3—控制通道

通过一根只能朝一个方向传输数据的环形总线连接各控制单元。就是说，一个控制单元始终具有两根光缆，一根用于发送装置，一根用于接收装置（图 4-37）。

在 MOST 控制单元内采用光缆的连接方式。所有插头的 2 芯光缆模块都是一样的，MOST 合作组织已制定零件系列和触点零件标准，线脚 1 始终用于接入的光缆，线脚 2 用于继续传输的光缆（图 4-38）。

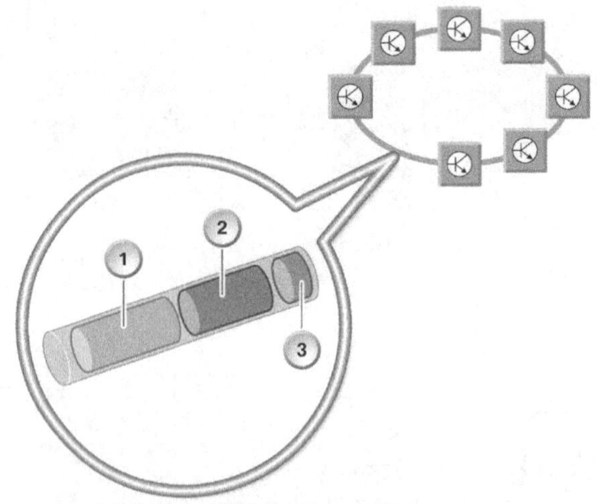

图 4-36 MOST 总线环形结构和各通道

1—同步数据 2—异步数据 3—控制数据

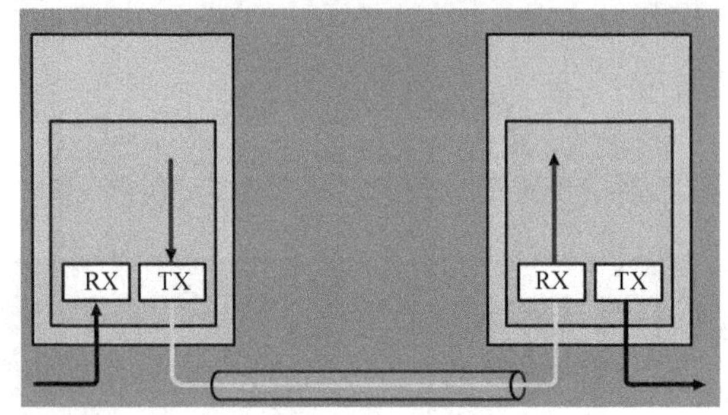

图 4-37 发送装置和接收装置

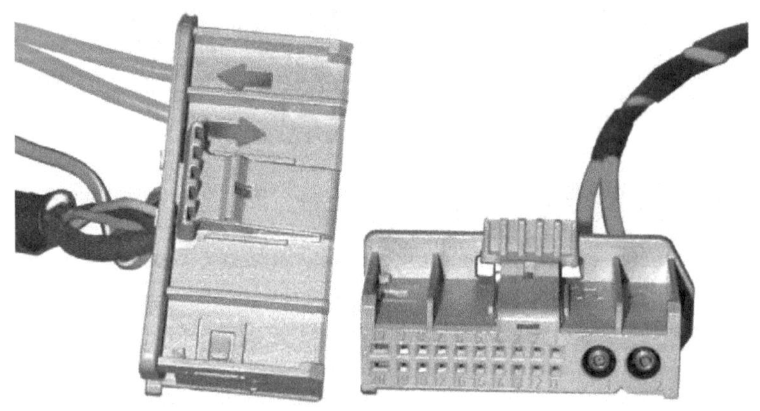

图 4-38 光缆连接插头

5. 带宽

带宽表示网络的工作能力，即能够同时传输多少数据。应用情况不同时，带宽差异很大。

四、光缆的检查与维修

当 MOST 总线系统中的音频、视频和导航数据出现故障时，首先要进行 MOST 总线系统的检查。先使用设备检查 MOST 总线系统中的控制单元是否正常，如果控制单元工作正常就要检查光缆是否有故障。检查光缆时首先要分段检查，看是否有红色光通过，如果有红色光通过，说明这段光缆正常；如果光缆损坏，应更换光缆。

1. 总线控制单元的检查

在故障诊断时，使用光学备用控制单元 VAS 6186 进行检测（图 4-39），它可以代替 MOST 总线系统中的控制单元进行信息的传输。

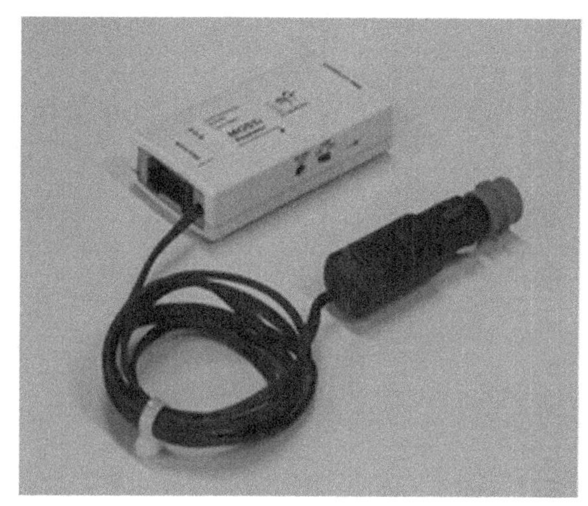

图 4-39　光学备用控制单元 VAS 6186

当 MOST 总线系统出现故障时，就会出现传输的信息红色光中断现象，使 MOST 总线系统不能正常工作。当怀疑某一个控制单元出现了故障时，就可以在这个位置用光学备用控制单元 VAS 6186（图 4-40）进行检测。检测方法：将光学备用控制单元 VAS 6186 的电源插头插在点烟器上进行通电。如果 MOST 总线这时正常工作了，那么故障就出在拔出来的控制单元上，将这个控制单元进行更换即可排除故障。

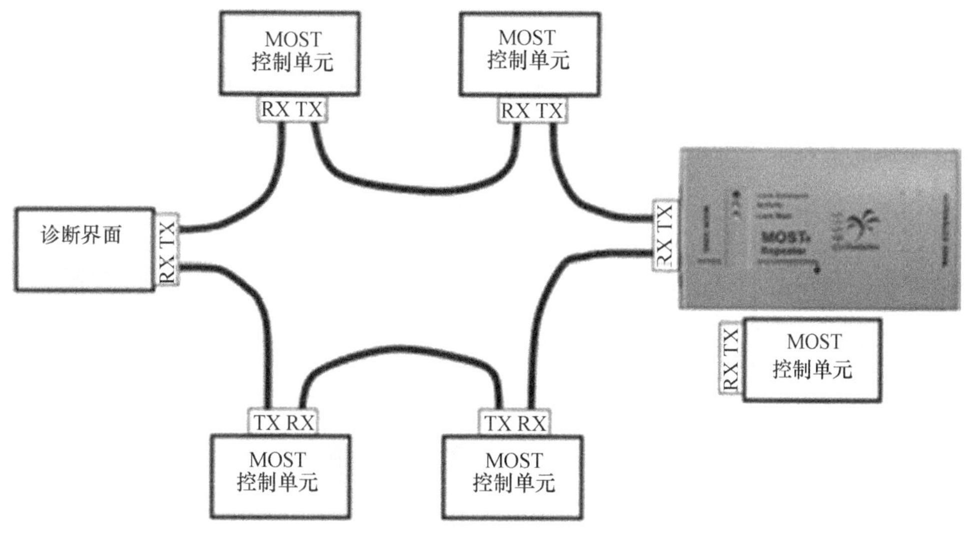

图 4-40　用光学备用控制单元 VAS 6186 进行检测

2. MOST 总线的维修

当确定不是总线控制单元故障后，就应该检测 MOST 总线。首先将损坏的光缆拆下来。更换备用维修光缆时，应特别注意防止更换光缆被污染或划痕，只能通过专用的切割工具和压接工具 VAS 6223 来进行。

总线光缆专用维修设备 VAS 6223 有剪切钳（图 4-41）、弯曲压接钳（图 4-42）两个工具，分别进行剪切和压接铜制接头操作。

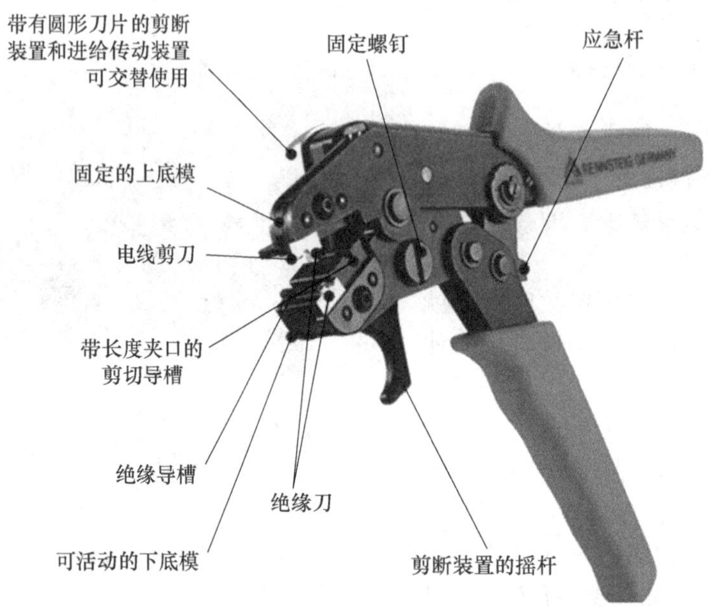

图 4-41　VAS 6223 剪切钳

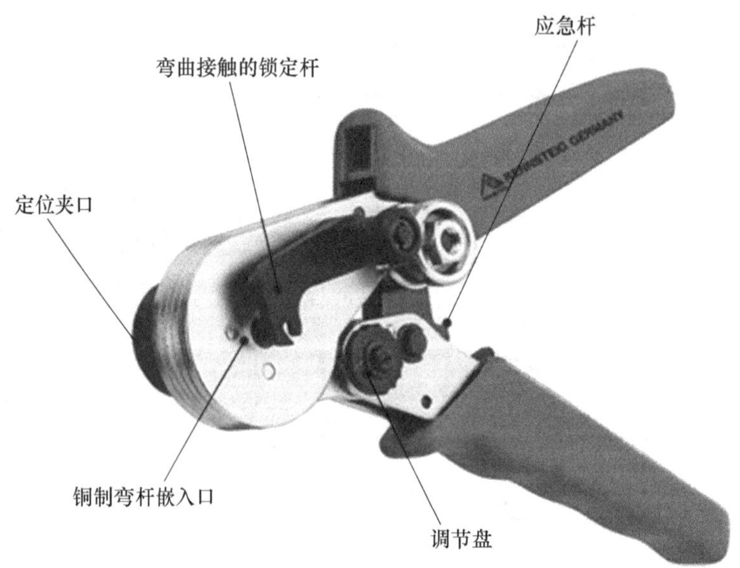

图 4-42　VAS 6223 弯曲压接钳

在维修时一定要了解光缆总线的颜色代表什么系统和维修光缆的颜色。BMW 公司研发了两种用于数据传输的光学总线系统：MOST 系统和 byteflight 系统，光线长度为 650nm（红光），使用三种不同的颜色区分不同总线系统的光缆（图4-43），黄色：byteflight 总线；绿色：MOST 总线；橙色：保养维修总线。

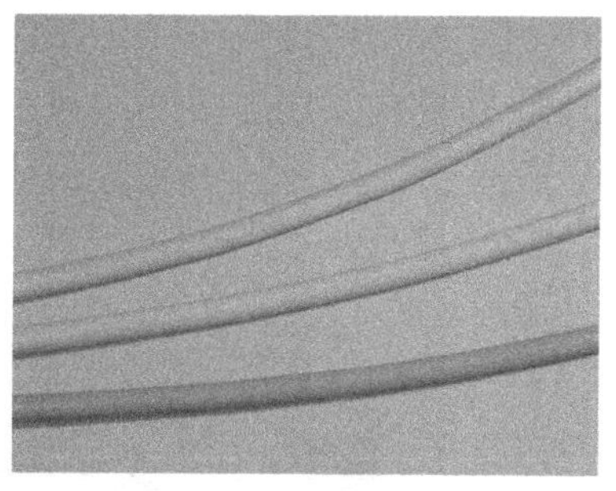

图 4-43　宝马公司不同系统总线颜色

光缆规范维修步骤如下：

步骤一：使用 VAS 6223 设备的剪切钳将光缆粗略地剪开（图 4-44）。注意：利用侧剪功能，并且不要剪得太快，避免折断光纤。

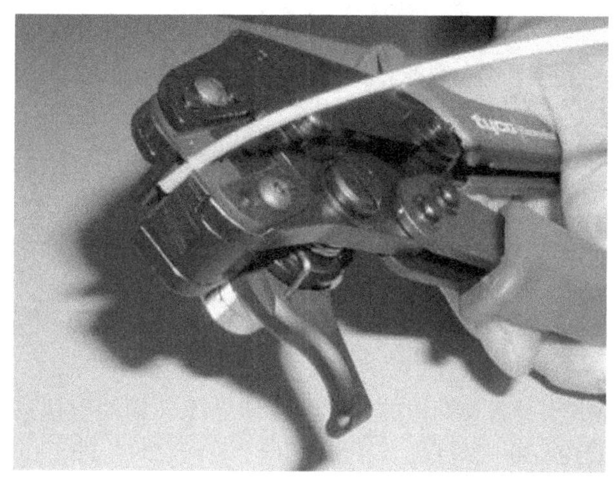

图 4-44　将光缆粗略地剪开

步骤二：将光缆嵌入 VAS 6223 设备剪切钳的绝缘槽中剪切绝缘套（橙色外套），如图 4-45 所示。注意：此时光纤绝对不可以弯曲或夹紧。

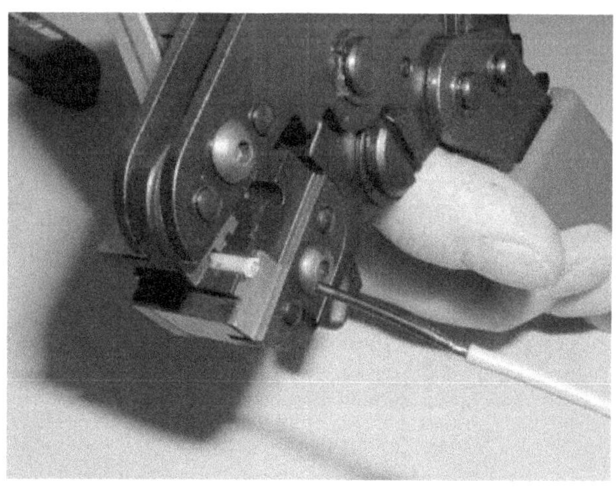

图 4-45　将光缆嵌入绝缘槽中剪切绝缘套

步骤三：将光缆放到 VAS 6223 设备剪切钳中，注意外面皮套的槽和箭头方向（即光纤方向），并将钳口闭合（图 4-46）。

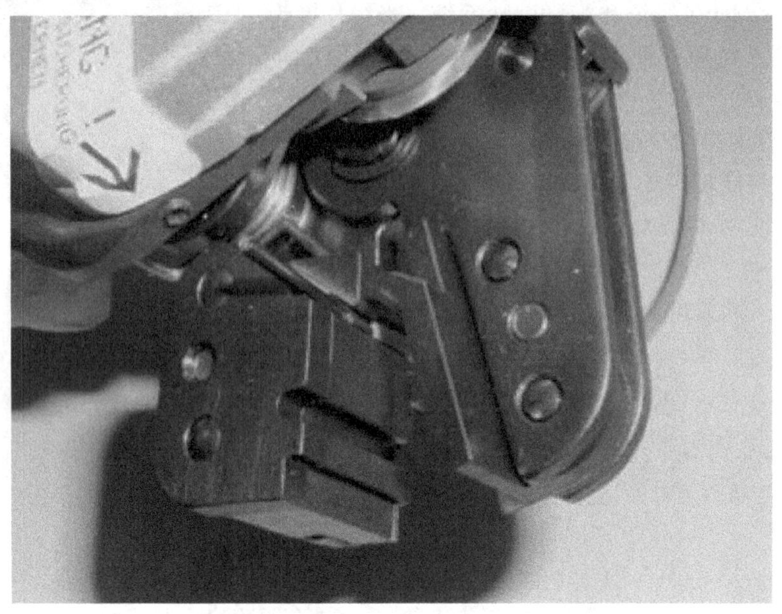

图 4-46 将光缆放到钳子中并将钳口闭合

步骤四：用 VAS 6223 设备剪切钳的剪刀轮剪切光缆（即精剪切），如图 4-47 所示。注意：不要剪得太快，避免折断光缆！

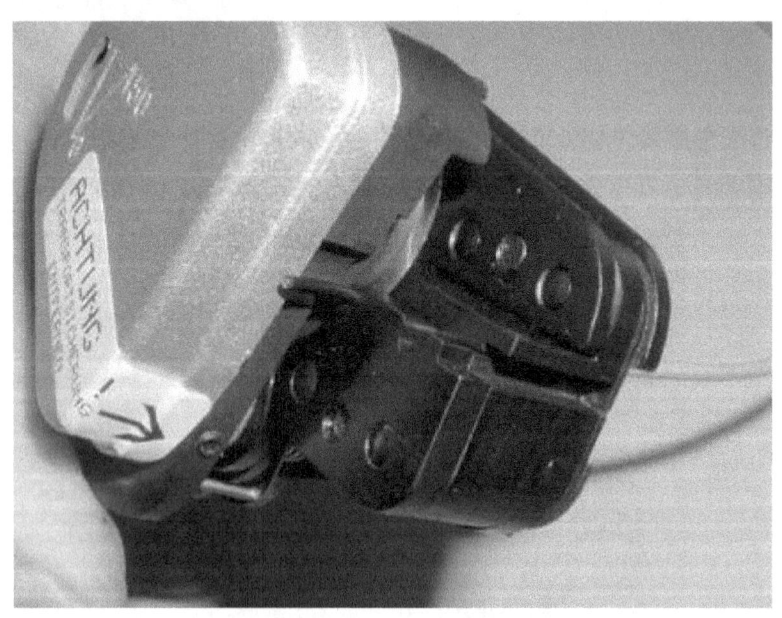

图 4-47 用剪刀轮剪切光缆

用 VAS 6223 设备剪切钳后加工的结果：光缆干净、剪短了，截面平滑（图 4-48）。

步骤五：将铜制弯杆嵌入 VAS 6223 设备弯曲压接钳（图 4-49）。注意：铜制弯杆不要倾斜！

步骤六：将弯曲压接钳上的弯曲上锁装置上锁（图 4-50）。

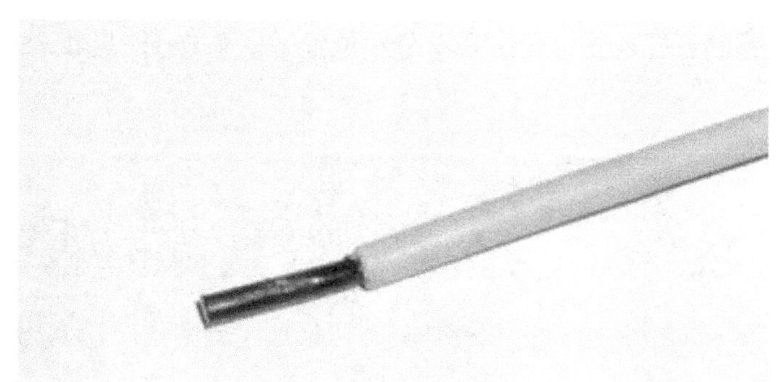

图 4-48 用剪切钳加工后的光缆

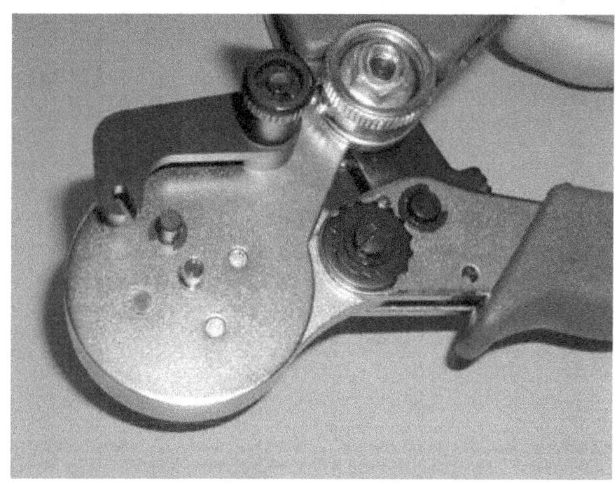

图 4-49 将铜制弯杆嵌入弯曲压接钳

图 4-50 搭起弯曲上锁装置

步骤七：将光缆插入弯曲压接钳中的铜制弯杆内，直到可以感觉到有轻微的弹力（图4-51）。

步骤八：在压接前，检查弯曲压接钳是否搭起弯曲上锁装置，检查上锁后将绝缘了的光缆压接（图4-52）。

步骤九：检查铜制弯杆与光缆的配合质量和位置（图4-53）。尺寸 $x=0.01\sim0.1$mm。

图4-51　将光缆插入铜制弯杆内

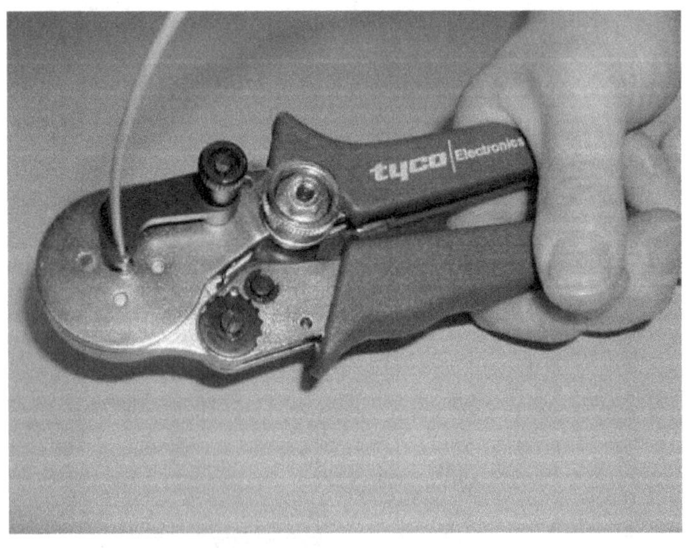

图4-52　将绝缘了的光缆压接

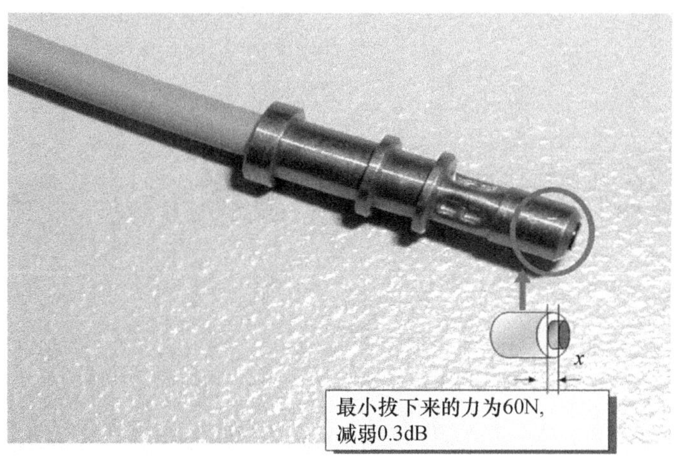

图 4-53 检查铜皮套

复习题

1. 塑料光缆具有哪些优势？
2. 说出光缆的结构。
3. 说出光学传输的原理。
4. 使用光缆时的注意事项有哪些？
5. 怎样进行光缆防弯曲保护？
6. 什么是 MOST 系统？
7. 怎样进行光缆的维修？

第五章 子总线系统和蓝牙技术

一、概述

由于汽车上使用的电子部件越来越多，但是CAN总线系统不能满足数据传输性能的多样变化要求，因此一些新型的网络传输系统应运而生，如LIN总线、BSD总线、K总线协议等数据总线传输系统。奥迪A6L和宝马车的车载网络系统就包含了子总线系统。子总线系统是从属串行总线系统，例如打开前照灯后，随动转向前照灯就是用从属串行子总线控制的（图5-1）。

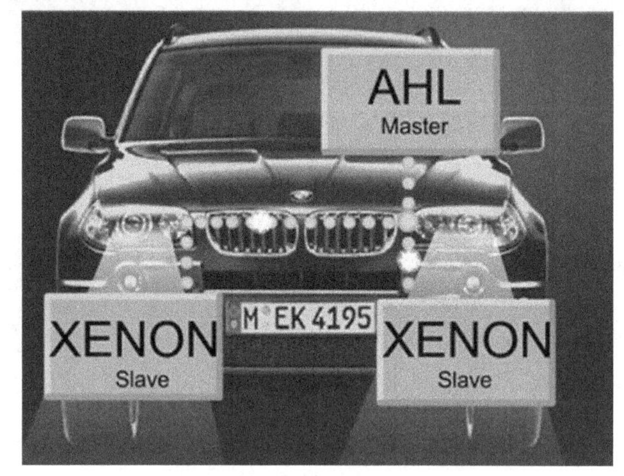

图5-1 从属串行总线控制随动转向前照灯

AHL—自适应弯道照明灯控制单元 XENON—自适应弯道照明灯

1.LIN总线

LIN总线是局域互联网总线，也称为“局域子系统”。它是一种低成本的串行通信网络，用于实现汽车中的分布式电子系统控制，为CAN总线提供辅助功能，因此LIN总线是一种辅助总线网络。例如：空调控制系统就是采用从属串行LIN总线系统（图5-2）。

2.BSD总线

BSD（比特串行数据）总线是控制发电机充电电压、可变蓄电池充电电压，能确保达到更好的蓄电池充电平衡状态，进行能量管理（图5-3）。根据需要还能关闭用电器，在车辆的电能消耗过高时，可降低后窗玻璃加热装置的功率，进行电能管理（图5-4）。

3.K总线协议

K总线协议一般应用在多功能乘员保护系统、远程通信系统控制单元（紧急呼叫）、座椅控制系统等系统中（图5-5）。

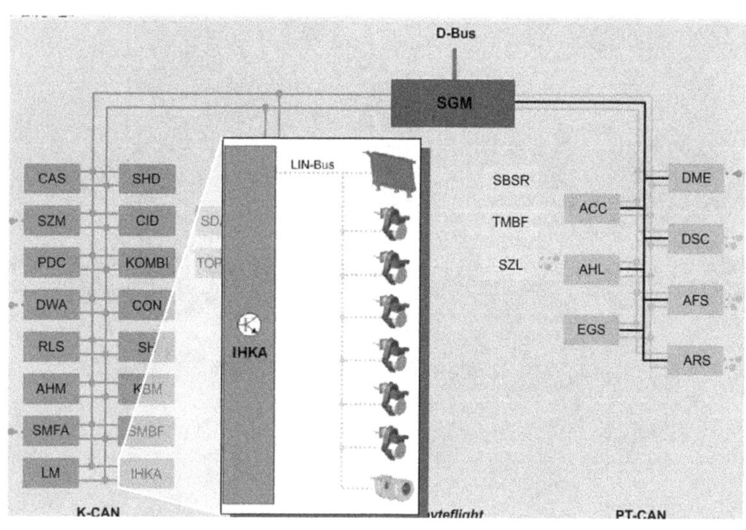

图 5-2　空调控制系统

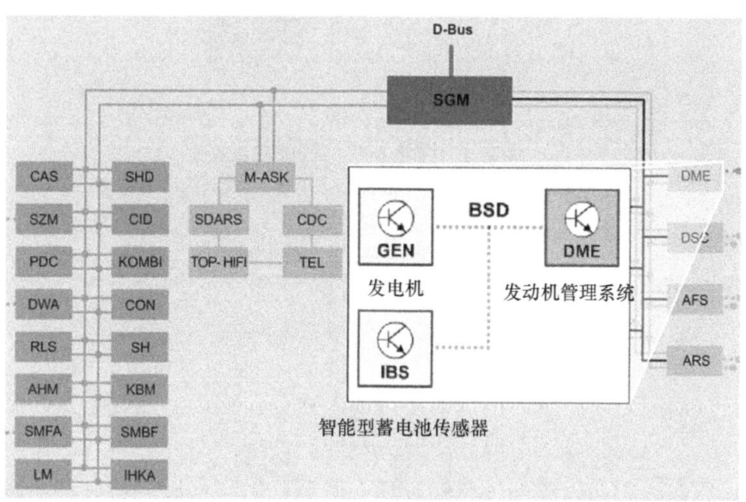

图 5-3　BSD 总线系统

子总线系统使用单线传输，数据传输率见表 5-1。

表 5-1　子总线系统数据传输率

子总线	数据传输率	总线结构
BSD	9.6Kbit/s	线性,单线
K 总线协议	9.6Kbit/s	线性,单线
LIN 总线	9.6～19.2Kbit/s	线性,单线

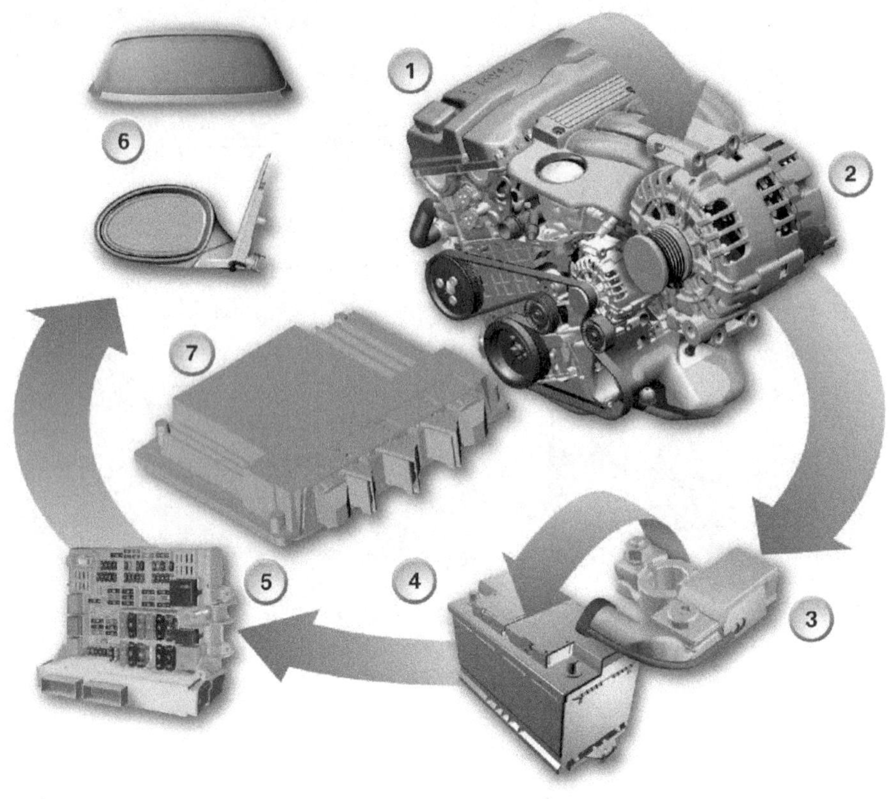

图 5-4 BSD 总线的电能管理

1—发动机 2—发电机 3—智能型蓄电池传感器 4—蓄电池
5—接线盒 6—用电器（例如后窗玻璃加热装置、加热式车外后视镜）
7—发动机管理系统（电源管理系统）

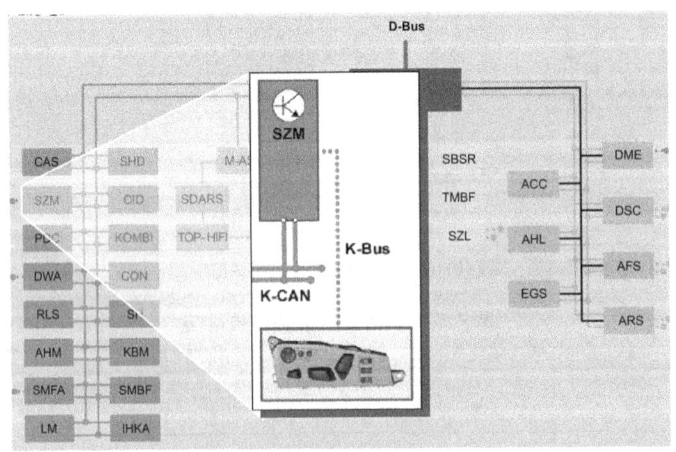

图 5-5 K 总线协议

二、LIN 总线

LIN 总线（LIN-BUS）是一种新发展出的汽车车载网络系统，其应用成本较低，主要用于汽车外围设备的网络连接。LIN 总线目前应用最多的是空调、车门、天窗等的控制传输（图 5-6）。

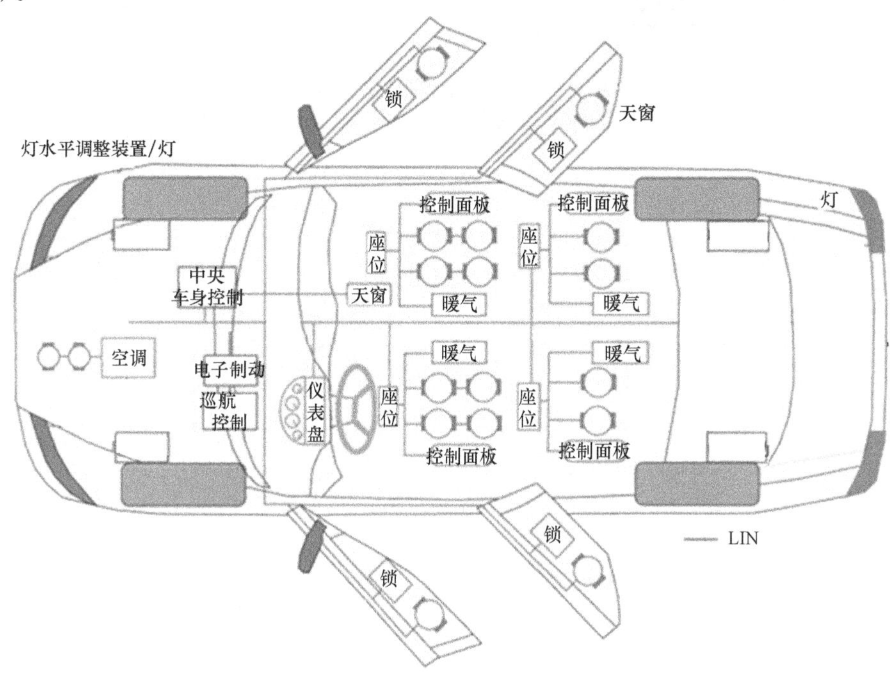

图 5-6　LIN 总线的应用

开发 LIN 总线的目的是为汽车行业提供一个标准网络。标准化可节省以下方面的成本：

- 研发；
- 生产；
- 车辆保养。

图 5-7　LIN 总线系统的注释

LIN 是 Local Interconnect Network 的缩写。Local Interconnect（局域互联）表示所有的控制单元都装在一个有限的空间内（如车顶），所以它也被称为“局域子系统”，如图 5-7 所示。

车上各控制单元之间的数据交换是由控制单元通过 CAN 数据总线实现的（图5-8）。系统内的数据交换是通过 LIN 总线实现的。LIN 总线系统是单线式总线，底色是紫色，有标志色。该线的横截面面积为 0.35mm^2，无须屏蔽。一个 LIN 主控制单元与最多 16 个 LIN 从控制单元进行数据交换。

LIN 总线系统由下列部件构成（图 5-9）：

- 上级控制单元（主控单元）；

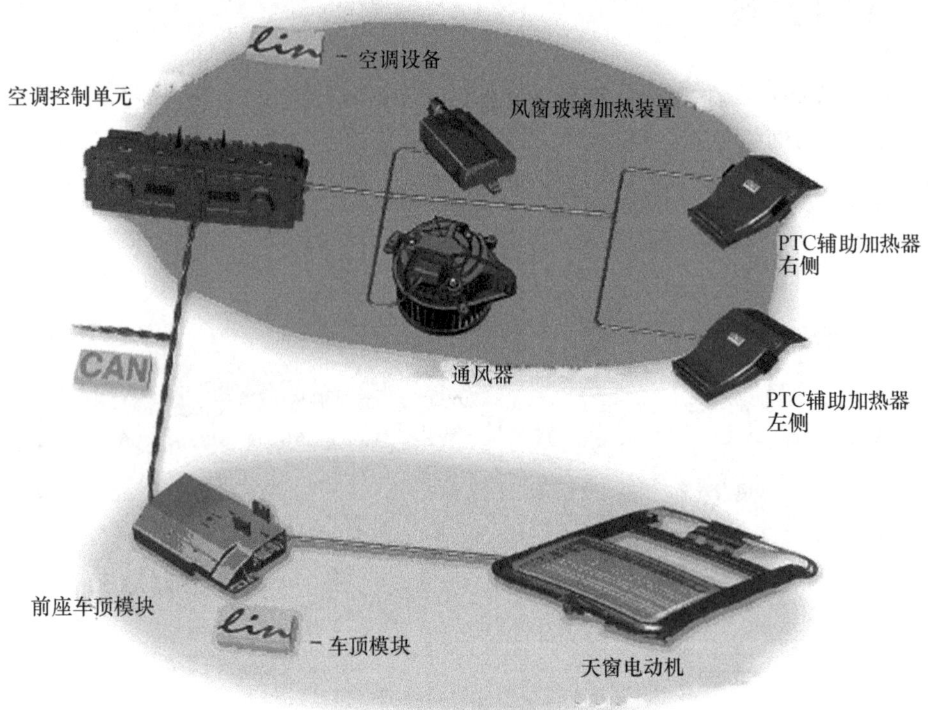

图 5-8 LIN 总线网络

- 从属控制单元（从控单元）；
- 单线导线。

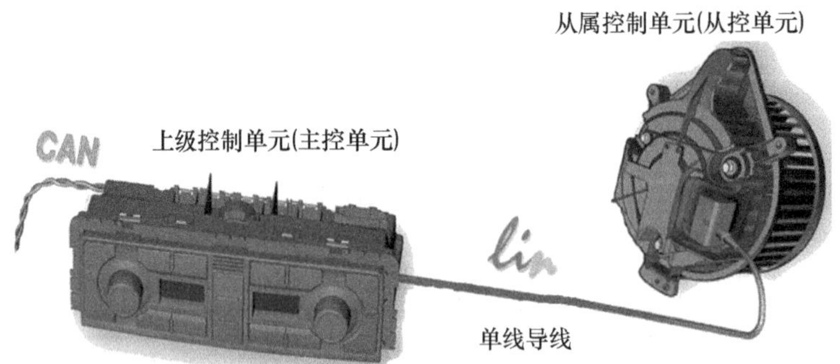

图 5-9 LIN 总线系统部件构成

LIN 总线使用一根双向单线导线作用传输介质。总线协议严格按等级分为主控单元和从控单元。一个 LIN 总线系统最多只能有一个主控单元。LIN 总线的数据传输率最高为 19.2Kbit/s。

1. LIN 主控制单元

主控制单元连接在 CAN 数据总线上，它执行 LIN 的主功能。LIN 总线主控制单元的作用如下：

（1）监控数据传递和数据传递的速率，发送信息标题。

（2）主控制单元的软件内已经设定了一个周期，这个周期用于决定何时将哪些信息发送到 LIN 数据总线上多少次。

（3）主控制单元在 LIN 数据总线系统中与 CAN 总线之间起“网关”作用，它是 LIN 总线系统中唯一与 CAN 数据总线相连的控制单元。在 LIN 数据总线系统中主控制单元和 CAN 总线进行数据交换。

（4）通过 LIN 主控制单元进行 LIN 总线系统的自诊断（图 5-10）。

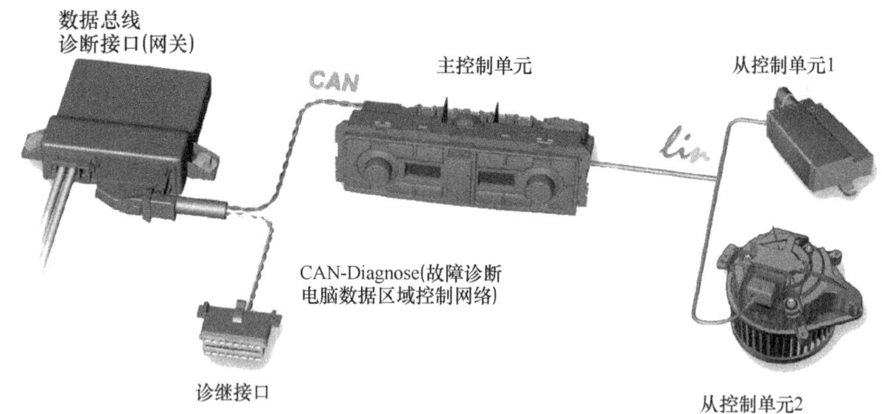

图 5-10 LIN 总线系统网络故障诊断

空调器的操作单元是 LIN 总线主控单元。

LIN 总线主控单元将控制单元的请求发送至其系统的从控制单元。

每条信息的开始处都通过 LIN 总线主控单元发送一个信息头。该信息头由一个同步相位（同步间隔和同步字节）构成，后面是标识符字节，可传输 2、4 或 8 字节的数据（图 5-11）。

标识符字节包括下列信息：

- 从控单元地址；
- 信息长度；
- 用于信息安全的两个位。

标识符用于确定主控单元是否将数据传输给从控单元，或主控单元是否在等待从控单元的答复。信息段包括发送给从控单元的信息。校验和位于信息结束处。校验和可为数据传输提供更高的安全性。校验和由主控单元通过数据字节构成。LIN 总线主控单元以循环形式传输当前信息。

2. LIN 从控制单元

在 LIN 数据总线系统内，从控制单元是 LIN 总线的执行器（如新鲜空气鼓风机）和传感器及执行元件（如水平传感器及防盗警报蜂鸣器）。

在传感器内集成有一个电子装置，对传感器测量的值进行分析。这些传感器和执行元件只使用 LIN 主控制单元插口上的一个端子（图 5-12）。只有当 LIN 主控制单元发送出标题

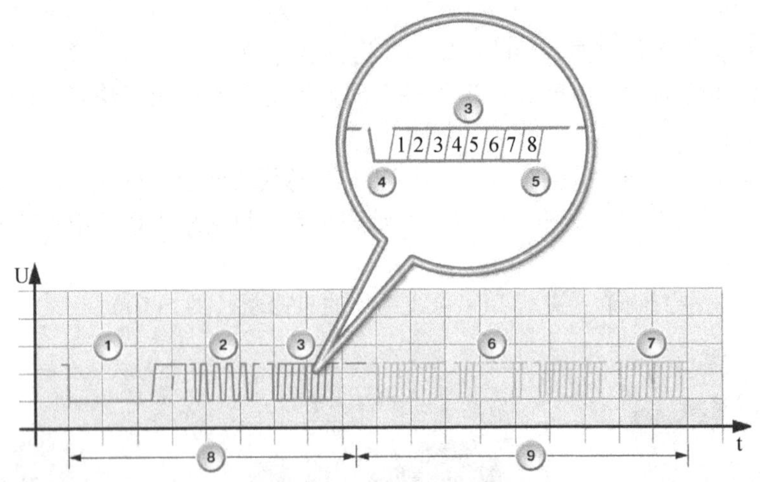

图 5-11　LIN 总线主控单元发送一个信息

1—同步间隔　2—同步区域　3—标识符　4—起始

5—停止　6—数据区域　7—校验区域　8—信息头　9—信息段

后，传感器和执行元件才会作出反应。

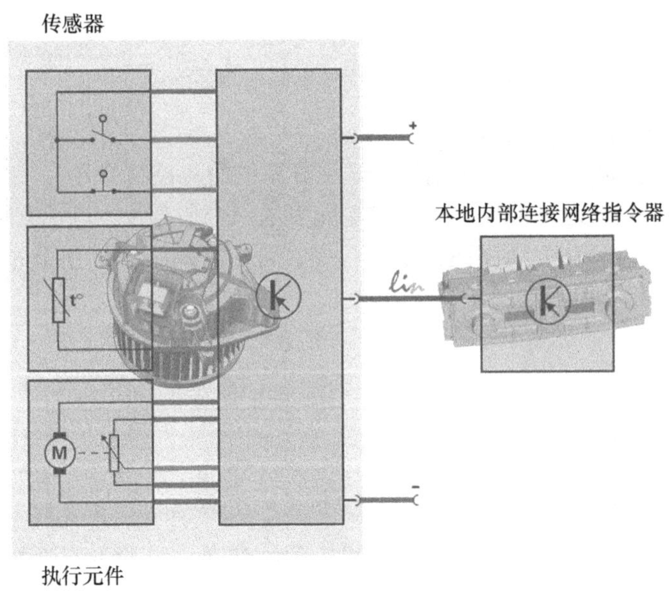

图 5-12　空调的通风机

在 LIN 总线系统内，从控制单元（LIN 执行元件）都是智能型的电子或机电部件，从控制单元是通过 LIN 主控制单元的 LIN 数字信号接受任务。LIN 主控制单元通过集成的传感器来获知从控制单元（执行元件）的实际状态，然后进行规定状态和实际状态的对比（图 5-13），将信息反馈到主控制单元。

空调器的 LIN 总线从控制单元如图 5-14：

- 用于空气分布风门的伺服电动机；

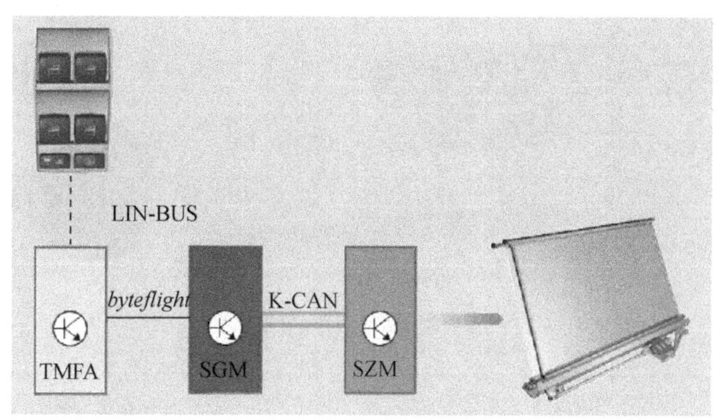

图 5-13　反玻璃窗帘控制

- 鼓风机调节器；
- 电加热器。

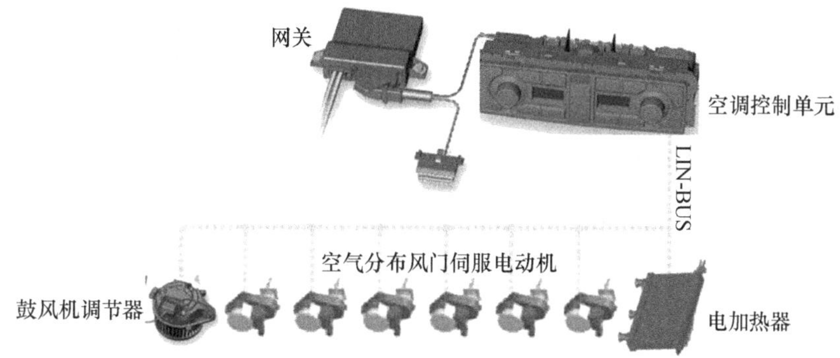

图 5-14　LIN 总线从控制单元

LIN 总线从控制单元等待 LIN 总线主控制单元的指令，仅根据需要与主控制单元进行通信。为结束休眠模式，LIN 总线从控制单元可自行发送序列唤醒信号。LIN 总线从控制单元安装在 LIN 总线系统设备上（例如用于调节风扇风门的步进电动机）。

3. 数据传输过程

一个 LIN 总线系统总是当由主控制单元发送相应的信息标题要求它发送信息时，才会向 LIN 总线系统发送信息数据。所发送的信息数据 LIN 总线系统中的控制单元都接收。信息数据传输速率为 1～20Kbit/s。并且在软件中进行了确定，LIN 总线系统数据传输率是 CAN（舒适功能电脑数据区域控制网络）数据传输率的 1/5（图 5-15）。

（1）从控制单元都带有回应信息装置。图 5-16 是奥迪 A6 空调系统 LIN 信息传递流程图，空调系统在 LIN 总线系统上发送标题——查询鼓风机的转速，鼓风机读取标题后将当时的鼓风机转速值信息发送到 LIN 总线系统上，鼓风机转速被空调系统识别。

（2）主控制单元也有回应信息装置。图 5-17 是奥迪 A6 空调系统 LIN 信息传递流程。空调系统在 LIN 总线系统上发送标题——调节鼓风机的转速等级，这个标题是用于新鲜空气

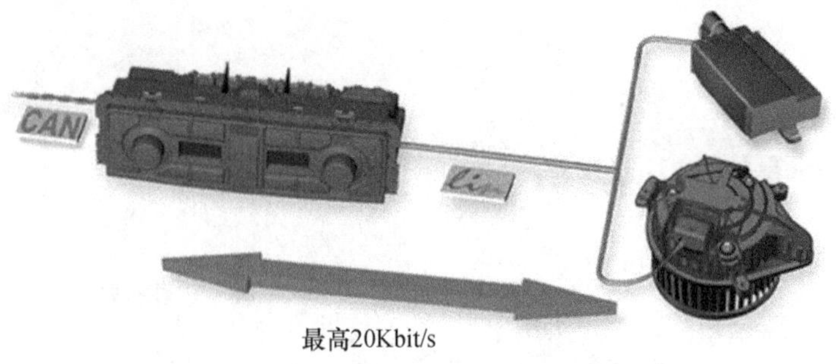

图 5-15 数据传输速度

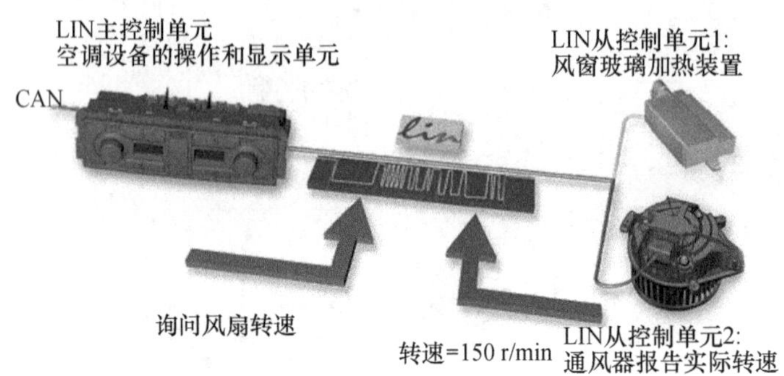

图 5-16 从控制单元回应信息的空调系统 LIN 信息传递流程

鼓风机转速等级调节，也是空调系统发送所希望的鼓风机转速等级，鼓风机从 LIN 总线读取了信息，相应的控制鼓风机的转速。

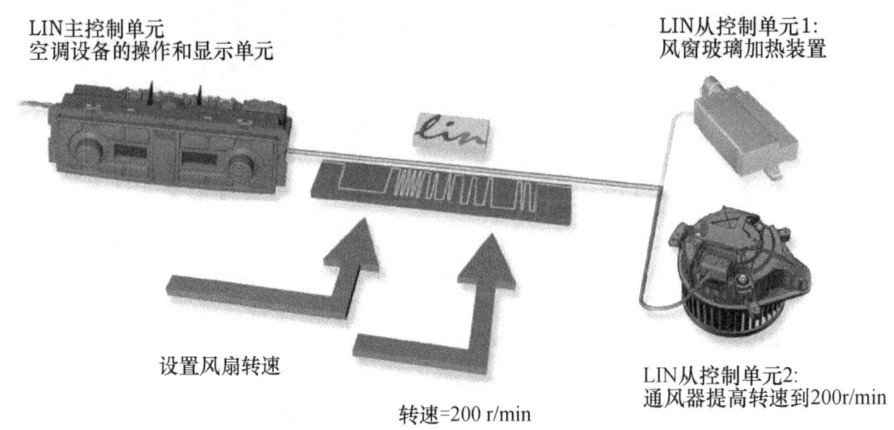

图 5-17 主控制单元回应信息的空调系统 LIN 信息传递流程

LIN 总线回应信息有 1～8 个数据区构成，每个数据区是 10 个二进制位，其中一位是显性起始位，一个是包含信息的字节，一个隐性停止位。起始位和停止位是用于再同步从而避免传递错误的（图 5-18）。

4. LIN 总线信号的隐性电平和显性电平

LIN 总线信号的显示分为隐性电平和显性电平。

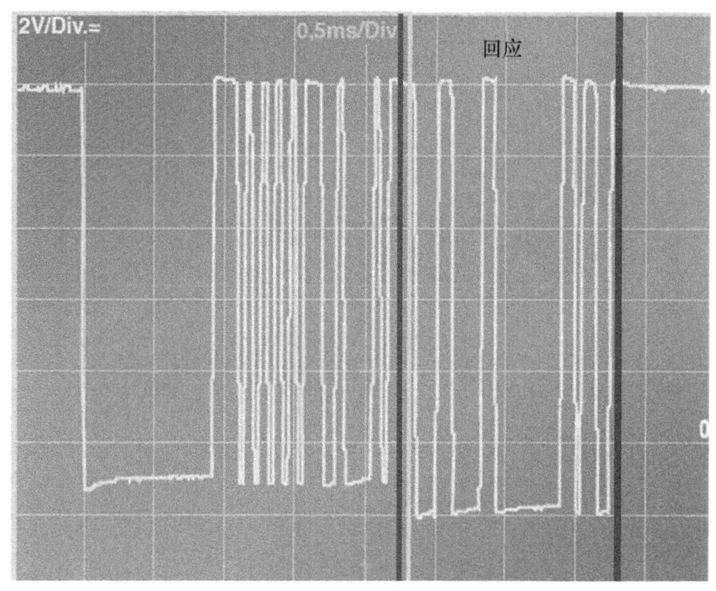

图5-18 回应有1~8个数据区构成

(1) 隐性电平。如果无信息发送到LIN数据总线上或者发送到LIN数据总线上的是一个隐性比特，那么数据总线导线上的电压就是蓄电池电压。

(2) 显性电平。为了将显性比特传到LIN数据总线上，发送控制单元内的收发报机将数据总线导线接地。

由于控制单元内的收发报机有不同的型号，所以表现出的显性电平是不一样的（图5-19）。

5. LIN数据总线的信息标题

信息标题由LIN主控制单元按周期发送。信息标题分为四部分（图5-20）：

- 同步暂停区；
- 同步分界区；
- 同步区；
- 识别区。

(1) 同步暂停区的长度至少为13位（二进制的），它以显电平发送。这13位的长度是必须的，这样才能准确地通知所有的LIN从控制单元有关信息的起始点的情况。其他的信息是以最长为9位（二进制的）显位一个接一个传递的。

(2) 同步分界区至少为一位（二进制的）长，且为隐性。同步区由0101010101这个二进制位序构成，所有的LIN从控制单元通过这个二进制位序来与LIN主控制单元进行匹配（同步）。所有控制单元同步对于保证正确的数据交换是非常必要的。如果失去了同步性，那么接受到的信息中的某一数位值就会发生错误，该错误会导致数据传递错误。

(3) 识别区的长度为8位（二进制的），头6位是回应信息识别码和数据区的个数。回应数据区的个数在0~8之间，后两位是校验位，用于检查数据传递是否有错误。当出现识别码传递错误时，校验可防止与错误的信息适配。

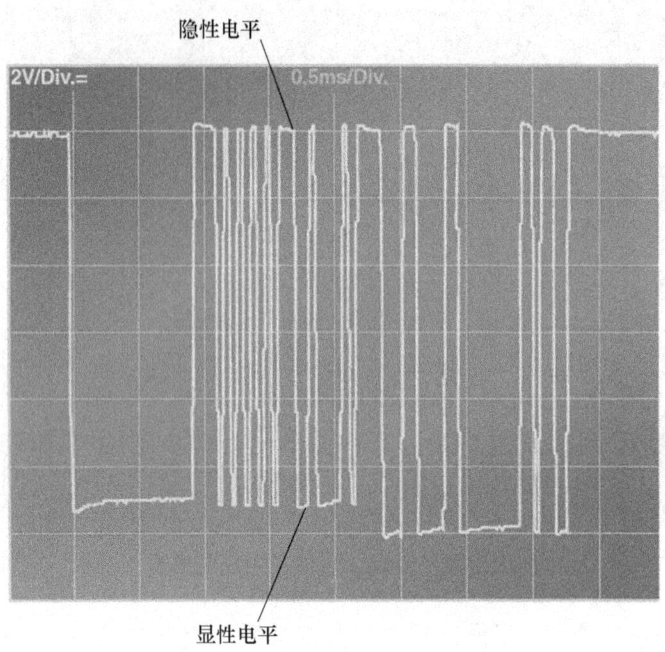

图 5-19 LIN 总线上隐性电平和显性电平

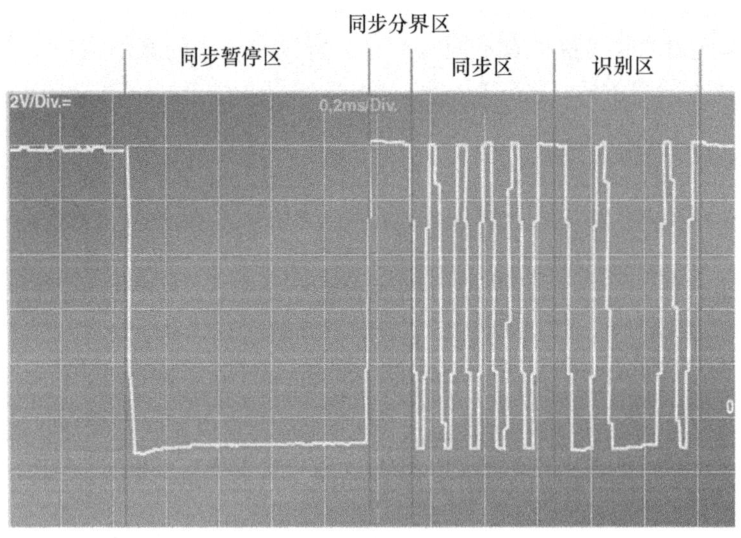

图 5-20 信息标题

6. 信息的顺序

LIN 主控制单元的软件内已经设定了一个顺序（图 5-21），LIN 主控制单元就按这个顺序将信息标题发送至 LIN 总线上，如是主信息，发送的是回应。常用的信息会多次传递，LIN 主控制单元的环境条件可能会改变信息的顺序。环境条件示例：

- 点火开关接通/关闭；
- 自诊断已激活/未激活；
- 停车灯接通/关闭。

为了减少 LIN 主控制单元部件的种类，主控制单元将全装备车控制单元的信息标题发送到 LIN 总线上。

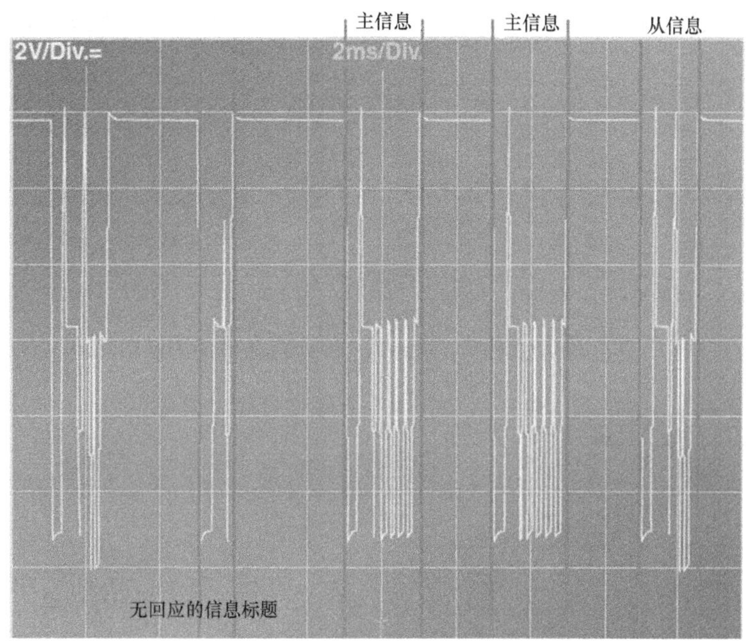

图 5-21　信息的顺序

7. LIN 数据总线的防盗功能

LIN 数据总线系统只有 LIN 主控制单元发送出带有相应识别码的信息标题后，数据才会传至 LIN 总线。LIN 主控制单元对所有信息进行全面监控，所以无法在车外使用从控制单元在 LIN 导线进行 LIN 数据总线系统控制。

LIN 从控制单元只能回应，这样就不会使用从控制单元通过 LIN 总线而打开车门控制系统。这种布置就使得在车外安装 LIN 从控制单元（如在前保险杠内的车库门开启控制单元）不会打开车门（图 5-22）。

8. LIN 总线自诊断

当 LIN 总线系统出现故障时，可使用检测仪对 LIN 总线系统进行故障检测和波形分析（图 5-23）。

对 LIN 数据总线系统进行自诊断需使用 LIN 主控制单元的地址码。自诊断数据经 LIN 总线由 LIN 从控制单元传至 LIN 主控制单元。在 LIN 从控制单元上可以完成所有的自诊断功能（表 5-2）。

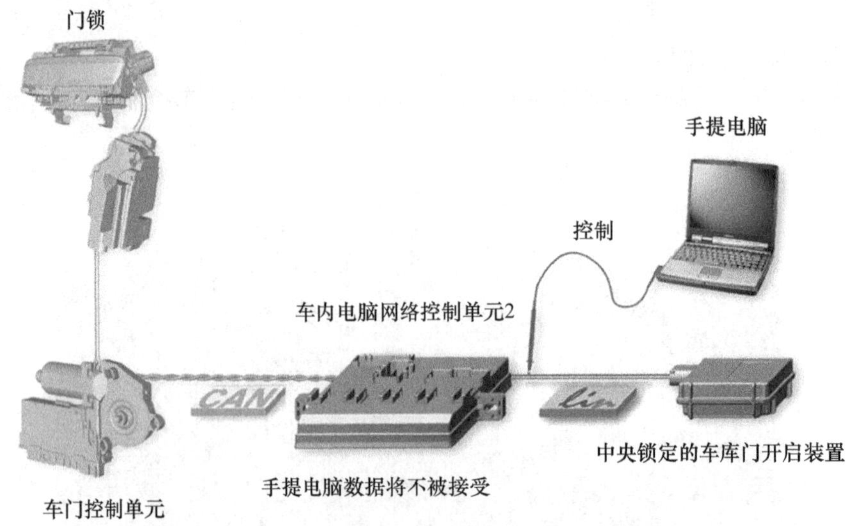

图 5-22　车门无法通过本地连接网络数据总线解锁

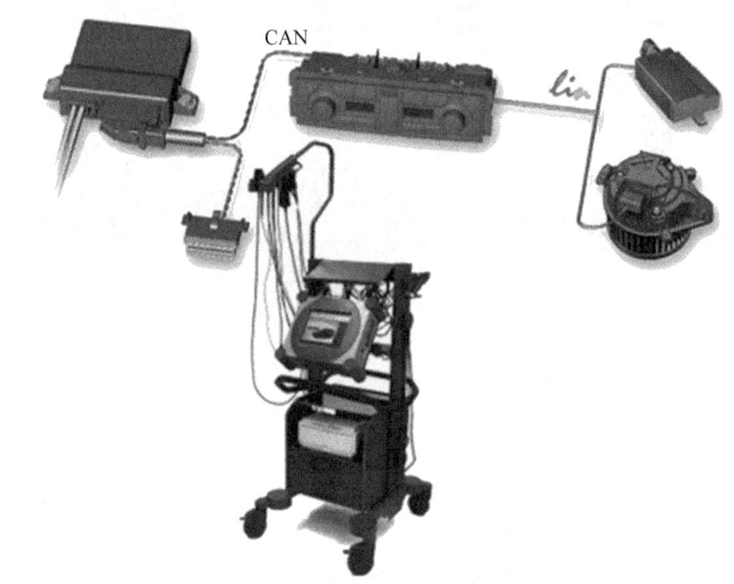

图 5-23　使用检测仪对 LIN 总线系统进行检测

表 5-2　LIN 总线故障自诊断

故障位置	故障内容	故障原因
LIN 从控制单元，例如鼓风机调节器	无信号/无法通信	在 LIN 主控制单元内已规定好的时间间隔内 LIN 从控制单元数据传递有故障 • 导线断路或短路 • LIN 从控制单元供电有故障 • LIN 从控制单元或 LIN 主控制单元型号错误 • LIN 从控制单元损坏

（续）

故障位置	故障内容	故障原因
LIN 从控制单元，例如鼓风机调节器	不可靠信号	校验出错： • 传递的信息不完整 • LIN 导线受到电磁干扰 • LIN 导线的电容和电阻值改变了（例如插头壳体潮湿或脏污） • 软件故障（备件型号错误）

LIN 数据总线系统故障现象及诊断方法：

（1）对正极或负极短路。与正极或负极短路不管出现在 LIN 数据总线的什么地方，这时 LIN 总线系统都要关闭，使 LIN 数据总线不工作（图 5-24）。

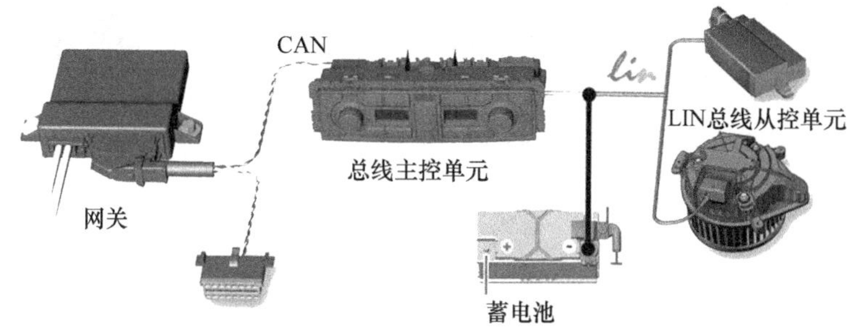

图 5-24 LIN 数据总线与负极短路

（2）LIN 总线导线断路（图 5-25）

- 在位置 1 的 LIN 总线导线断路：从控制单元 1 和从控制单元 2 都不能正常工作。
- 在位置 2 的 LIN 总线导线断路：从控制单元 1 不能正常工作。
- 在位置 3 的 LIN 总线导线断路：从控制单元 2 不能正常工作。

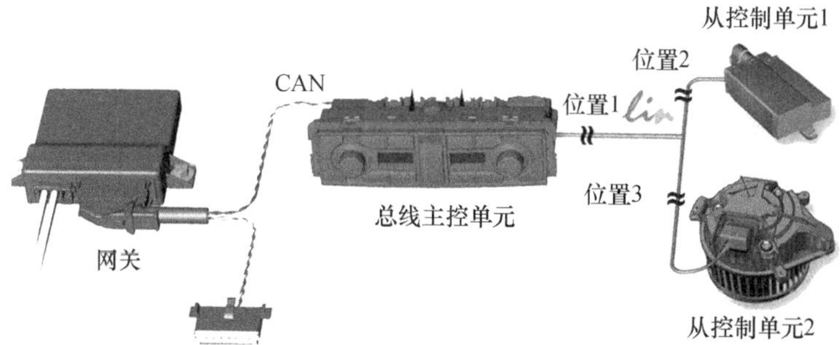

图 5-25 LIN 总线导线断路故障的 3 个位置

三、K 总线协议

K 总线协议与 K 总线是不同的总线系统，K 总线协议是修改协议的新型总线。

同 K 总线一样，K 总线协议部件构成如图 5-26 所示。

传输数据时只能朝一个方向传输，即单向传输。传输速度为 9.6Kbit/s。

K 总线协议目前用于以下的系统中：

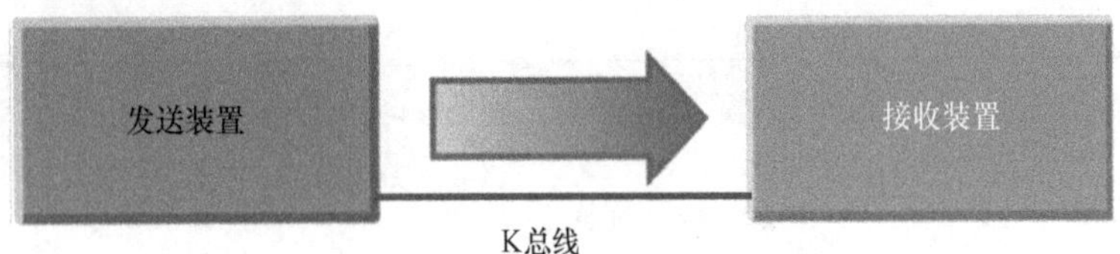

图 5-26 K 总线系统构成

- 多功能乘员保护系统（图 5-27）；
- 远程通信系统控制单元（紧急呼叫）；

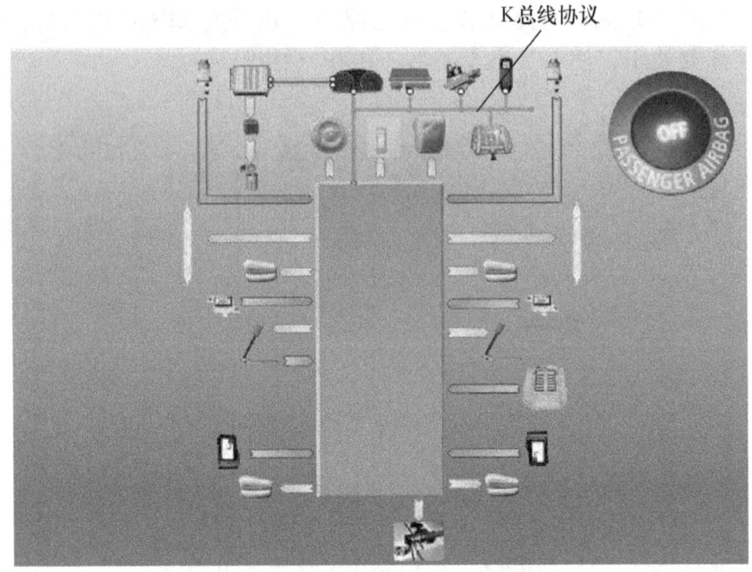

图 5-27 多功能乘员保护系统

- 座椅占用识别装置（图 5-28）；

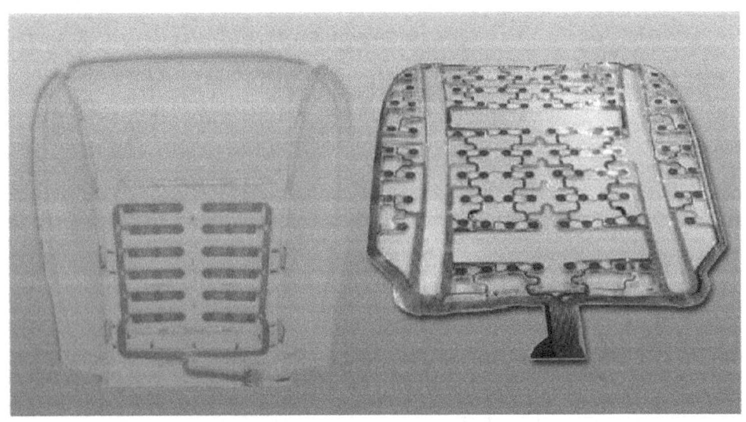

图 5-28 座椅占用识别装置

- 车门外侧拉手电子装置（图 5-29）；
- 驾驶人车门（图 5-30）；

● 防盗报警装置（图 5-31）。

K 总线协议应用在车门控制系统中，将各车门的车门外侧拉手电子装置与便捷登车及起动系统连接在一起。通过 K 总线协议还可防止唤醒整个总线系统（例如当儿童玩耍时接触到车门拉手）（图 5-32）。

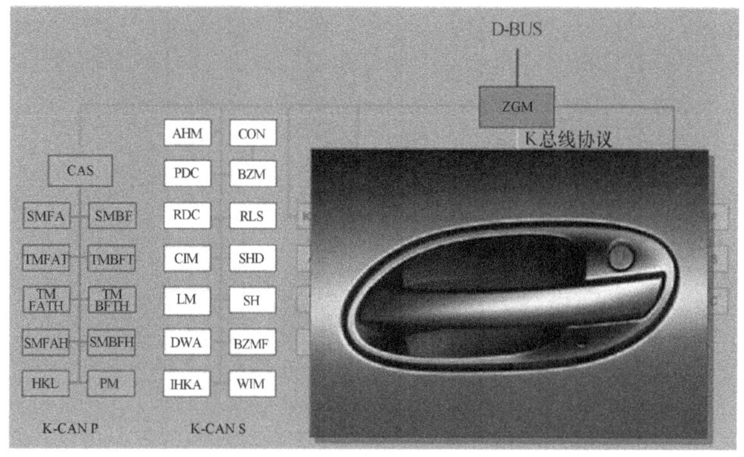

图 5-29　车门外侧拉手电子装置

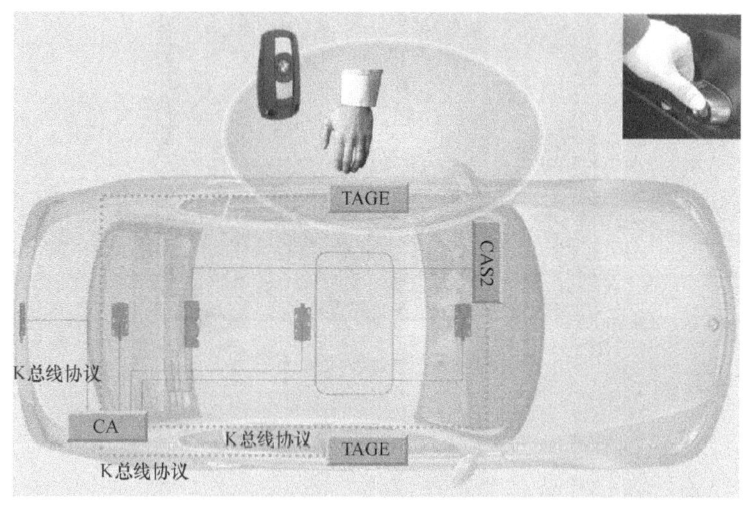

图 5-30　驾驶人车门

K 总线协议还会将驾驶人车门开关组件的信号发送至车门模块，例如控制车窗升降器和遮阳卷帘功能，如图 5-33 所示。

遮阳卷帘的控制过程：按遮阳卷帘操作按钮发射信息到自动恒温空调 IHKA 控制单元，通过 CAN 总线信息到接线盒控制单元 JB。由接线盒控制单元 JB 通过 K 总线协议控制遮阳卷帘电动机工作（图 5-34）。

防盗报警装置的功能分布在两个控制单元上（防盗报警装置和带备用电池的报警器）。这些控制单元通过 K 总线协议相互通信（图 5-35）。

带备用电池的报警器如图 5-36 所示。

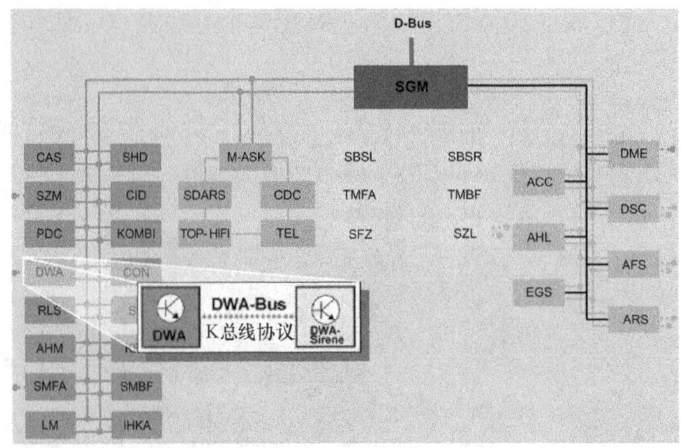

图 5-31　防盗报警装置 DWA

图 5-32　接触到车门拉手

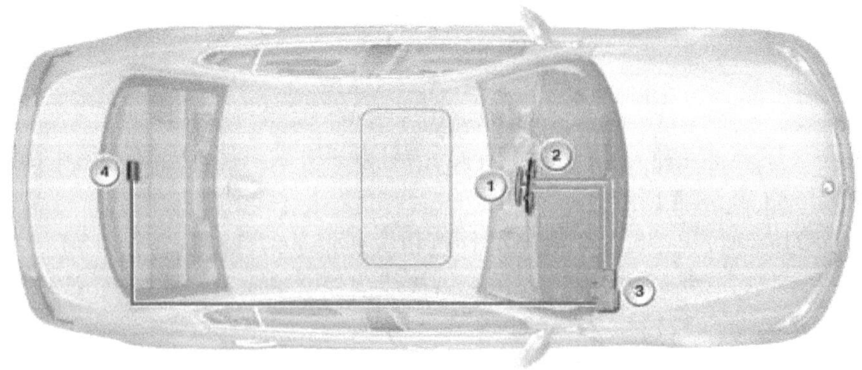

图 5-33　遮阳卷帘控制

1—中控台开关中心 SZM　2—自动恒温空调 IHKA　3—接线盒控制单元 JB　4—遮阳卷帘电动机

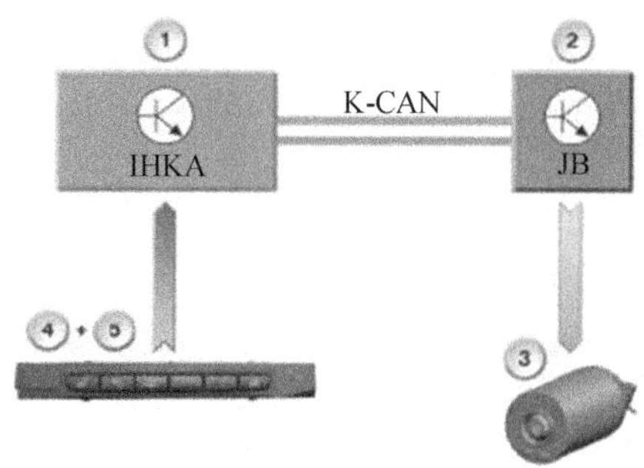

图 5-34　遮阳卷帘的控制过程

1—自动恒温空调 IHKA　2—接线盒控制单元 JB
3—遮阳卷帘电动机　4—中控开关中心 SZM
5—遮阳卷帘操作按钮

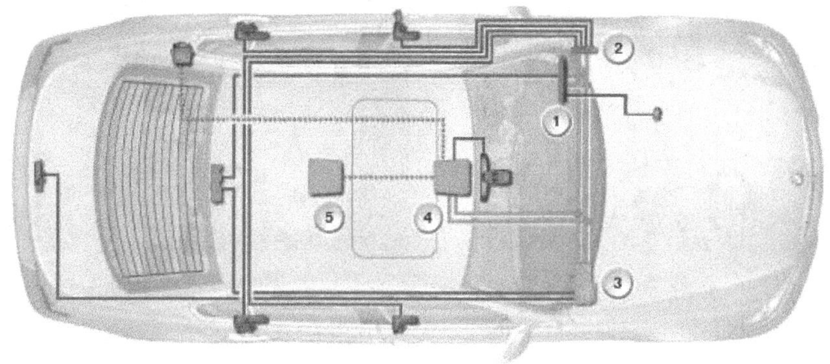

图 5-35　防盗报警装置

1—便捷登车及起动系统 2CAS2　2—脚部空间模块 FRM　3—接线盒控制单元 JB
4—车顶功能中心 FZD　5—超声波车内防盗监控装置 USIS

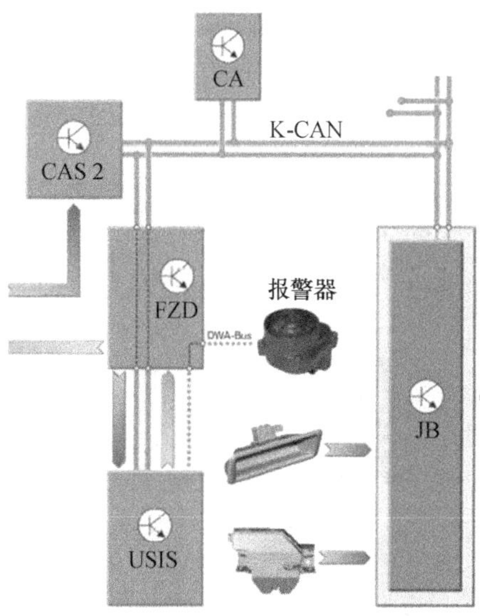

图 5-36　带备用电池的报警器

四、BSD 总线

BSD 总线是比特串行数据总线。比特串行数据总线用于将发电机和智能型蓄电池传感器与数字式发动机电子系统连接起来（图 5-37）。

（1）车辆的基本能量管理系统使用 BSD 总线。基本能量管理系统的主要组成部分是集成在发动机电脑内用于控制充电电压的软件。车载网络电能消耗增大时就会提高充电电压规定值。充电电压规定值通过 BSD 总线由发动机电脑发送至发电机（图 5-38）。

图 5-37　BSD 总线

图 5-38　串行数据由发动机电脑发送至发电机

充电电压可根据车外温度来调节，因此能够达到最佳的蓄电池充电效果。温度较低时可提高充电电压，从而提供较大的电量（图 5-39）。

（2）为了改善充电平衡状况，系统会尽可能减少蓄电池的放电量。为了防止放电量增大，会及早提高怠速转速。发动机控制单元会改变发动机工况（图 5-40），这样可以确保蓄电池较好的充电状态。低于计算出的蓄电池起动能力限值时，发动机控制电脑将提高发动机怠速的信息通过 BSD 总线传输到发电机，怠速转速就会增至 750r/min，以提高发电机的充电量（图 5-41）。

图 5-39　温度较低时可提高充电电压，从而提供较大的电量

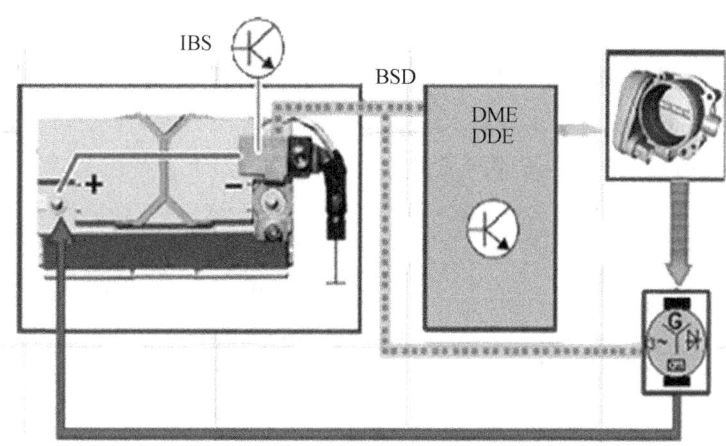

图 5-40 提高发动机怠速转速

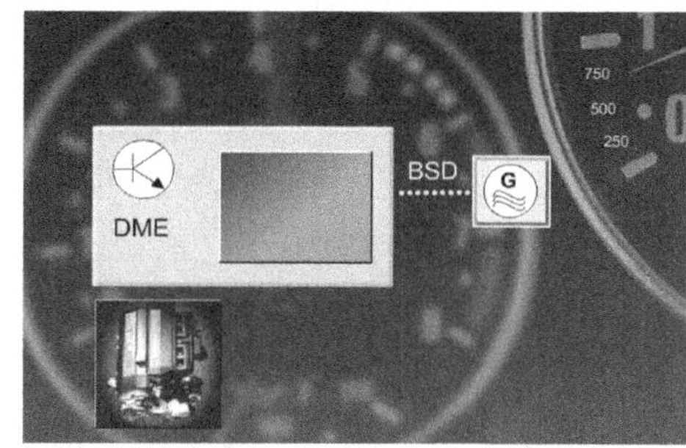

图 5-41 怠速转速增至 750r/min

（3）一些用电器在车辆停止运行期间仍可保持接通状态。BSD 总线根据电能消耗情况保护蓄电池免受损坏，这些用电器将在总线端 R “关闭” 后延迟 16min 关闭或通过诊断电码 “Go to Sleep-Mode”（进入休眠模式）立即关闭。

（4）根据蓄电池温度调节充电电压。系统利用电源模块内存储的充电特性曲线并根据蓄电池温度设定发电机的充电电压（图 5-42）。

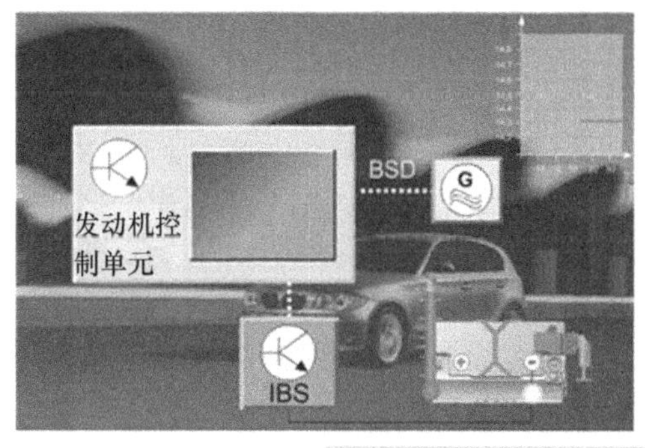

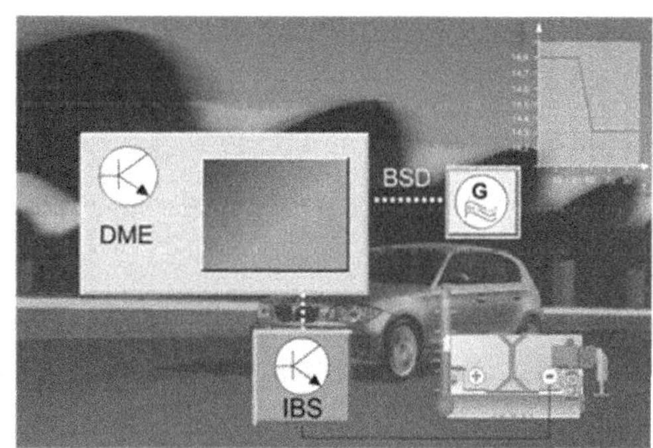

图 5-42 根据蓄电池温度设定发电机的充电电压

电源模块通过 BSD 总线识别出蓄电池的温度后，向 K-CAN 外围设备发送 “提高充电电压” 信息。CAS 继续将信息发送至 K-CAN 系统。中央网关模块接收到该信息后将其发送至 PT-CAN。数字式发电机电子系统通过 PT-CAN 接收到提高充电电压的请求。发电机通过 BSD 总线得到提高充电电压的请求。发电机内的电子分析装置负责设定所请求的充电电压值（图

5-43)。

监控蓄电池的充电过程。在不利的行驶状况下，可改变蓄电池充电电压，确保蓄电池充电更加平衡（图 5-44）。

怠速转速提高后蓄电池电压仍然不足时，车载网络的最大负荷就会减小。

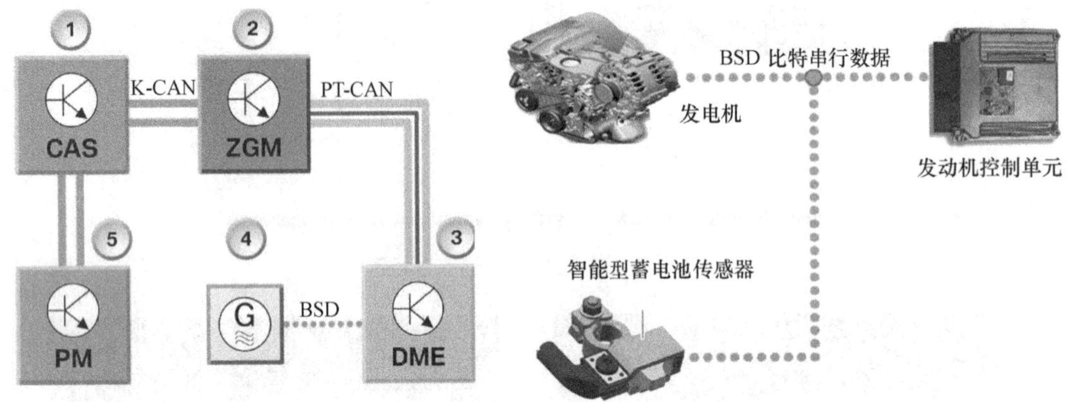

图 5-43 向外围设备发送“提高充电电压”信息

图 5-44 监控蓄电池的充电过程

（5）通过以下方法减小最大负荷：

如果功率降低不足，在极端情况下关闭个别用电器（图 5-45）。

此外，能量管理系统还能关闭用电器。车辆的电能消耗过高时可降低后窗玻璃加热装置的功率（图 5-46），通过周期性关闭后窗加热装置。

停车用电器在发动机“关闭”后可以接通。发动机 DME 通过 BSD 总线监控蓄电池的工况，在蓄电池达到起动能力极限时，舒适性用电器自动关闭，DME 通过 CAN 信息要求用电器断开。视系统情况的延时用电器例如电动冷却器风扇（图5-47）。

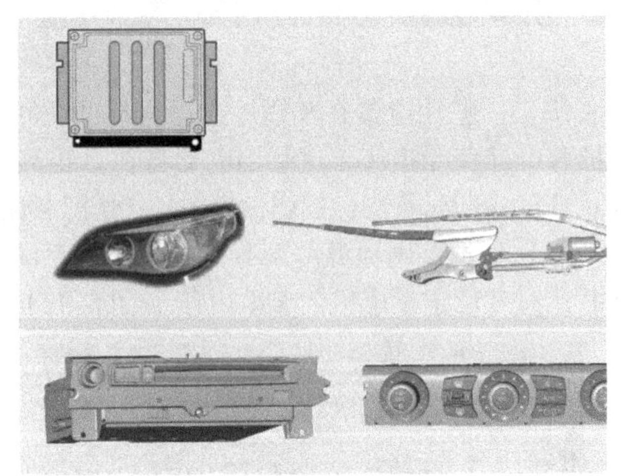

图 5-45 关闭个别用电器

根据系统情况的延时用电器在一定时间内仍能执行功能。

（6）DME 根据 IBS 的信息控制休眠电流。蓄电池开关处于打开位置时，就会在电源模块内启用休眠电流监控功能。IBS 通过位 BSD 总线将数据传送至 DME/DDE（图5-48）。

图 5-46 后窗玻璃加热装置

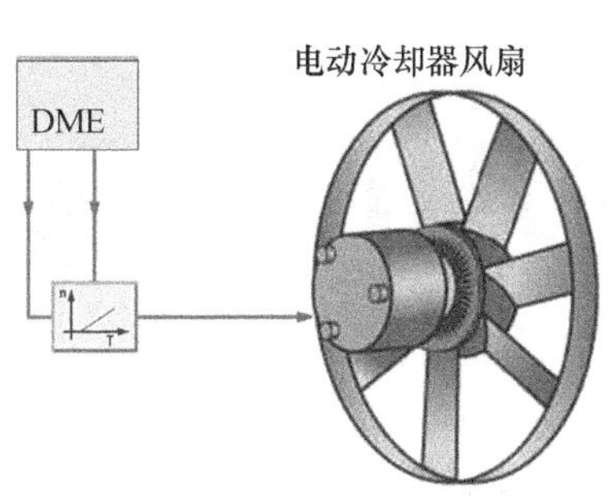

图 5-47　电动冷却器风扇

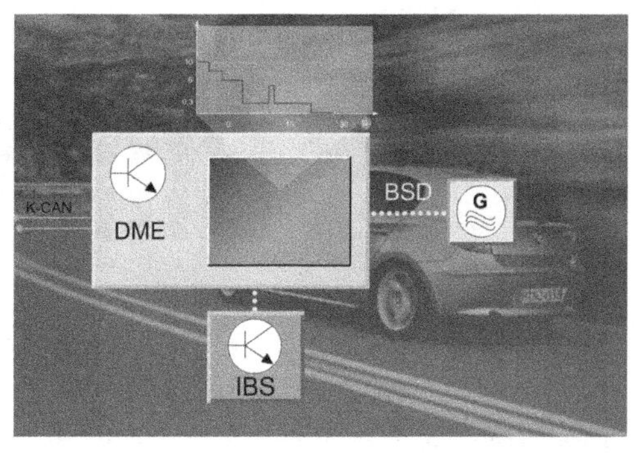

图 5-48　DME 根据 IBS 的信息控制休眠电流

五、蓝牙技术

1. 蓝牙技术的产生

蓝牙（Blue tooth）是 1998 年 5 月由五家世界著名的大公司——爱立信（Ericsson）、诺基亚（Nokia）、东芝（Toshiba）、国际商用机器公司（IBM）和英特尔（Intel）联合宣布的一项技术。其实质内容是建立通用的无线电空中接口及其控制软件的公开标准，使通信和计算机进一步结合，使不同厂家生产的便携式设备在没有电线或电缆相互连接的情况下，能在近距离范围内具有互用、相互操作的性能(图 5-49)。

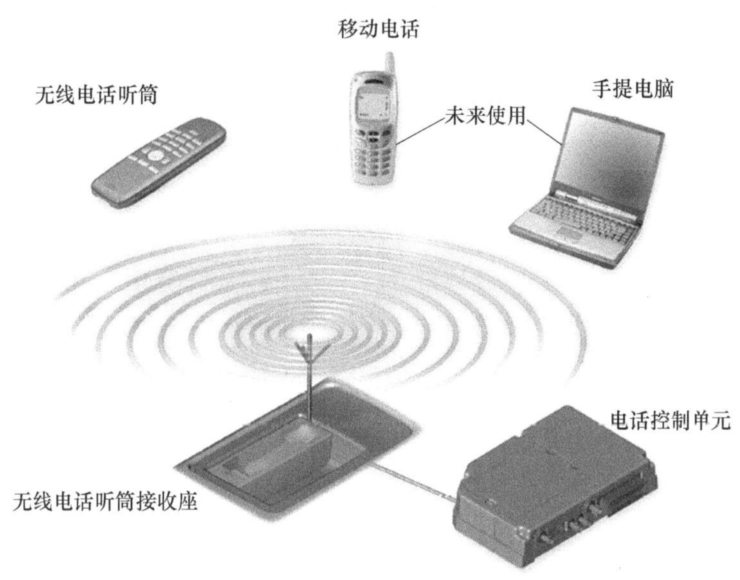

图 5-49　电话听筒和电话/电子汽车服务通信系统控制单元的无线连接

“蓝牙”这一名字起源于北欧海盗王 EHarald，他在第十世纪统一了丹麦和挪威，他的绰号是“蓝色牙齿”。由于这个系统结合了数据处理和移动电话系统等各式各样的不同信息，反映了海盗王 EHarald 的人生观，故以蓝牙这一名称命名(图 5-50)。

图 5-50 蓝色牙齿

汽车系统和蓝牙技术相结合，将会给汽车的生产和服务带来更大的方便，如果进一步和移动电话甚至 Internet 连接起来，车主在任何时间、任何地点都可以了解汽车的状况并给予必要的控制。但要在汽车内实现蓝牙技术，还需要使蓝牙技术和 CAN 技术相配合。

2. 蓝牙技术的特点

新一代的汽车将包含更多的通过两个或更多的网络连接起来的微处理器，其优点是汽车参数可以通过软件个别定制，并且汽车具有更大程度上的自诊断功能。

为充分利用这些特点，有必要在汽车系统和生产工具以及服务工具（用以下载新软件、新参数或上载汽车状态、诊断信息等）间建立双向通信。这些生产工具在很大程度上是基于 PC 技术，汽车系统和生产工具间的连接是通过电缆、直接 CAN 总线或网关来实现。最廉价的方法是通过电缆直接使 CAN 总线和 PC 相连，但电缆必须很短，根据 CAN 的标准在 1Mbit/s 下应小于 30cm，在实际应用中可以再长一点，但从使用方便来说还是不够长。在新的设计中，也使用 CAN/USB（通信串行总线）网关。

同时，因蓝牙技术可在汽车系统和生产工具间建立无线通信，所以有很大优势。表 5-3 是 USB 和蓝牙技术的简要比较。

表 5-3 USB 和蓝牙技术的简要比较

参数	USB	蓝牙（Blue tooth）	参数	USB	蓝牙（Blue tooth）
数据吞吐率	较大	小	灵活性	差	很好
反映时间	较快	慢	价格	低	高
安全性	好	差	多功能性	差	很好

可以看出，蓝牙技术的最大优点是无线连接，它不仅可用在汽车和生产工具之间，还可用在汽车和车主喜好的服务工具之间。最大的缺点是反应时间慢和安全性差。蓝牙技术是为任意实体间建立开放连接而开发的，但对汽车系统来说在大部分情况下是专一连接。

3. 蓝牙技术在汽车上的应用

蓝牙技术在汽车上服务的场合如下：

（1）当汽车进入服务站时，它的蓝牙站和服务站主计算机建立连接，它和汽车计算机通过蜂窝电话系统交换信息。

（2）服务站主计算机提醒服务人员分配任务，同时 PC 机和汽车建立连接，并下载一些需要的信息。

（3）服务人员在其 PC 机上获得必要的工作指示，当给汽车服务时，他可通过 PC 机控制和调节一些功能，如灯、窗户、空气、发动机参数等，也可为任何电子控制单元下载最新版本的软件。

前两点是无可争论的，但汽车制造商喜欢隐藏或控制一些信息以致它们不能被未授权者改变。第三点更具有魅力，在将来，汽车可通过 PC 机实现远程控制，将会遇到高实时性和不受干扰问题。因此，我们要区分两种模式：连接模式和控制模式。

在连接模式时，平常的蓝牙 MAC 层应可以很好工作，而在停车厂蓝牙站的密度会导致一些问题。然而，在控制模式时，蓝牙的 MAC 层就不是很合适。

当建立连接时，仅需要点到点的连接，别的服务如漫游、临近连接等将会产生问题。因控制模式 MAC 的特性是由汽车制造商确定，所以，必须能从蓝牙 MAC 层向用户定制的 MAC 层切换。

蓝牙组织没有必要重新设计当前的 MAC 层或提供更实时的 MAC 层。这可由汽车制造商自己或他们的组织来制定，但为使在每辆汽车内包含一个蓝牙节点对汽车制造商有更大的吸引力，应该以用户定制的 MAC 来暂时替代蓝牙 MAC。

4. 汽车中的蓝牙网

在汽车里，每个门、前座和操纵轮都有灵活电缆，而这些灵活的电缆常常会出现问题。这里可以在小范围内采用无线电缆延伸器，但在 CAN 网络中，小范围内实现可靠的位-位无线连接很困难。因此，电缆延伸器应是网桥而不是转发器。电缆延伸器把 CAN 网分为两个网，其中一个网络将仅由一个节点组成，这就解决了高复杂性和高费用的问题。

在小范围内的点-点电缆延伸器需要 14 个无线单元，还要求网络间的兼容性，所以这种体系结构根本没有吸引力。另一种方案是用一个节点相连，仅需 8 个站，其费用将减少，降低 MAC 层也会减低硬件价格。汽车中的网络拓扑如图 5-51 所示。

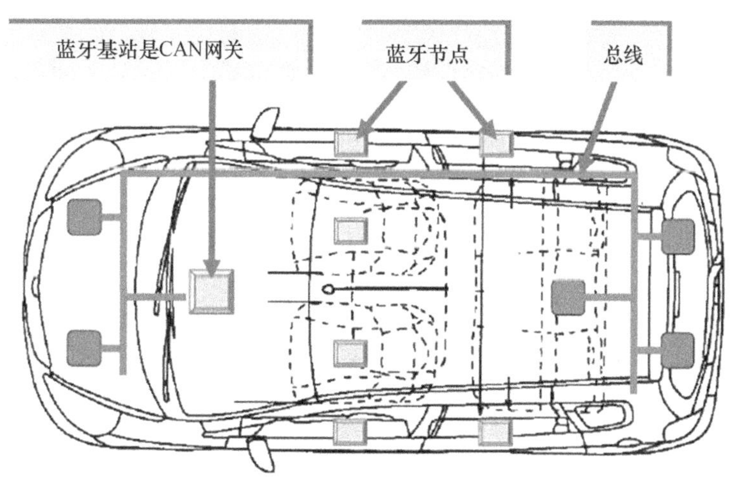

图 5-51　汽车中的网络拓扑

蓝牙的数据传输通过在 2.40～2.48GHz 的频率范围无线电波的帮助下完成，其他应用仪器也使用此频率范围。

复习题

1. 子总线系统是什么总线系统?
2. 子总线系统的种类有哪些?
3. 什么是 LIN 总线?
4. 说出 LIN 总线的部件组成。
5. 在车上什么系统采用 LIN 总线控制?
6. 说出 LIN 总线的工作原理。
7. 说出 K 总线协议的部件构成。
8. 比特串行数据接口用于什么系统?
9. 蓝牙技术有何特点?
10. 蓝牙技术在汽车上有哪些应用?

第六章

网关与 K 总线

一、网关

1. 网关的定义及作用

为了提高车辆的性能，满足电子技术的正常使用，汽车上使用了大量的电控单元（图 6-1）。

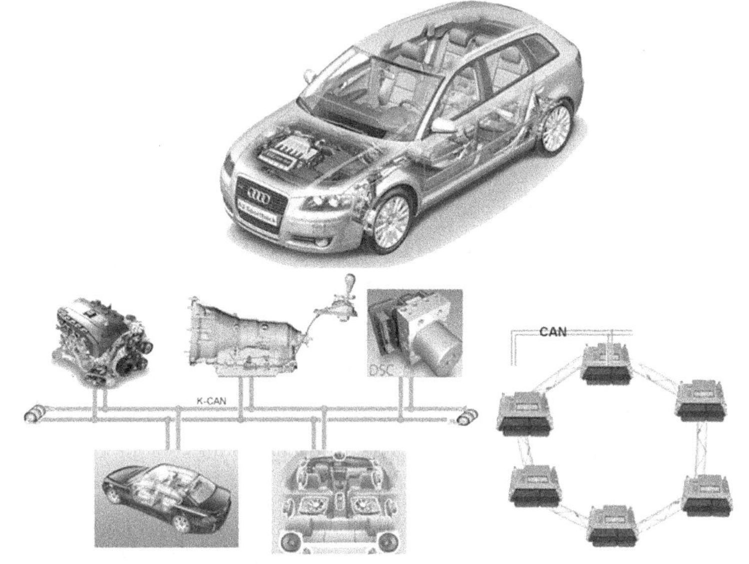

图 6-1　使用大量的电控单元

由于总线功能日益强大，需要大量的数据信息在不同速度的数据总线之间进行传输。而且他们传输速度是不一样的，不能直接进行信息的传递，就像不同车的速度是不一样的。例如：自行车、载重车、轿车、跑车他们的速度是不一样的，不能在一条路上同时行驶，如图 6-2 所示。

动力总线传输速度是 500Kbit/s，而车身总线传输速度是 100Kbit/s。多个控制单元组成的网络使用不同传输速度总线，不能相互进行通信。

动力系统的控制单元组成了一个完整的动力 CAN 总线系统：发动机控制单元、自动变

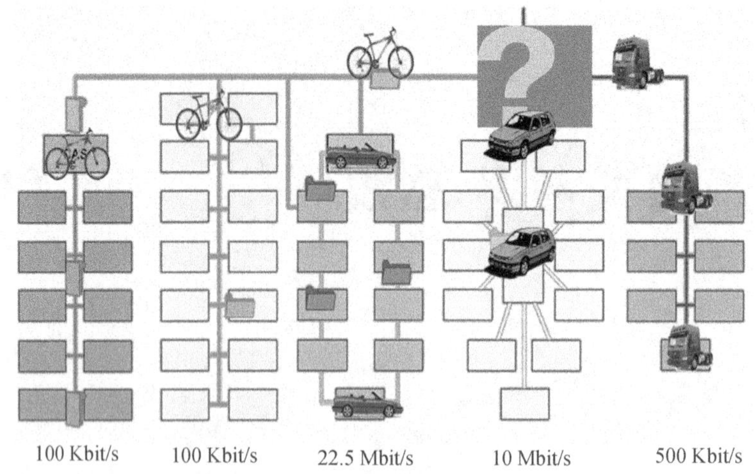

图 6-2 数据信息在不同数据总线之间进行信息传输

速器控制单元、ABS 控制单元。动力系统直接影响汽车行驶状态，所以对通信速度有较高的要求，因此要使用高速的总线与动力和传动系统连接。传感器的各种状态信息可以广播的形式在高速总线上发布，各节点可以在同一时刻根据自己的需要获取信息。这种方式最大限度地提高了通信的实时性。

为了使采用不同协议及速度的数据总线之间实现无差错的数据传输，必须要用一种具有特殊功能的计算机，这种计算机就叫做网关（图 6-3）。

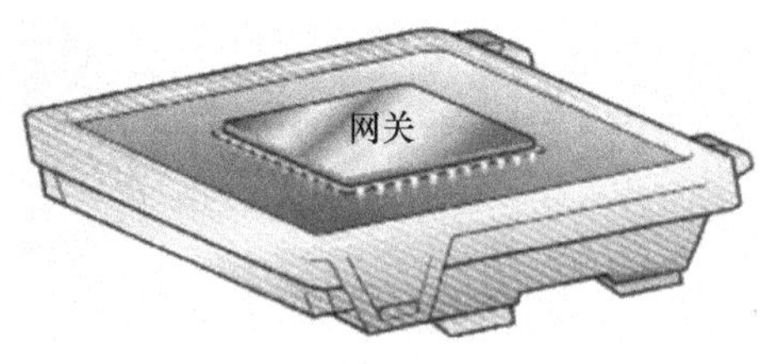

图 6-3 网关

网关（Gateway）又称网间连接器、协议转换器。顾名思义，网关就是一个网络连接到另一个网络的“关口”。网关在传输层上以实现网络互连，是最复杂的网络互连设备，仅用于两个高层协议不同的网络互连。网关的结构也和路由器类似，不同的是互连层。网关是一种充当转换重任的计算机系统或设备。在使用不同的通信协议、数据格式或语言，甚至体系结构完全不同的两种系统之间，网关是一个翻译器。与网桥只是简单地传达信息不同，网关对收到的信息要重新打包，以适应目的系统的需求。同时，网关也可以提供过滤和安全功能。大多数网关运行在 OSI7 层协议的顶层——应用层。

网关实际上就是一种模块，它工作的好坏决定了不同的总线、控制单元和网络相互间通信质量的好坏。网关就像一个居民小区的门卫，在他让任何客人进入大门之前，他得询问客人是否是应邀前来，或者通知某位住户有人来访了。对不兼容但却需要互相通信的总线和网络来说，网关模块所起的作用就同门卫一样。

拓展知识：网关是连接异型网络的接口装置，它综合了桥接器和路由器的功能，汽车网关主要是能在 OSI 参考模型的物理层、数据链路层和应用层上，对双方不同的协议进行翻译和解释（图 6-4）。

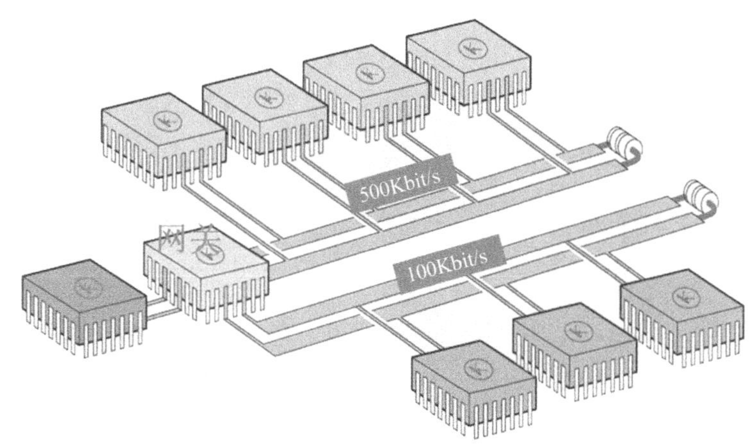

图6-4 网关是连接异型网络的接口装置

对于博世（Bosch）公司为奔驰600SEL等汽车开发的控制器区域网CAN1.2与CAN2.0协议之间的网关，它实际上就是一个Intel-16位80C196单片微机。至于美国三大汽车公司采用的SAEJ1850网络与Bosch-CAN网络之间的网关，实际上就是一个Intel-16位87c196KR的单片微机。

网关必须具备有从一个网络协议到另一个协议转换信息的能力，对于CAN协议的网关，应能涉及CAN协议4种帧类型中的两种，即数据帧和远程帧。此外，两种错误帧和超限帧，由该网关的CAN芯片硬件控制。因此，可以说网关无附加的响应性。当然，网关必须具备有“状态位”，即在任何一个网络中发生的错误太多时，网关应有报警状态位或总线中断状态位。这样网关就像网络中的节点那样，可以调查总线的状态。

对于两个网络之间的网关，起码应具备以下的特性：

- 尽量少的传输等待时间。
- 信息丢失或超限差错最少。
- 能处理总线出现的差错。
- 网关的布局。

两个CAN网络执行器是两片独立的芯片（图6-5）。微控制器（单片微机）作为网关，CAN芯片就像灵巧的随机存储器被网关读写。一旦接收到信息，网关就执行接收CAN芯片的外部读操作，接着执行转换信息的逻辑指令，然后执行外部写操作，对第二个网络的CAN芯片作传输编程。

由上可知，网关主要是执行外部读、写操作和转换信息的标识符，而执行读、写操作的重要技术条件是时间，读、写所要求的时间又取决于网关和CAN芯片接口的定时特性。1991年9月，标准的1.2版本的CAN协议修订为新的2.0版本，新版本的技术关键是增加了信息标识符。也就是说，新的CAN2.0既支持标准的11位，也支持扩展后的29位信息标识。CAN2.0实施新的信息位，标识扩展位使CAN操作装置能区分标准和扩展格式，但大多数现存的标准CAN1.2版本不能识别扩展后的信息格式，在实施过程中，会响应错误的信息。为了能实施29位的信息标识，Intel公司开发了品种繁多的芯片，作为CAN的汽

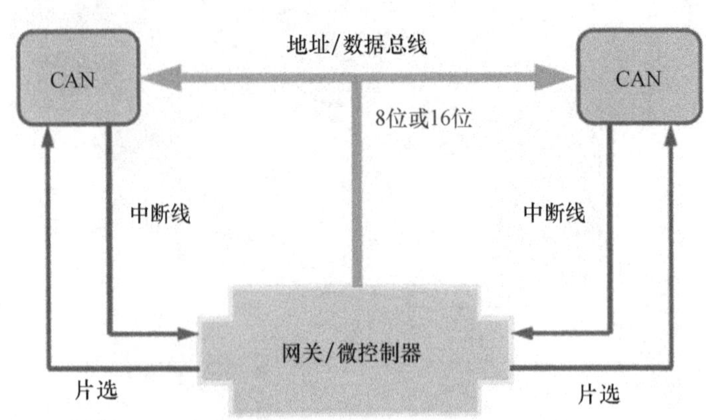

图 6-5 网关硬件布置

车用户，需采用网关使网络互连（图 6-6），在仅用 CAN1. 2 的 11 位信息标识的条件下，能正确响应 29 位的标识。

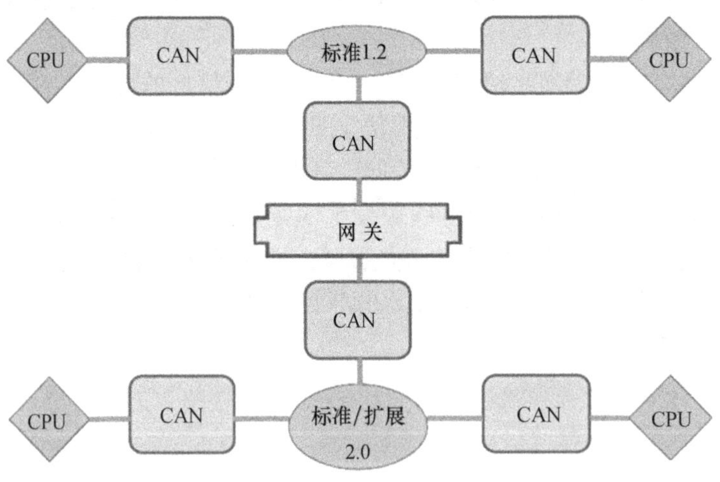

图 6-6 Bosch CAN1. 2 与 CAN2. 0 之间的网关

SAE 汽车选用 CAN2. 0 协议作为“C 级”串行控制和通信网络的推荐实施标准，又称为 SAEJ1939 规范。CAN2. 0 每秒钟的数据传输速率可达 1Mbit/s，也就是说，CAN2. 0 执行相当于 SAE-C 级的高速数据速率。而对于载货车的挂车或被牵引的机具来说，并不需要如此高的数据速率。由于高速率串行链路的电子元件和硬件的成本较昂贵，故就采用中速数据速率（B 级）41. 6Kbit/s 的 J1850 网络来管理挂车的牵引和制动，而 CAN2. 0 只有用于支持主车发动机的各个 ECU。这样在载货车和大客车上，出现了连接异型网络的网关（图 6-7）。

同样原理，原来实施 SAE J1850B 级通信速率的小客车，则会感到发动机、自动变速器、ABS、SRS 等系统的数据速率偏低，想提高通信速率以改善汽车的控制性能，但又不能让汽车的成本增加太多，故就将原实施 SAE J1850 规范的汽车增加一个网关（图 6-8），并将网关前方的总线修改为 CAN 总线。

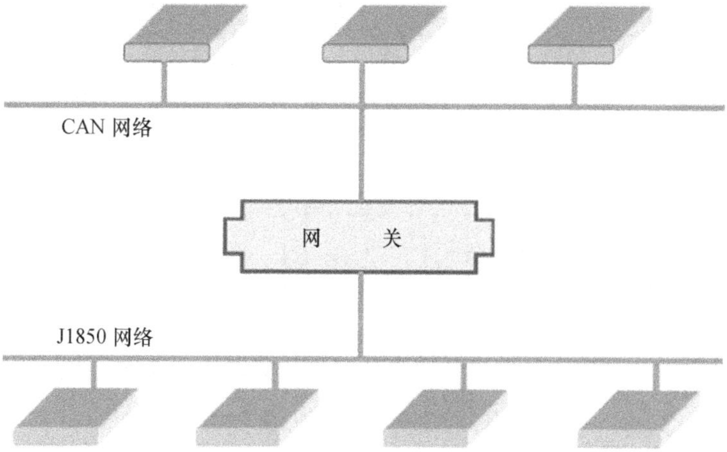

图 6-7　CAN 与 J1850 之间的关系

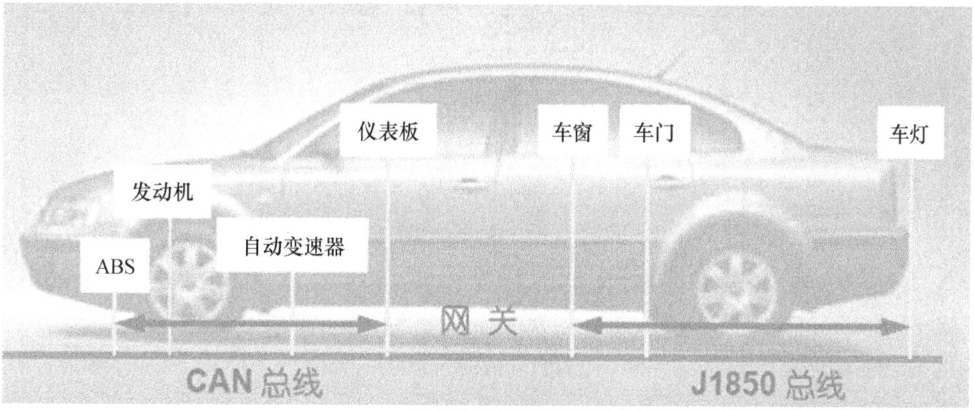

图 6-8　轿车 CAN 网络与 J1850 网络之间的网关

使用网关服务器来实现整车的信息共享和网络管理（图 6-9），可以达到信息共享、减少布线、降低成本以及提高总体可靠性的目的。

对于网关来说，它可以是一个单独的硬件控制器，而独立的网关（图 6-10）也可以“寄生”在某个控制器（如组合仪表）内，如图 6-11 所示。

2. 网关的工作原理

网关的工作原理和车站的工作原理是一样的。可以用火车站作为例子来清楚地说明网关的原理（图 6-12）。

在车站有快车和慢车。根据旅客不同需求，要在车站选择不同速度的火车进行旅行（图 6-13）。

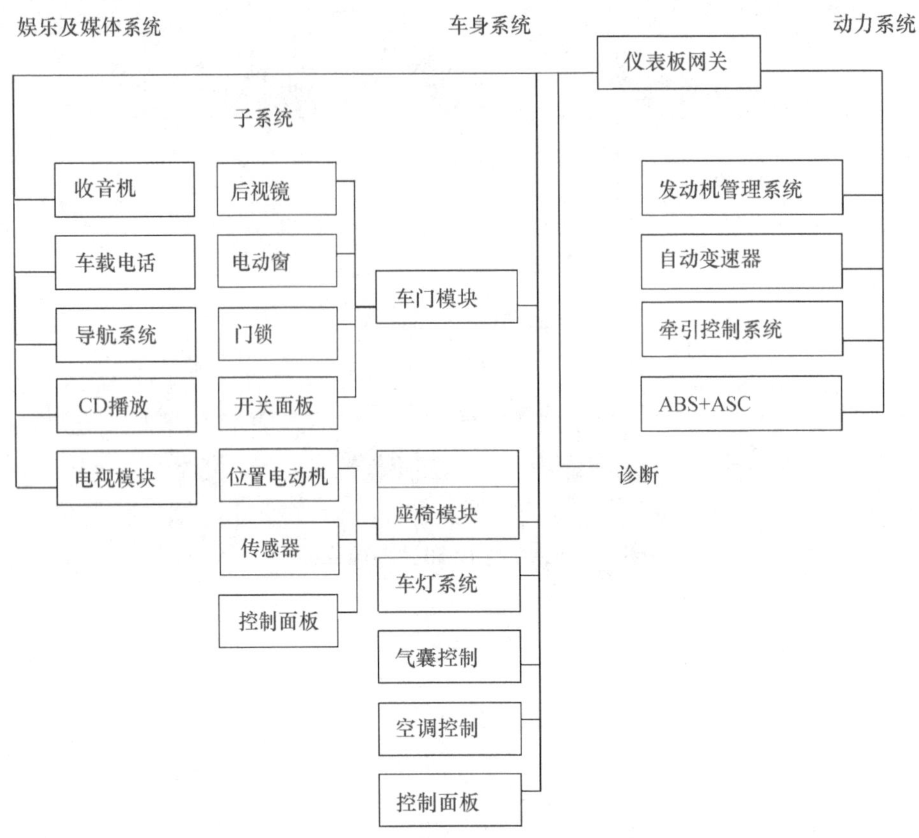

图 6-9 总线的网络结构

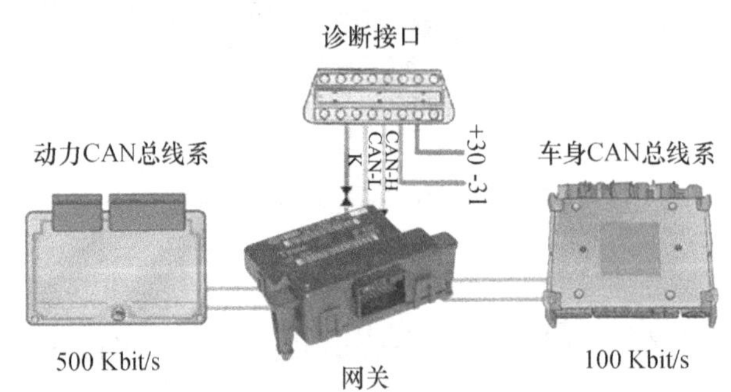

图 6-10 独立网关（诊断接口同时使用 K 线和 CAN 总线诊断）

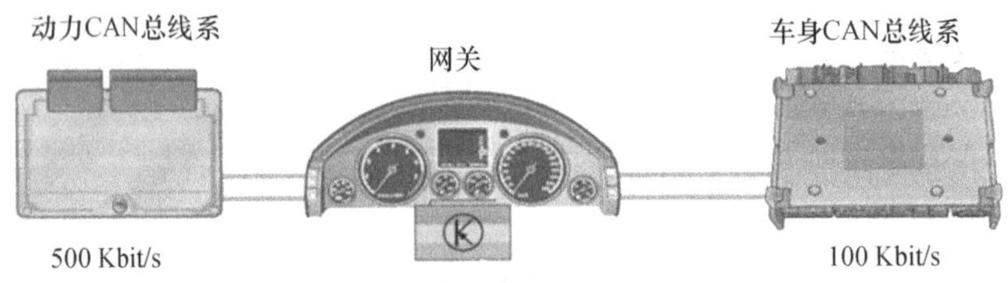

图 6-11 组合仪表网关

在站台 A（站台，英语叫网关）到达一列快车（CAN 动力系统总线，500Kbit/s），车上有数百名旅客。在站台 B 已经有一辆火车（CAN 舒适系统总线，100Kbit/s）在等待，站台 A 上的火车有一些乘客要换到站台 B 的火车上，有一些乘客要换乘快车继续旅行。车站/站台的这种功能，即让旅客换车，以便通过速度不同的交通工具到达各自目的地的功能，与 CAN 动力总线和 CAN 舒适总线两系统网络的网关功能是相同的。网关的主要任务是使两个速度不同的系统之间能进行信息交换。

图 6-12　车站的工作原理

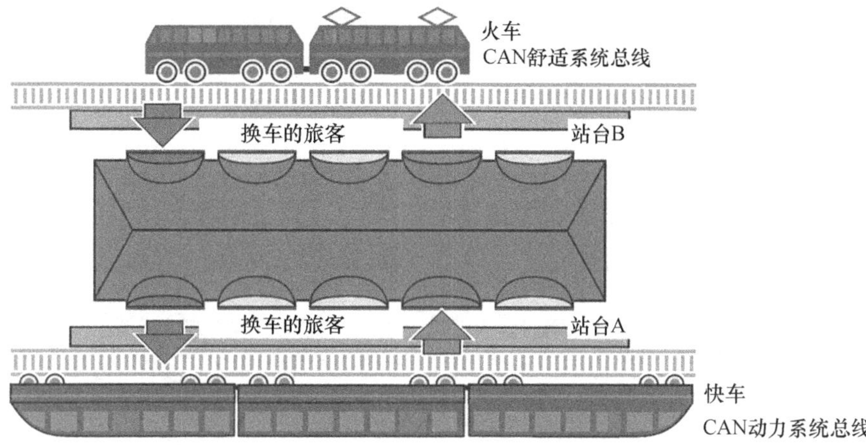

图 6-13　车站换乘原理

网关是将不同传输速度的总线连接在一起，使他们相互之间进行传递数据信息（图 6-14），还要将不同类型的总线系统连接起来。

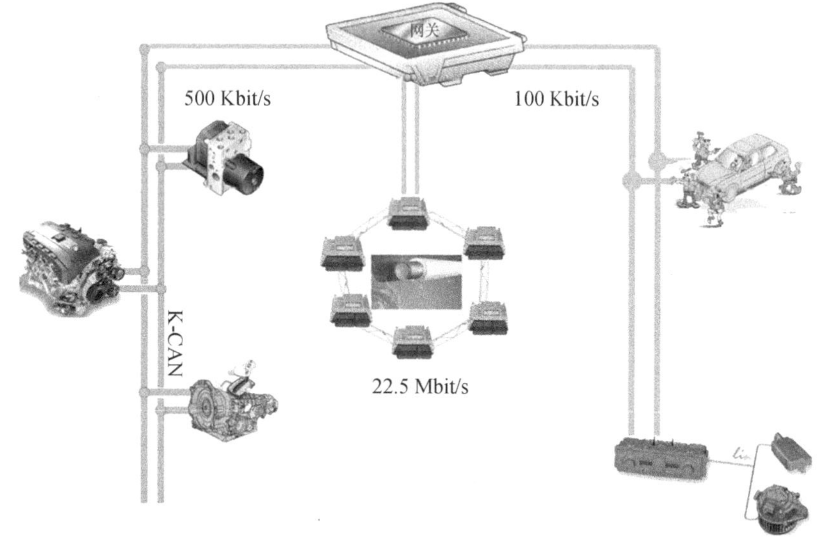

图 6-14　网关的应用

不同速度的总线发送的信息数据先到达网关处。各信息数据的传输速度、数据量和优先级信息都在网关中进行过滤，必要时将信息暂时存储起来（图6-15）。

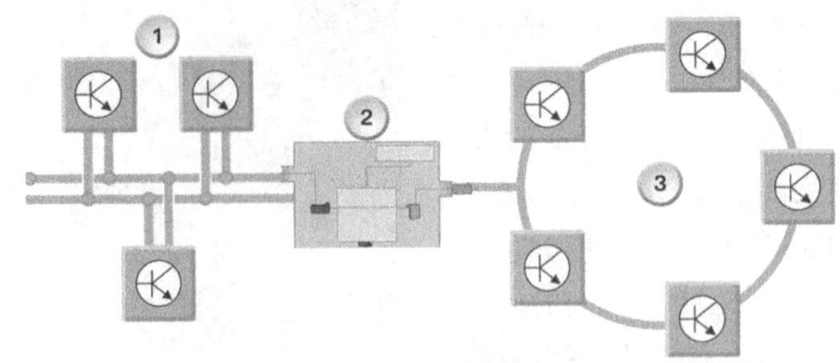

图6-15　各个总线系统发送的数据到达网关处

1—线性总线系统（例如K-CAN）　2—网关（M-ASK）　3—环形总线系统（例如MOST）

网关根据网关的规定和转换表的规定为相关总线系统转换信息数据。按照信息的优先权进行信息的转换，将优先级数据信息优先发送到相关的控制单元，信息到达其目标地址。不是优先级的信息将保存在网关存储器内，稍后再发送保留的信息（图6-16）。

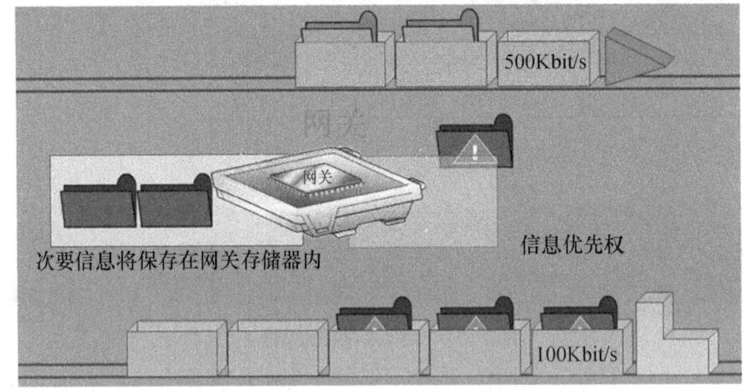

图6-16　信息将保存在网关存储器内

3. 网关的故障信息存储功能

总线系统在工作时会将有关数据信息保存在网关存储器内。如果总线系统出现故障，故障信息就会存入相应的控制单元故障存储器内和网关内。要对总线系统进行检测时，使用检测仪便可在网关中读出总线系统的信息。图6-17就是使用检测仪通过诊断总线D总线(D-BUS)连接在网关上进行诊断，查找不同传输速度的总线信息。

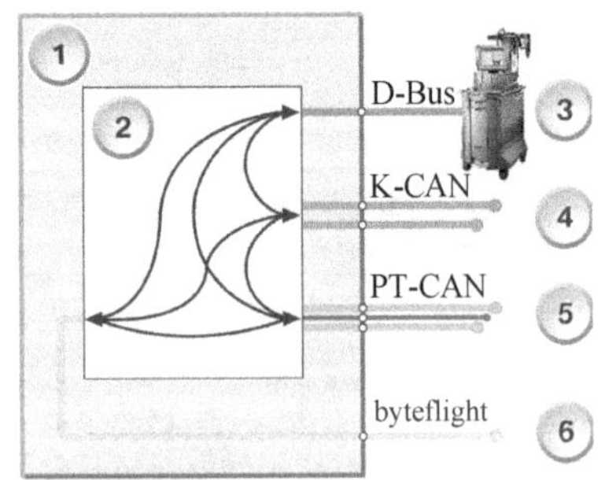

图6-17　使用检测仪在网关中查找总线系统的信息

1—网关　2—信息准备　3—诊断和信息系统

4—车身控制器区域网络　5—动力传动系控制器区域网络

6—byteflight

- 网关有存储功能，通过自诊断功能还可识别出不同类型总线相关的故障信息。
- 用诊断仪读出总线故障记录后，既可按这些信息准确地查寻故障。

网关是不同速度数据总线系统相互连接

的关口。网关的重要任务是在不同的互相独立的总线系统之间构成一个接口电路，也是检测总线的接口（图 6-18）。

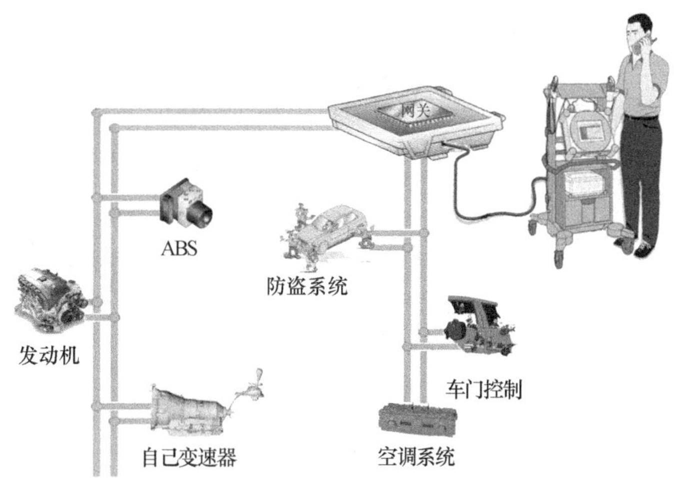

图 6-18　检测总线的接口

4. 网关的应用

在车辆上网关的功能可以被整合在控制单元和相关器件中。

- 网关集成在中央模块中的中央网关模块（ZGM）（图 6-19）。

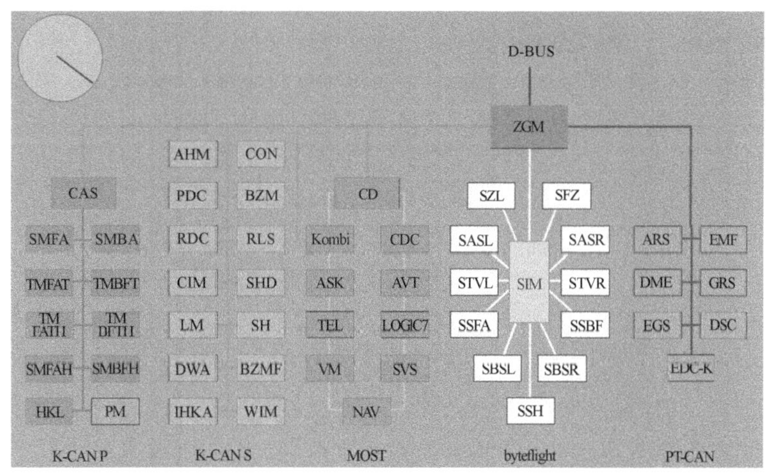

图 6-19　中央网关模块

- 网关集成在安全模块中的安全和网关模块（SGM）（图 6-20）。
- 网关集成在多功能音频系统控制器中光缆的网关（M-ASK）（图 6-21）。
- 网关集成在接线盒中（JB）（图 6-22）。
- 网关集成在的组合仪表网关（图 6-23）。

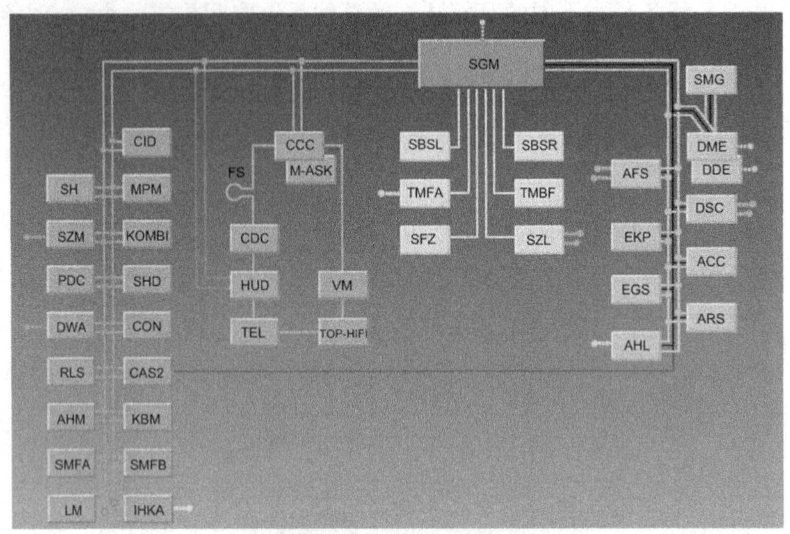

图 6-20　安全和网关模块

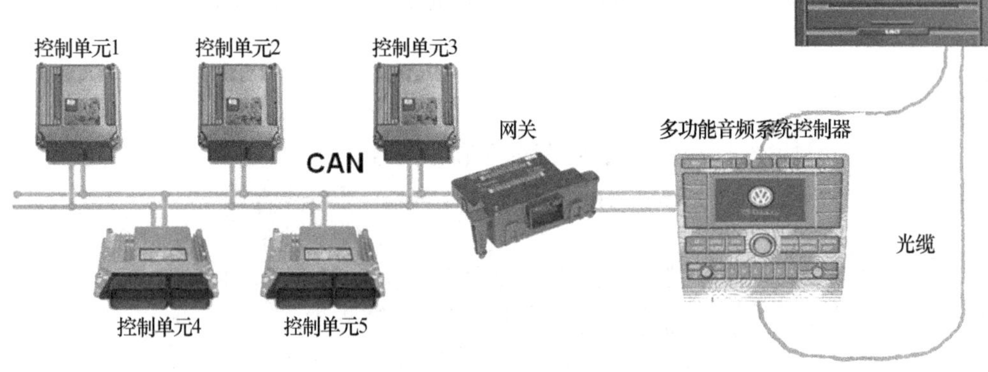

图 6-21　多功能音频系统控制器

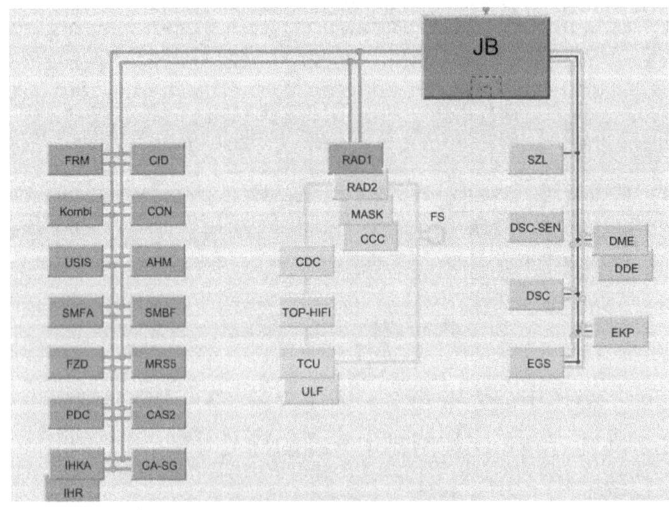

图 6-22　接线盒（JB）

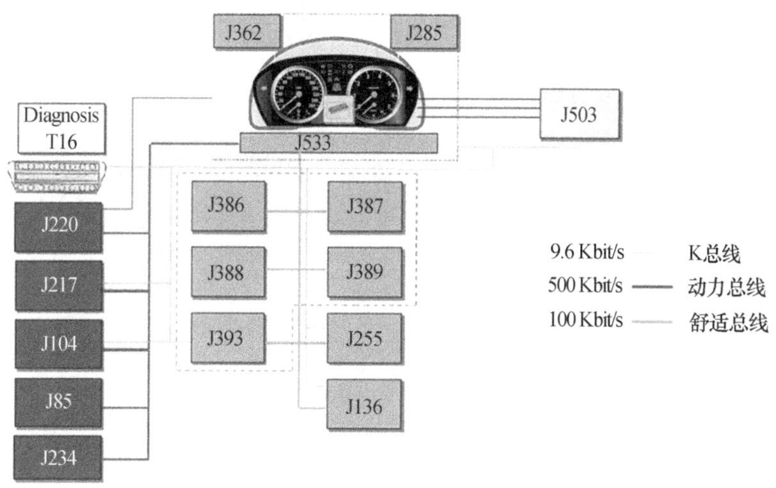

图 6-23　组合仪表网关

–单独的网关（图 6-24）。

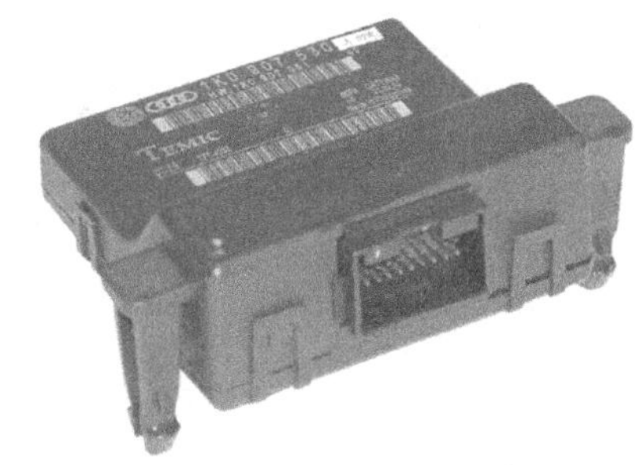

图 6-24　单独的网关

车辆所采用的控制单元越来越多，总线的类型越来越多，所传输信息数据量越来越大，使集成网关的控制单元工作缓慢，采用寄生网关不能胜任工作。所在车上安装单独的网关控制单元。这个单独网关与不同类型总线系统之间有大量的数据进行交换（图6-25），提高总线信息数据的传输速度。

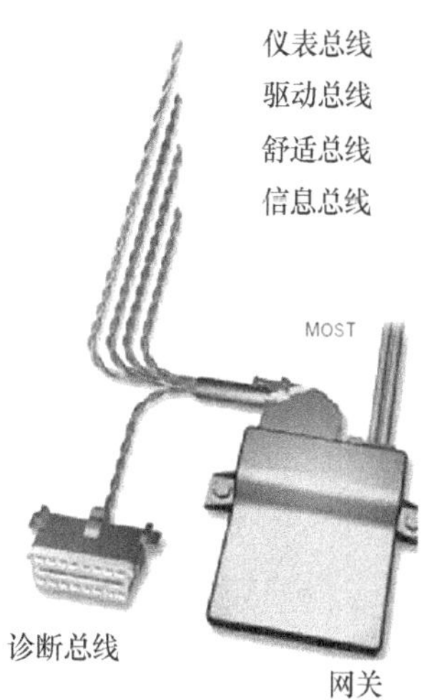

图 6-25　单独网关的应用

5. 中央网关模块工作示例

发动机转速和车轮轮速信号传输到仪表上，动态稳定控制系统（DSC）和数字式发动机电子系统（DME）的控制单元各向 PT-CAN 总线（宝马动力系统总线）发送一条信息。这些信息通过 PT-CAN 到达中央网关模块（ZGM）（图 6-26）。

在网关的一个中间存储器中缓冲存储 PT-CAN 总线的动态稳定控制系统（DSC）控制单元和数字式发动机电子伺控系统（DME）控制单元信息（图 6-27）。

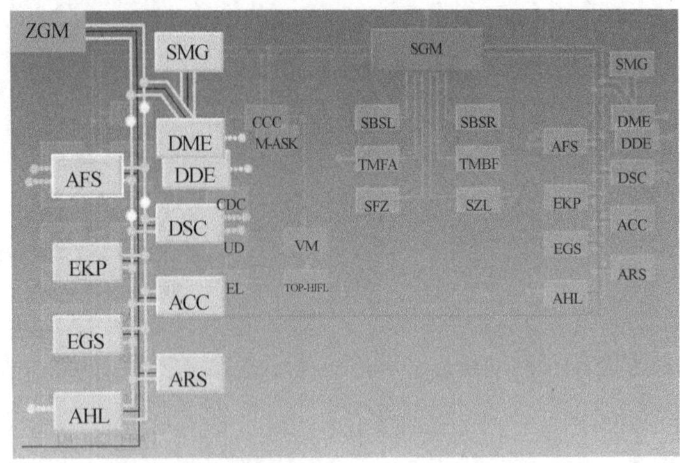

图 6-26 信息通过 PT-CAN 到达中央网关模块

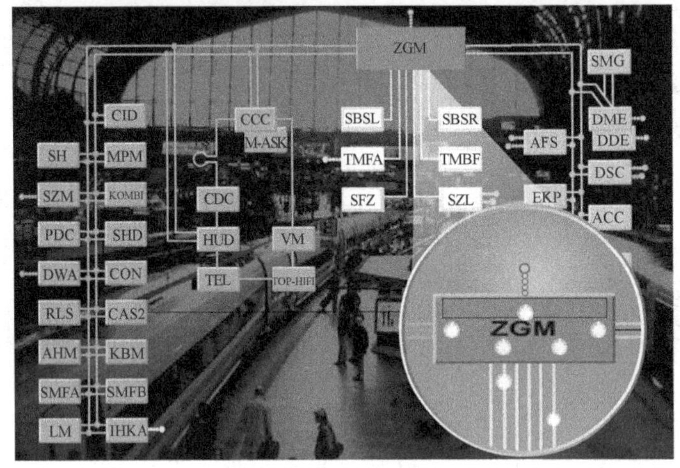

图 6-27 信息通过 PT-CAN 到达中央网关模块

这些信息根据相应网关规定和 K-CAN 系统总线（宝马车身系统总线）的转换表在网关内进行转换动态稳定控制系统（DSC）控制单元和数字式发动机电子伺控系统（DME）控制单元信息（图 6-28）。

动态稳定控制系统（DSC）控制单元和数字式发动机电子伺控系统（DME）控制单元信息，将在网关中按照规定的网关规则和转换表转换成适用于 K-CAN 系统总线的信息。因为 K-CAN 系统总线比 PT-CAN 慢，两个信息被连接在一起并通过K-CAN系统总线到达它们的目的地仪表中（图 6-29）。

6. 奥迪轿车网关 J533 及线路图

奥迪轿车里使用两个不同种类的网关 J533。一种是带有自适应巡航定速系统 ACC；另一种是没有自适应巡航定速系统 ACC。这两种网关的区别就是在电缆线的接口上有区别，不带自适应巡航定速系统 ACC 的网关电缆线的接口上没有 ACC 总线接线柱。但两种网关均包含有用于串行光纤数据总线 MOST 的接口（图 6-30）。

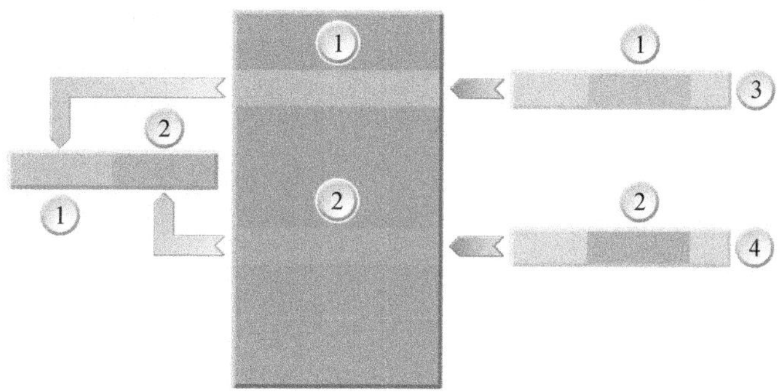

图 6-28　PT-CAN 和 K-CAN 的信息在网关内进行转换

1—动态稳定控制系统的信息　2—数字式发动机电子系统的信息　3—动态稳定控制系统的信号（速度）
4—数字式发动机电子系统的信号（发动机转速）

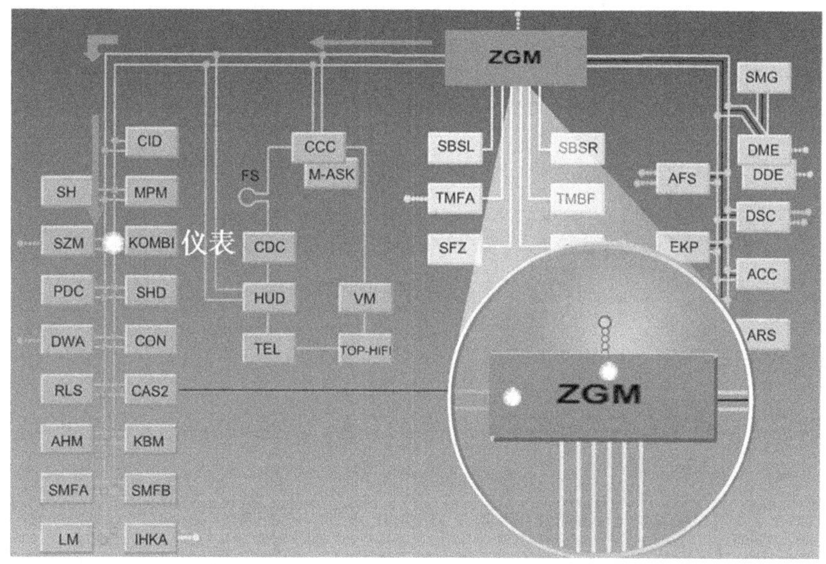

图 6-29　信息被连接在一起并通过 K-CAN 到达它目的地仪表中

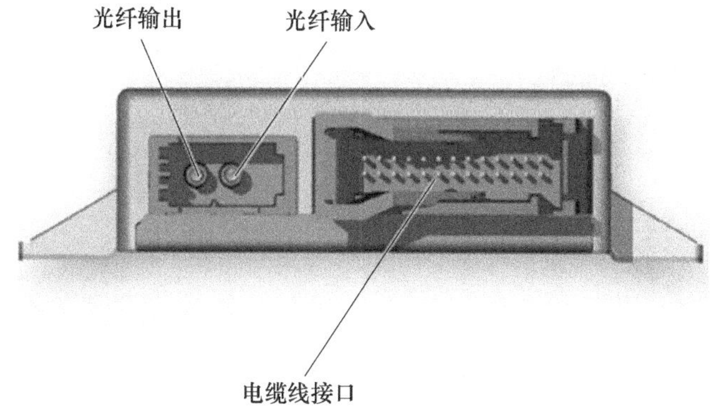

图 6-30　奥迪轿车网关 J533

奥迪轿车网关线路图如图 6-31 所示。

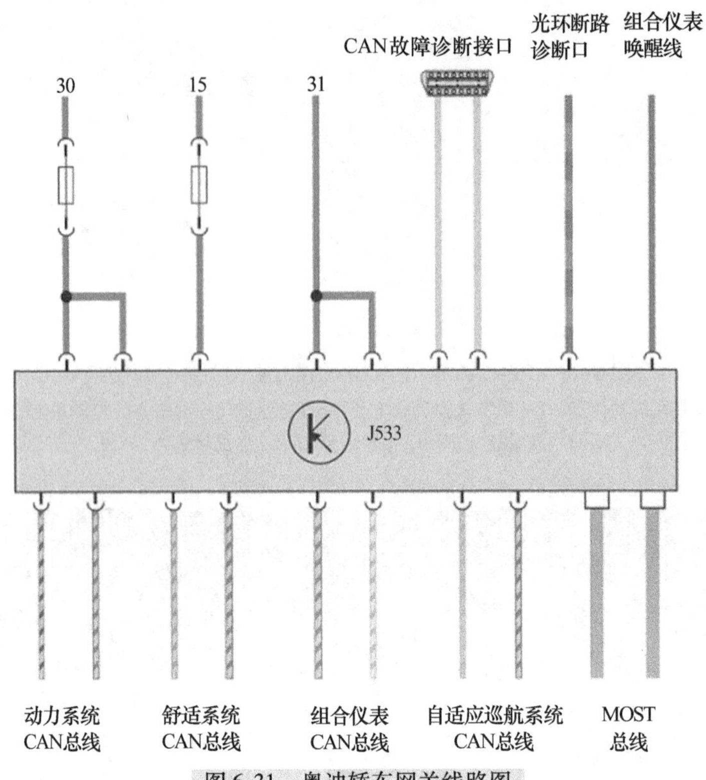

图6-31 奥迪轿车网关线路图

7. 速腾轿车网关

安装位置：速腾轿车的网关安装在仪表板左下方，加速踏板上方（图6-32）。

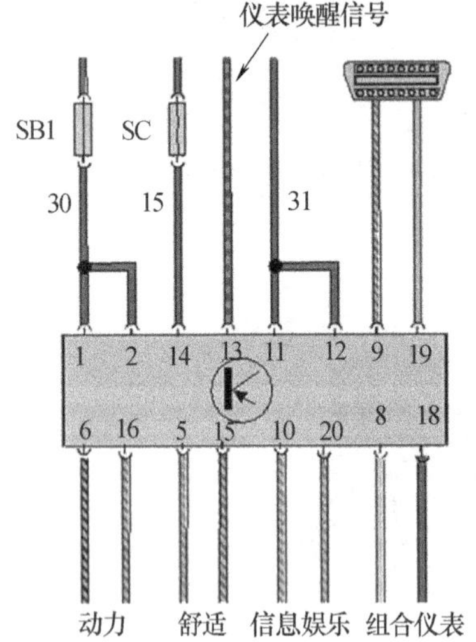

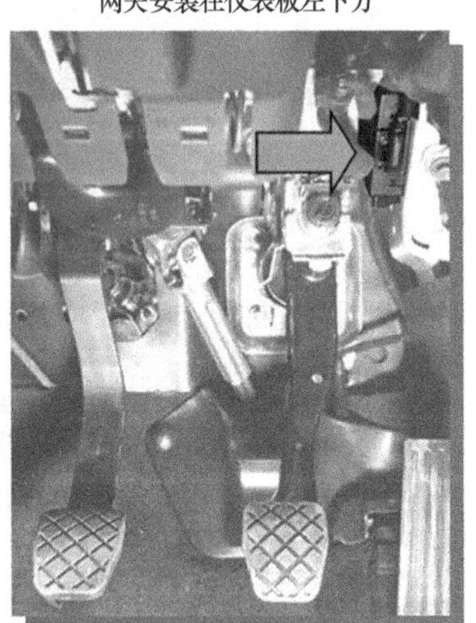

图6-32 速腾轿车网关电路图及安装位置

> 注意：所有的控制单元在网关上必须注册，才能够进行正常的通信。

二、K总线（车身总线）

1. K总线的应用

K总线也叫车身总线、K-BUS，用于普通车辆的电气系统、信息和通信系统及安全系统的网络系统（图6-33）。各系统的控制单元之间的数据交换是由控制单元通过K总线实现的，采用单线信息传输。

注意： K总线协议是子总线，是系统内的数据交换的总线，和K总线有根本性的区别，不要混淆。

K总线是一个双向单线接口，具有相互交换数据的通信功能。

2. K总线的数据传输

半双工传输：两个设备可以相互交换数据（图6-34），在此过程中，两者可以交替充当发送装置或接收装置，但无法同时传输数据。

K总线只用一根单独的导线就可以朝两个方向进行传输数据，因而采用半双工模式传输数据（图6-35）。

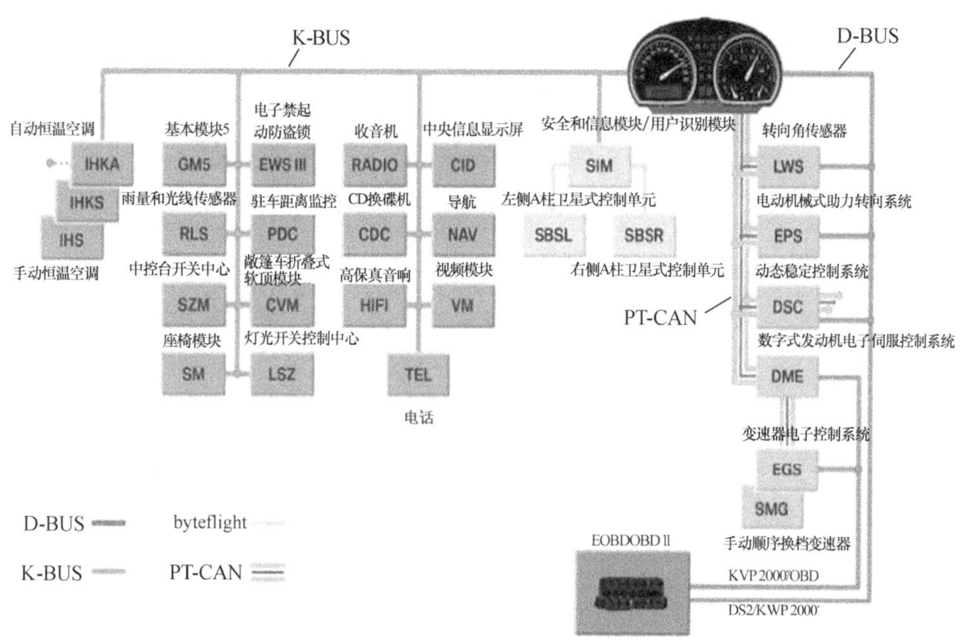

图6-33 K总线控制单元

因此K总线在工作时每次只能进行发送或接收。由于发送装置并不发送系统节拍，因此以异步形式传输数据。发送和接收装置都使用各自的时钟脉冲发生器，通过所传输字符的起始位使发送和接收装置之间同步（图6-36）。

首先发送一个起始位，接收装置可通过该起始位与发送装置的节拍保持同步。随后根据

所用代码发送 5 至 8 个数据位，并可能发送一个检验位。最后还有两个停止位。这些停止位用于传输两个字符之间的最小停顿。它们为接收装置创造了接收后面字符的准备时间。

图 6-34 半双工传输

1—发送装置 2—数据 3—接收装置 4—开关

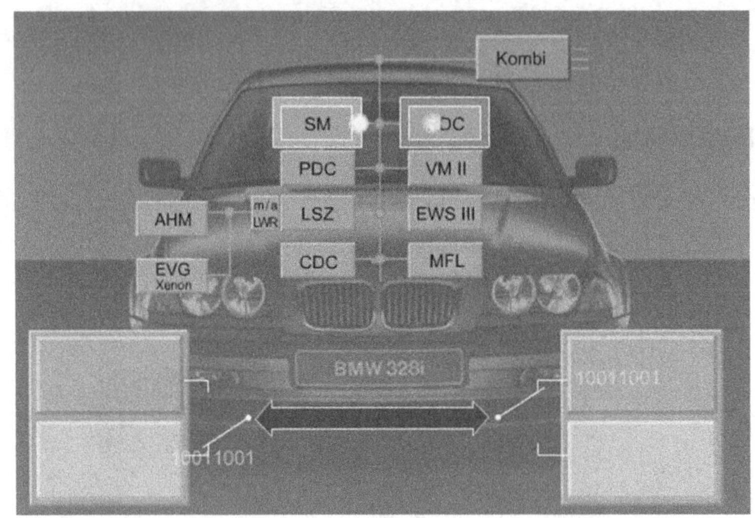

图 6-35 K 总线采用半双工模式传输数据

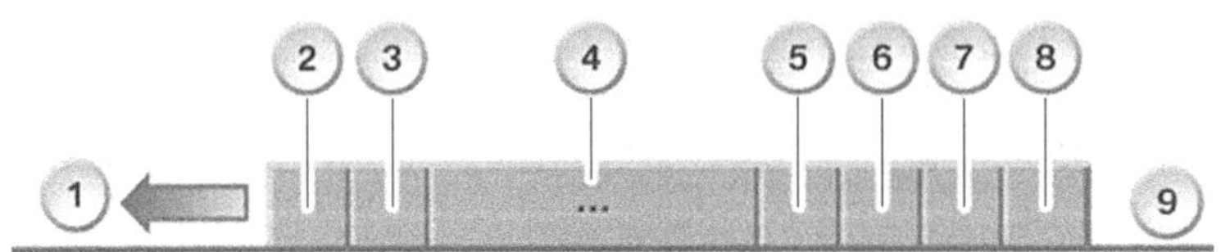

图 6-36 传输字符

1—接收装置 2—起始位 3—最低值数位 4—5 ~ 8 位数据 5—最高值数位 6—检查位 7—停止位 8—停止位 9—总线

在最高值数据位和停止位之间还可插入一个用于确保数据传输的校验位。该校验位负责对所传数据进行简单检查。

接收装置对所接收字符的奇偶性进行分析。如果奇偶性与协调结果不符，就会发出传输错误的信号。

3. K 总线的电压电平

利用 K 总线传输信息时，电压电平显示为 0 ~ 12V。电压电平由低变高时为逻辑 1，由高变低时为逻辑 0（图 6-37）。

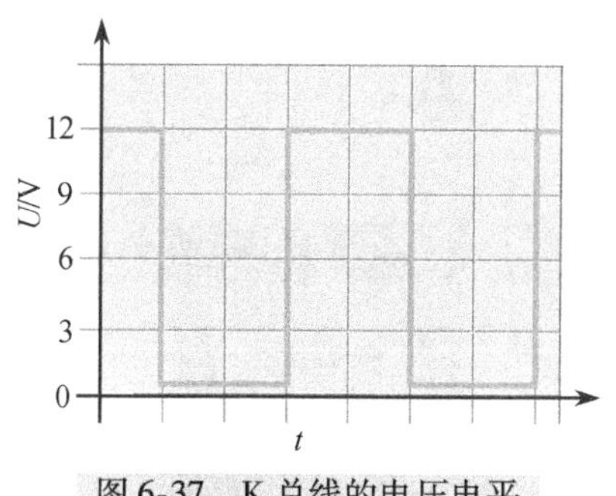

图 6-37　K 总线的电压电平

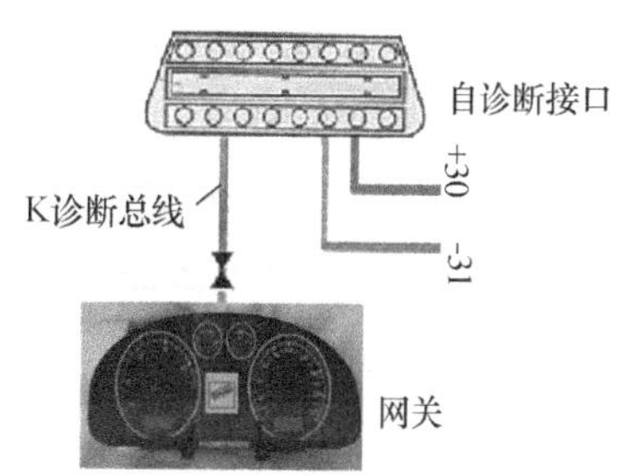

图 6-38　K 诊断总线

4. K 诊断总线

K 诊断总线用于诊断仪器和相应控制单元之间的信息交换，负责网关和诊断接口信息传输（图 6-38）。在 2000 年以前，网关上的诊断线采用的是 K 诊断总线，使用检测仪通过 K 诊断总线对网关进行检测，查找控制单元和网关存储的信息。

K 诊断总线是连接控制单元和检测接口的数据总线，通过 K 总线进行总线系统进行控制单元的检测和故障诊断（图 6-39）。

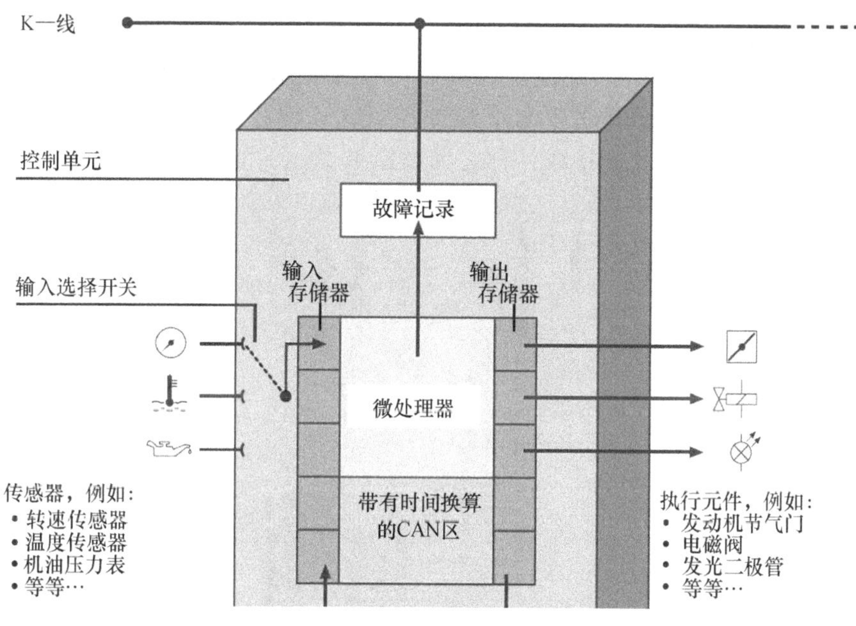

图 6-39　K 总线进行总线系统检测和故障诊断

当控制单元或总线系统出现故障时，通过 K 总线使用检测仪进行检测查找故障（图 6-40）。因为控制单元的信息和故障信息都存储在控制单元的存储器中，可以用诊断仪读出这些故障：

- 控制单元都有自诊断功能，通过检测仪的功能还可识别出与总线相关的故障。
- 用诊断仪读出总线故障记录后，即可按这些信息准确地查寻故障。

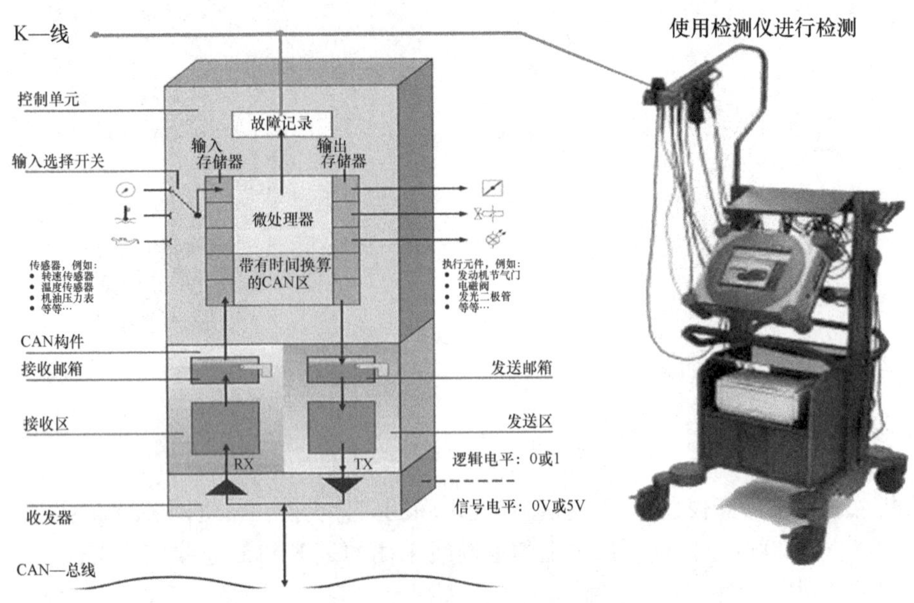

图 6-40 通过 K 总线使用检测仪进行检测查找故障

到 2000 年以后，控制单元之间信息量增大，K 总线不能满足系统通信的需要，使用了 CAN 总线的新系统。

诊断总线目前只能在专用检测仪下工作，而不能适用于原来旧的诊断工具。诊断总线通过网关转接到相应的 CAN 总线上，然后再连接相应的控制器进行数据交换。随着诊断总线的使用，大众集团将逐步淘汰控制器上的 K 线存储器，而采用 CAN 线作为诊断仪器和控制器之间的信息连接线，称之为虚拟 K 线（图6-41）。

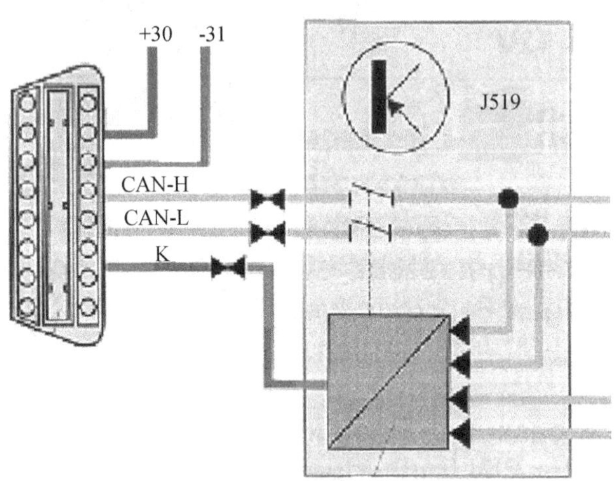

图 6-41 CAN 诊断总线

现在车辆诊断是通过 CAN 总线来完成的。通过 CAN 总线进行诊断，可以在网关同时对多个控制单元进行系统诊断。

当车辆使用诊断 CAN 总线结构以后，诊断仪器必须使用相对应的新型诊断线，否则无法读出相应的诊断信息。另外，车上的诊断接口也作出了相应的改动，才能使用诊断 CAN

总线（图6-42）。

新型诊断线仍适用于旧型诊断接口（图6-43）。

图6-42　新型诊断线

图6-43　新型诊断接口

1—15号线　4—接地　5—接地　6—CAN-High
7—K线　14—CAN-Low　15—L　16—30号线

5.K总线常见故障

在K总线控制单元中可能有两个不同的总线故障记录：

1）通信故障。原因是控制单元损坏（图6-44）。

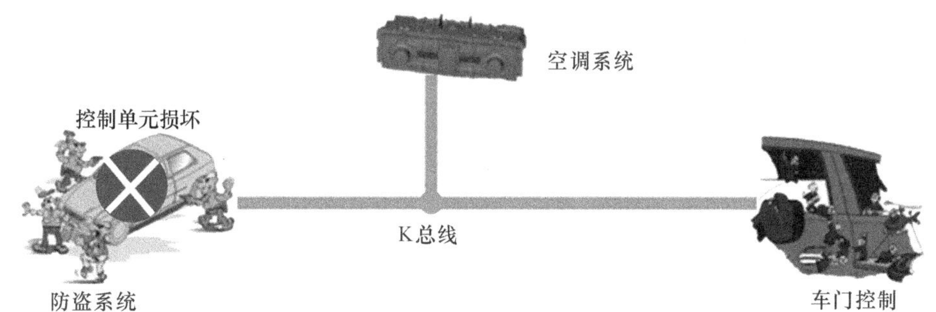

图6-44　控制单元损坏

2）线路故障。原因是K总线导线断路（图6-45）、K总线导线接地、K总线对蓄电池正极短路等。

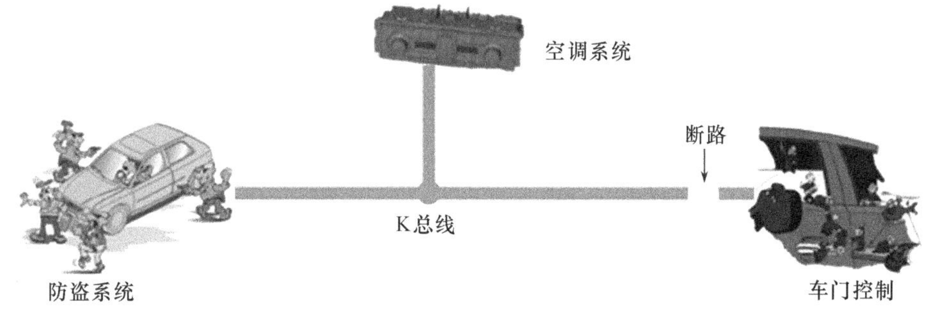

图6-45　K总线导线断路

6.K总线故障诊断步骤

对于K总线系统的故障诊断，一般采用以下步骤进行。

第 1 步：了解汽车 K 总线系统中各个控制单元的各种功能，如有无唤醒功能、休眠功能等。

第 2 步：检测汽车电源系统是否存在故障。如交流发电机的输出波形是否正常（若不正常将导致信号干扰等故障）等。

第 3 步：检查汽车 K 总线传输系统是否存在故障，采用替换法或跨线法进行检测。

第 4 步：检查节点。如果是节点故障，只能采用替换法进行检测。

复习题

1. 为什么要使用网关？
2. 说出网关的工作原理。
3. 总线系统出现故障存储在什么控制单元中？
4. 网关是如何分类的？
5. 网关的监控和激活功能是什么？
6. K 总线用于什么系统？
7. 说出 K 总线数据传输。
8. 画出 K 总线的电压电平信号图。

第七章

典型车载网络系统

一、宝来轿车 CAN 总线系统与检修

1. CAN 总线系统的结构

一汽大众汽车公司生产的宝来（BORA）轿车融入了许多德国大众的高新技术，在动力系统和舒适系统中装用了两组 CAN 总线传输系统（图 7-1）。

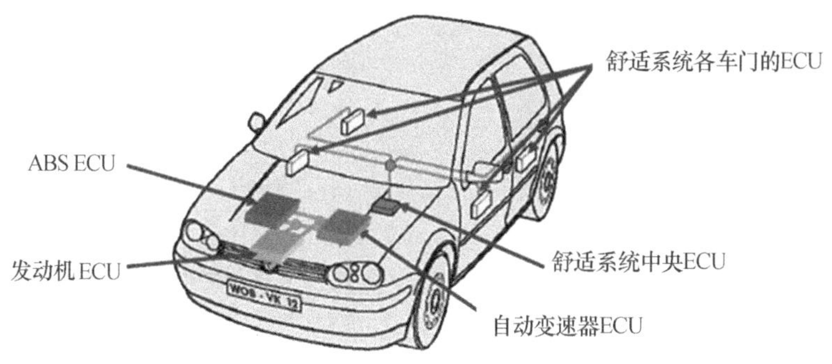

图 7-1　宝来轿车的 CAN 总线系统分布

动力 CAN 总线系统由发动机控制单元 J220、自动变速器控制单元 J217 和 ABS 控制单元 J104 组成。

舒适 CAN 总线系统由中央控制单元和 4 个车门控制单元组成，形成一个完整的区域网络。

2. 动力 CAN 总线系统

动力 CAN 总线连接 3 块控制单元（ECU）（图 7-2），它们是发动机、ABS/EDL 及自动变速器控制单元（动力 CAN 总线实际可以连接安全气囊、四轮驱动和电子组合仪表等控制单元）。动力 CAN 总线可以同时输出 10 组数据，其中用于发动机控制单元 5 组、ABS/EDL 控制单元 3 组和自动变速器控制单元 2 组。CAN 总线以 500Kbit/s 的速率传递数据，每一数据组传递需要大约 0. 25ms，每一控制单元发送数据间隔时间是 7 ~ 20ms。发送一次数据优先权的顺序为 ABS/EDL 控制单元→发动机控制单元→自动变速器控制单元。

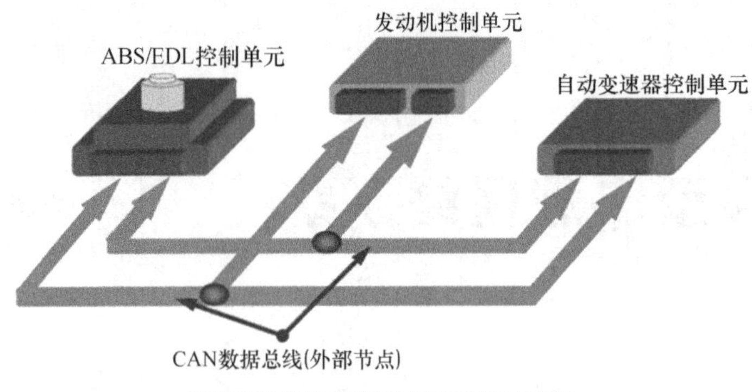

图 7-2 动力传动系统 CAN 总线

和所有的 CAN 导线一样，动力 CAN 总线也是双线式数据总线，也称为高速 CAN 总线。控制单元通过 CAN 总线的 CAN-High 线和 CAN-Low 线来进行数据交换。

对于 ABS/EDL 控制单元来说，它与安全因素有关；对于发动机控制单元来说，它决定了对点火与喷油量的控制；对于自动变速器控制单元来说，它决定了驾驶的舒适性。

动力 CAN 总线信息传输举例见表 7-1。

表 7-1 动力 CAN 总线信息传输举例

优先权顺序	数据来源	信息举例
1	ABS/EDL 控制单元	①发动机制动控制请求(EBC) ②牵引力控制系统请求(TCS)
2	数据组 1 发动机控制单元	①发动机转速 ②节气门位置 ③换低档
3	数据组 2 发动机控制单元	①冷却液温度 ②车速
4	自动变速器控制单元	①换档时机 ②应急运行模式 ③变速杆位置

节气门的位置以 8 比特数据表示，可以有 256 种数据变化。因此，从 0°到 102°的节气门位置可以以 0.4°为间隔进行传输。

动力 CAN 总线网络连接节点通常在控制单元的外部（在线束中）。动力 CAN 总线的接点在车辆左侧 A 柱，是白色插头。在特殊情况下，连接点可能在发动机控制单元内（图 7-3）。

1999 年 5 月以后生产的宝来轿车，组合仪表是连接在 CAN 总线上的，通过组合仪表内的 CAN 总线自诊断接口 J533，CAN 总线与自诊断 K 线可以实现数据交换。更换了仪表板后，必须按照车上装备对 CAN 总线的自诊断接口 J533 进行编码（必须对新换上的组合仪表的数据总线自诊断接口 J533 进行编码，即使已经存在有正确的编码也如此）。

使用 VAG1552 或 VAS5051 进入地址码 -19，即动力系统电子控制单元进行自诊断，然后输入读取故障码的功能码 -02，查询动力系统中央电子控制单元是否储存了故障码。

宝来轿车动力 CAN 总线故障码见表 7-2。

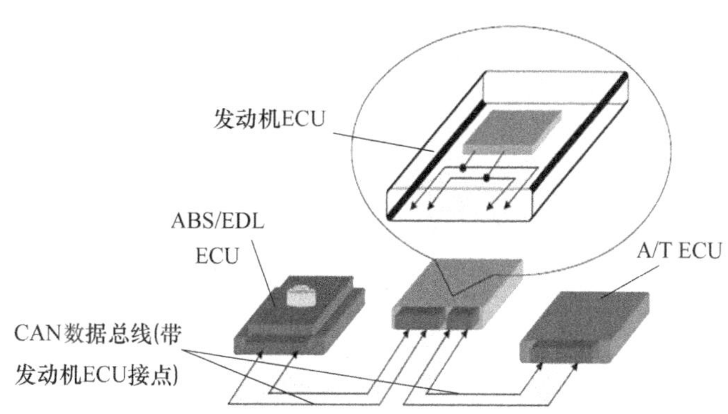

图 7-3　连接点在发动机控制单元内

表 7-2　宝来轿车 CAN 总线系统故障码

故障码及其含义	可能的故障原因	可能的影响	故障排除方法
00778 转向角度传感器 G85 无法通信	转向角度传感器 G85 通过数据总线接收不正常	与数据总线相连的系统功能不正常	(1)检查数据总线自诊断接口的编码 (2)查询 ABS 控制单元故障存储器并排除故障 (3)按照电路图检查连接转向角度传感器 G85 的数据总线
010312 数据总线损坏	(1)数据总线有故障 (2)数据总线在"BUS-OFF"状态	行驶性能不良(自动变速器换档冲击),无动力控制	(1)读取测试数据块 (2)检查控制单元编码 (3)按照电路图检查数据总线 (4)更换损坏的控制单元
01314 发动机控制单元无法通信	发动机控制单元通过数据总线的数据接收不正常	行驶性能不良(自动变速器换档冲击),无动力控制	(1)读取测量数据块 (2)查询变速器控制单元故障存储器,排除故障 (3)按照电路图检查变速器控制单元数据总线
01315 变速器控制单元无法通信	变速器控制单元通过数据总线的数据接收不正常	行驶性能不良(自动变速器换档冲击),无动力控制	(1)读取测量数据块 (2)查询发动机控制单元故障存储器,并排除故障 (3)按照电路图检查发动机控制单元数据总线
01316 变速器控制单元无法通信	制动控制单元通过数据总线的数据接收不正常	行驶性能不良(自动变速器换档冲击),无动力控制	(1)读取测量数据块 (2)查询 ABS 控制单元故障存储器,并排除故障 (3)按照电路图检查 ABS 控制单元数据总线
01317 组合仪表内控制单元 J285 无法通信	(1)组合仪表内控制单元 J285 控制单元数据总线有故障 (2)组合仪表内控制单元 J285 损坏	行驶性能不良(自动变速器换档冲击),无动力控制	(1)读取 J533 的测量数据块 (2)查询 ABS 控制单元故障存储器,并排除故障 (3)按照电路图检查数据总线
01321 安全气囊控制单元 J234 无法通信	安全气囊控制单元通过数据总线的数据接收不正常	安全气囊警报灯亮	(1)读取测量数据块 (2)查询安全气囊 (3)查询控制单元故障存储器,并排除故障 (4)按照电路图检查安全气囊 (5)按照控制单元电路图检查安全气囊控制单元数据总线

3. 舒适 CAN 总线系统

舒适系统 CAN 总线连接的控制单元（图 7-4）有中央控制单元和 2 个或 4 个车门控制

单元。舒适系统 CAN 总线控制单元的线路以星形连接会聚于一点（图 7-5），其优点是如果一个控制单元失灵，其他控制单元仍能送出数据列。

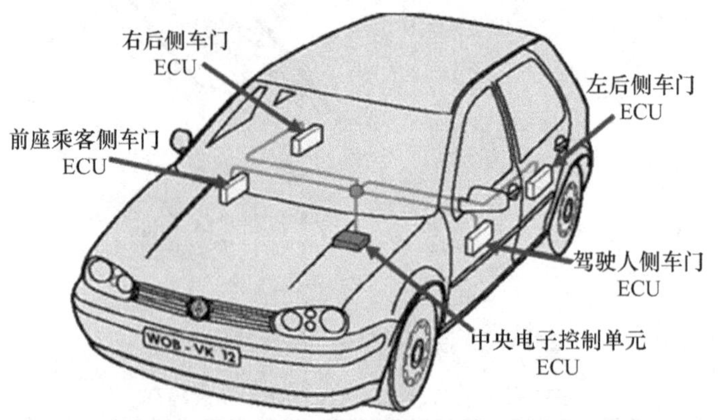

图 7-4 舒适系统 CAN 总线的控制单元位置

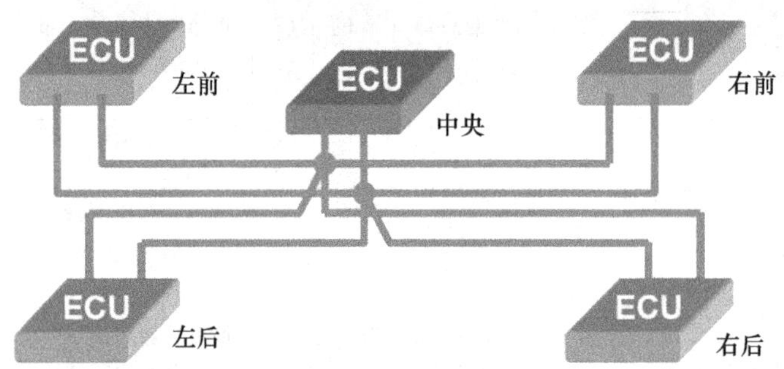

图 7-5 舒适系统 CAN 总线控制单元间采用星形连接

舒适系统 CAN 总线的功能：

- 中央门锁；
- 电动车窗；
- 开关照明；
- 后视镜的电子调整和加热；
- 自诊断。

（1）舒适系统 CAN 总线的优点。使用总线以后通过门连接处的线路更少，若线路发生与地、与正极或两条线之间的短路故障，CAN 总线进入紧急运行模式，改为单线路模式工作。此外，所需诊断线路更少，因为自诊断完全由中央控制单元控制。

数据传输以 62.5Kbit/s 的速度进行，属于低速，一个数据列的传输大约需要 1s。

每个控制单元以 20ms 的时间间隔发出数据（图 7-6）。

CAN 舒适总线也是双线式数据总线，控制单元通过 CAN 动力总线的 CAN-High 线和 CAN-Low 线来进行数据交换，如车门开/关、车内灯开/关、车辆位置（GPS）等。由于使用同样的脉冲频率，所以 CAN 舒适总线和 CAN 车身总线可以共同使用一对导线。前提条件是相应的车上有这两种数据总线。为了使低速 CAN 抗干扰性强且电流消耗低，与动力 CAN 总线相比就需做一些改动。CAN-High 线和 CAN-Low 线不再彼此相互影响，而是彼此独立作为电压源来工作。优点是，如果一条线路故障可以改由单线模式运行，数据仍可被传输。

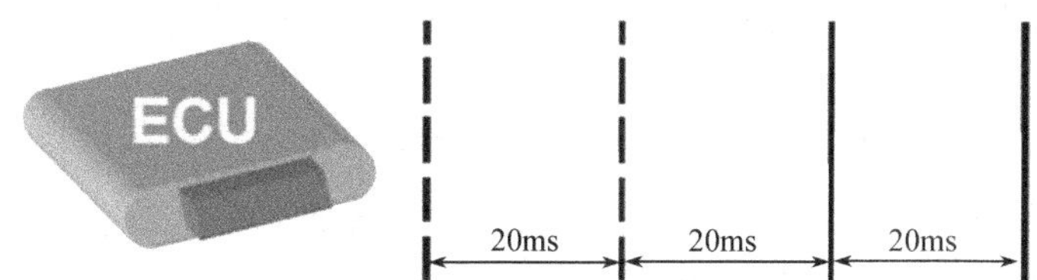

图 7-6 控制单元发出数据的时间间隔

（2）优先级次序如下：

1）中央控制单元；

2）驾驶人侧控制单元；

3）前乘员侧控制单元；

4）后左控制单元；

5）后右控制单元。

（3）舒适系统 CAN 总线的故障检测。舒适系统中央控制单元与 CAN 的连接如图 7-7 所示。

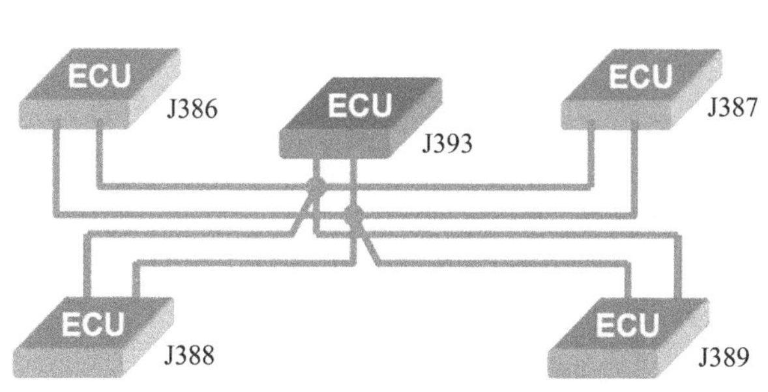

图 7-7 舒适系统中央控制单元与 CAN 的连接
J386—驾驶人侧车门控制单元 J387—前乘员侧车门控制单元
J388—左后车门控制单元 J389—右后车门控制单元
J393—舒适系统中央控制单元

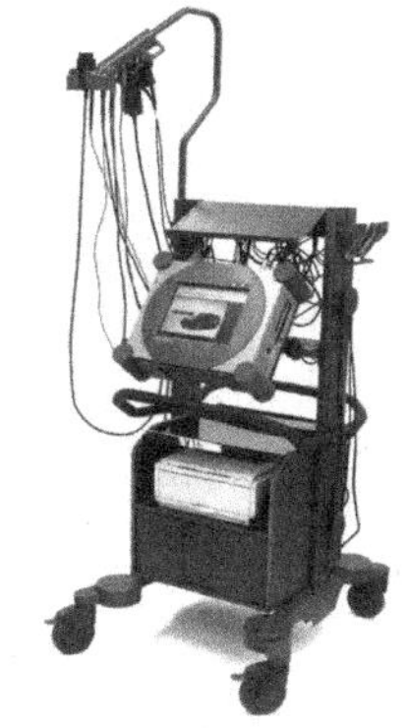
图 7-8 故障检测仪 VAS5051

宝来轿车舒适系统 CAN 总线具有自诊断的功能，可以使用 VAG1552 或 VAS5051（图 7-8）进入地址码 -46，即舒适系统控制单元进行自诊断，然后输入读取故障码的功能码 -02，查询舒适系统中央控制单元是否储存了故障码。

（4）故障码的含义。宝来轿车舒适系统 CAN 总线有 2 个故障码，见表 7-3。

表 7-3 宝来轿车舒适系统 CAN 总线故障码

故障码	故障码的含义	可能的故障部位
01328	舒适系统 CAN 总线或控制单元存在故障	① 控制单元不良 ② CAN 两条数据线开路或短路 ③ 导线和插头连接不良
01329	舒适系统 CAN 总线处于应急运行模式	① 某一根 CAN 数据线开路或短路 ② 导线和插头连接不良 ③ 某一个车门控制单元不良

说明：在通常情况下，可以使用检测仪示波器功能进行波形分析查找故障。不能利用维修工具直接检测 CAN 总线系统。

（5）读取数据流。利用 VAG1551、VAG1552 或 VAS5051 检测仪进入地址码 -46，对舒适系统控制单元进行自诊断，进入功能码 08，阅读测量数据块。进入 012 通道中央控制单元，即显示 CAN 总线相关的四组数据区域（表 7-4）。

表 7-4　舒适 CAN 总线测量数据块

数据区域	显示内容
1	检测传递数据，该区域显示数据传递正确与否（比如单数据线故障）
2	前排装备情况，显示前排车门控制单元在传递数据过程中是否匹配
3	后排装备情况，显示后排车门控制单元在传递数据过程中是否匹配
4	其他附件情况，该区域显示座椅与后视镜调整记忆系统是否合适。舒适系统与记忆系统是否交换数据

二、奥迪 A6、A6L 轿车总线系统

奥迪 A6、A6L 轿车使用了最先进的网络技术，如 CAN、LIN、MOST 以及 Bluetooth（蓝牙），再加上相关的车辆功能，这一切标志着使用了新一代的汽车电子技术。有一些是安全方面的特点，如组合式雨水/灯开关及拐弯使用的前照灯灯光调节；顶级车的舒适项目，如 MMI 操纵系统以及功能丰富的手机准备系统等。

奥迪 A6、A6L 轿车控制单元安装位置如图 7-9 所示。

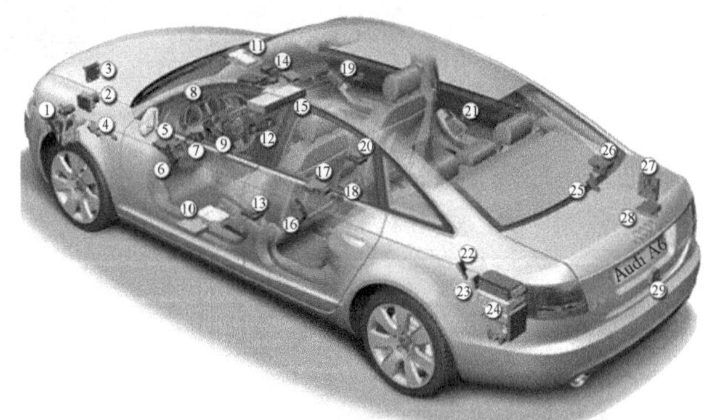

图 7-9　奥迪 A6、A6L 轿车控制单元安装位置

1—辅助加热控制单元 J364　2—带 EDS 的 ABS 控制单元 J104　3—车距节控制单元 J428　4—左前轮轮胎压力监控发射元件 G431，在车轮拱形板内　5—供电控制单元 J519　6—驾驶人车门控制单元 J386　7—使用和起动授权控制单元 J518　8—组合仪表内控制单元 J285　9—转向柱电气控制单元 J527　10—电话 Telematik 控制单元 J526 电话发送和接收器 R36　11—发动机控制单元 J623　12—全自动空调控制单元 J255　13—有记忆功能的座椅调节/转向柱调节控制单元 J136　14—水平调节控制单元 J197、前照灯照程调节控制单元 J431、轮胎压力监控控制单元 J502、供电控制单元 2J520、前部信息系统显示和操纵控制单元 J523、数据总线诊断接口 J533、无钥匙起动授权天线读入单元 J723　15—CD 换碟机 R41CD 播放机 R92　16—左后车门控制单元 J388　17—安全气囊控制单元 J234　18—车身转动速率传感器 G202　19—前乘客侧车门控制单元 J387　20—前乘客侧带记忆功能的座椅调节控制单元 J521　21—右后车门控制单元 J389　22—左后轮轮胎压力监控发射元件 G433，在车轮拱形板内　23—驻车加热无线电接收器 R64　24—带有 CD 播放机的导航控制单元 J401、语音输入控制单元 J507、数字音响包控制单元 J525、收音机 R、TV 调谐器 R78、数字收音机 R147　25—右后轮轮胎压力监控发射元件 G434（在车轮拱形板内）　26—停车辅助系统控制单元 J446、挂车识别控制单元 J345　27—舒适系统中央控制单元 J393　28—电子驻车/手制动器控制单元 J540　29—电能管理控制单元 J644

总线拓扑结构图如图 7-10 所示。熔丝和继电器安装位置如图 7-11 所示。

自诊断仪表台侧 CAN 连接桥如图 7-12 所示。

CAN 舒适总线和 CAN 动力总线通过检测盒 1598/38 进行检测。CAN 动力总线和 CAN 舒适总线分布于车辆的两侧。

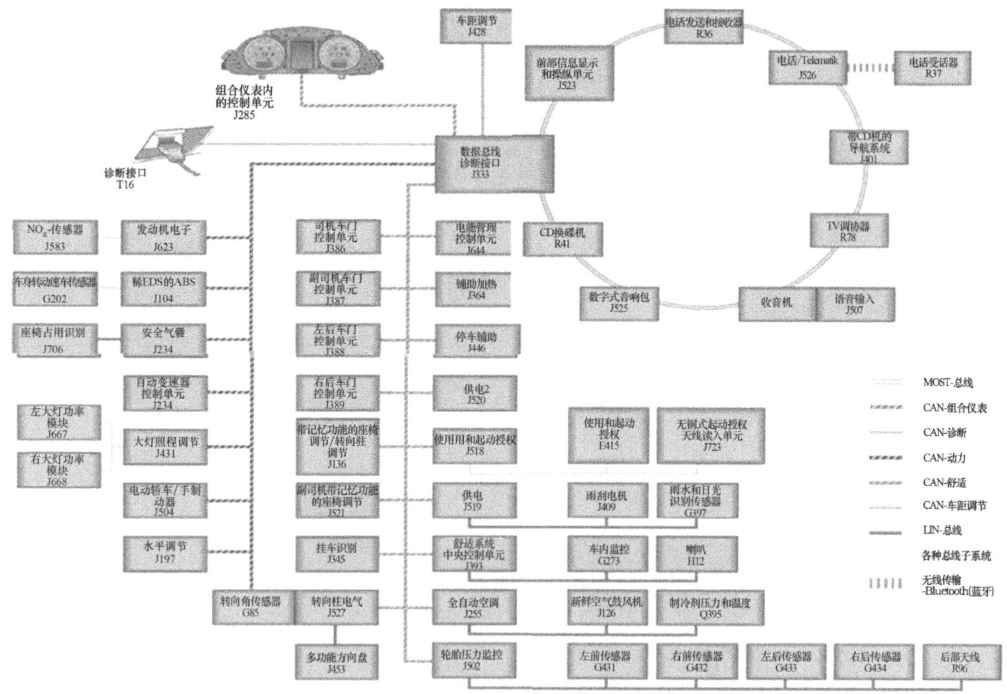

图 7-10　奥迪 A6、A6L 轿车总线拓扑结构图

图 7-11　熔丝和继电器安装位置

1—流水槽内左侧电器盒　2—继电器和熔丝支架，在仪表板左后部

3—仪表板左侧的熔丝支架　4—流水槽内右侧主熔丝支架　5—仪表板右侧的熔丝支架

6—继电器和熔丝支架，在行李箱内右侧

> 注意：在车辆的右后侧以 CAN 节点形式连接在一起。因此这些控制单元只能通过右侧的 CAN 连接桥一起进行检测。

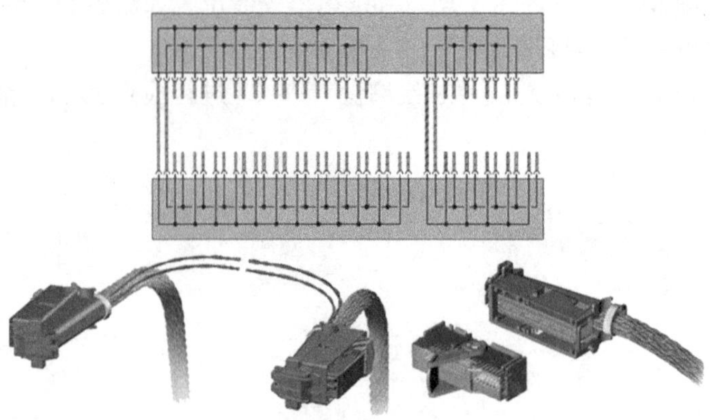

图 7-12 仪表台侧 CAN 连接桥

1. LIN 总线

车上各个 LIN 总线系统之间的数据交换是由控制单元通过 CAN 总线实现的（图 7-13）。

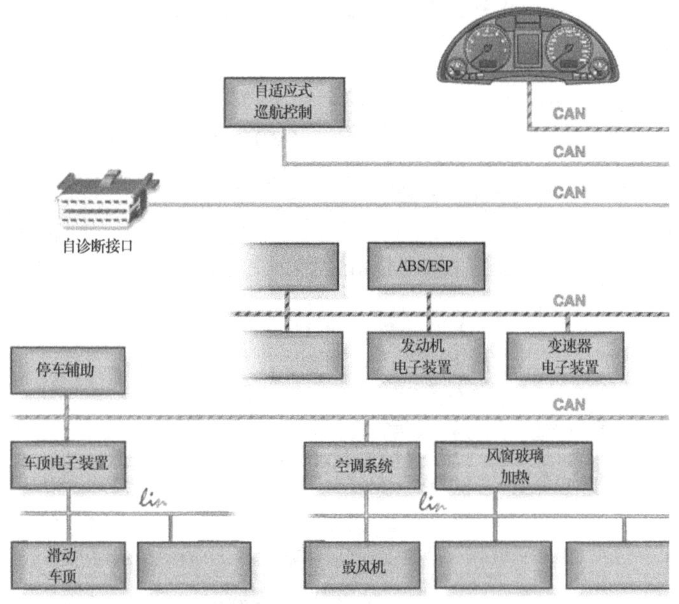

图 7-13 奥迪 A6、A6L 轿车 LIN 总线拓扑图

LIN 总线目前应用最多的是空调、车门、天窗等的控制传输。LIN 总线控制单元安装位置如图 7-14 所示。

2. MOST（多媒体传输系统）

与 2003 款奥迪 A8 轿车一样，2005 款奥迪 A6 轿车上也将 MMI 作为标准装备使用。各个 Infotainment 控制单元之间的数据传递通过 MOST 总线来进行。与驾驶人有关的功能，如车载计算机或导航系统，都会在组合仪表 J285 的中央显示屏上显示（图 7-15）。

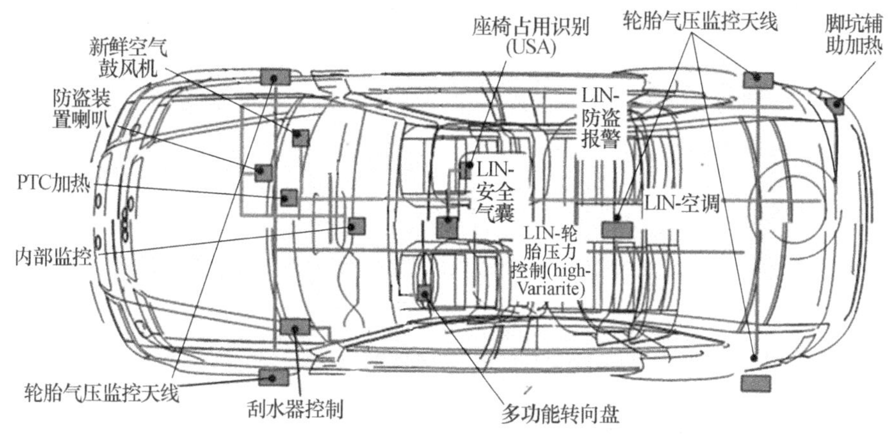

图 7-14 奥迪 A6、A6L 轿车 LIN 总线控制单元安装位置

2005 款奥迪 A6 及以后的 A6L 轿车的标准装备包括 MMI Basic、组合仪表内的 17.8mm（7in）单色显示器（J685）、集成的模拟式收音机调谐器、四通道天线分频器、CD 机和两个 20W 的放大器。原则上所有型号的前部信息控制单元 J523 都有这种末极输出放大器。对于 MMI Basic 这种型号来说，前车门上的扬声器直接连接在前部信息控制单元 J523 上。

MOST 控制单元安装位置如图 7-16所示。

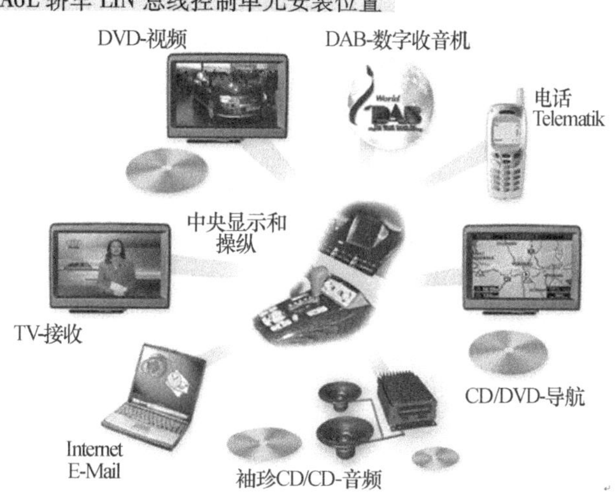

图 7-15 奥迪 A6、A6L 轿车中央显示屏

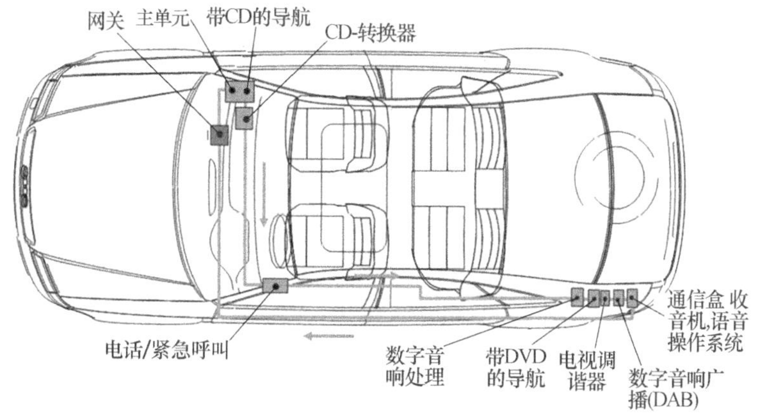

图 7-16 奥迪 A6、A6L 轿车 MOST 控制单元安装位置

三、高尔夫轿车总线系统

大众车系的总线系统称为 CAN 总线系统。高尔夫轿车系具有动力系统 CAN 和舒适系统

CAN 两个控制器局域网络，并且设置了网关，将这两个 CAN 连为一体就形成了总线系统。总线系统控制单元作用尤为重要，它监控总线系统的负荷情况，并承担以前一直由单独的继电器和控制单元所执行的功能。此外，在总线系统控制单元中集成了数据总线诊断接口，它实现了不同的 CAN 总线系统间的数据交换。

1. CAN 总线结构

高尔夫轿车 CAN 总线的连接型式如图 7-17 所示。

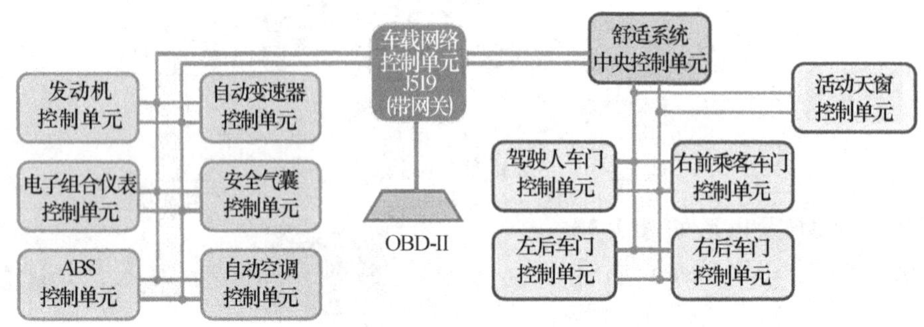

图 7-17　高尔夫轿车 CAN 总线的连接型式

CAN 动力总线以 500Kbit/s 的传输速度工作，以便在对安全较重要的系统内部能进行快速的数据传输。CAN 舒适总线以 100Kbit/s 的传输速度工作。

图 7-18　总线控制单元 J519

2. 总线控制单元 J519

(1) 作用。总线系统控制单元 J519（图 7-18）承担以前一直由单独的断电器和控制单元所执行的功能。

总线系统布置如图 7-19 所示。

总线系统控制单元具有下列功能：

- 负荷管理；
- 车内灯控制；
- 燃油泵进油控制；
- 车窗清洗和刮水器控制，间歇运行和雨量传感；
- 外后视镜和后窗加热；
- 后座椅靠背监控；
- 转向信号灯和报警灯控制；
- 喇叭控制；
- 车速控制装置（转换 CAN 驱动装置数据总线上的信号）；
- 遥控解除后行李箱联锁；
- 设备和开关照明；
- 活动天窗和电动车窗升降机的功能保持。

装配自动变速器的车辆还具有以下辅助功能：

- 变速杆锁定装置磁铁控制；

-起动锁止；

-倒车灯控制。

（2）负荷控制。在行驶中大量舒适性装备和电热器（如座椅加热装置、后窗加热装置、外后视镜加热和电子辅助加热装置）会引起发电动机过载，进而导致蓄电池放电，电路如图7-20所示。尤其是出现在距离极短的短途行车和冬季行驶时，以及时停时走和装备过多的车辆中。

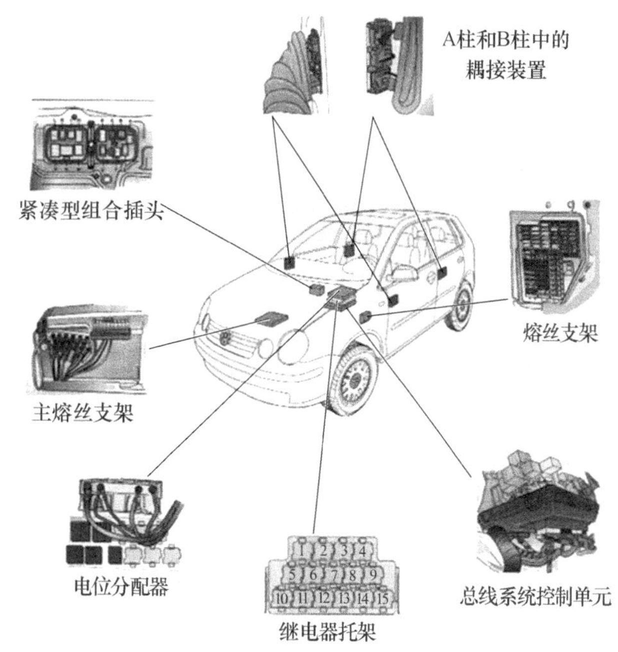

图7-19 总线系统布置

考虑到短时间用电器的电流需求，总线系统控制单元的负荷管理系统定期监控蓄电池，网络系统控制单元将采取措施，以保持行驶能力并确保车辆重新起动能力。具体措施如图7-21所示。

（3）车内灯控制。车内灯控制电路如图7-22所示。

如果前部和后部车内灯开关都位于车门触点位置，通过总线系统控制单元J519可以确保在车辆停止而车门未关闭状态下，车内灯10min后自动关闭，这样可以避免蓄电池不必要的放电。如果解除车辆联锁或拔出点火钥匙，30s后车内灯自动接通。在车辆锁止或打开点火开关后车内灯即关闭。车内灯在撞车时自动接通。

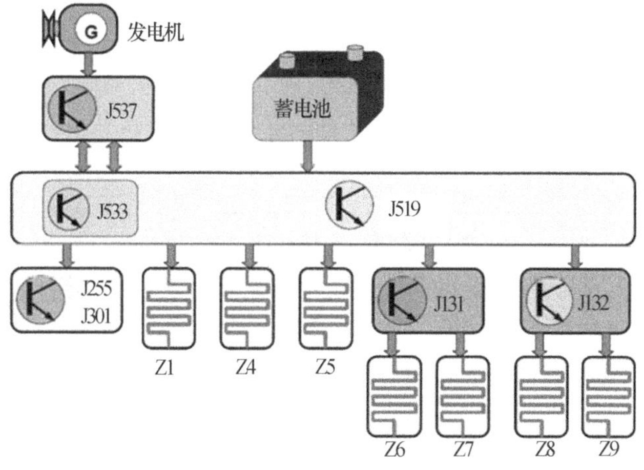

图7-20 总线控制单元的负荷控制原理图

G—发电机 J131—可加热式驾驶人座椅控制单元 J132—可加热式前座乘客座椅控制单元 J255—空调电子控制系统控制单元 J301—空调器控制单元 J519—总线系统控制单元 J533—数据总线诊断接口 J537—发动机控制单元 Z1—可加热式后窗 Z4—可加热式外后视镜，驾驶人侧 Z5—可加热式外后视镜，前座乘客侧 Z6—可加热式驾驶人座椅 Z7—可加热式驾驶人靠背 Z8—可加热式前座乘客座椅 Z9—可加热式前座乘客靠背

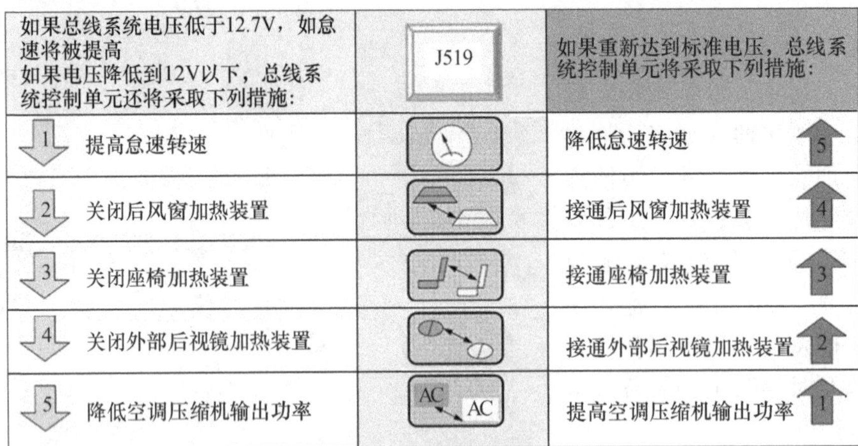

图 7-21　负荷控制措施

车内灯控制的另一个作用是，在点火开关关闭约 30min，自动关闭由手动打开的灯（车内灯、前后阅读灯、行李箱照明灯、杂物箱照明灯和化妆镜），该功能同样有利于保持蓄电池电能。

（4）燃油泵供给控制。2002 款高尔夫中的汽油发动机有一个新的燃油泵供给控制单元。它是由燃油泵继电器 J17 和燃油供给继电器 J643 并联来代替单个集成防撞燃油关闭装置的燃油泵继电器。这两个继电器位于总线系统控制单元 J519 上的继电器托架上。当驾驶人打开驾驶人侧车门后，车门触点开关 F2（或集控门锁 E220 的关闭单元）将信号发送到总线系统控制单元。接着总线系统控制单元控制燃油供给继电器 J643，并使燃油泵 G6 运行大约 2s。打开点火开关或起动发动机后，燃油泵 G6 通过燃油泵继电器 J17 由发动机控制单元控制。

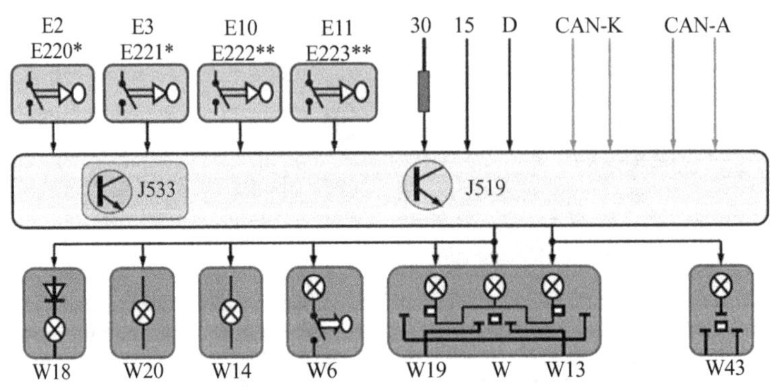

图 7-22　车内灯控制电路图

CAN-A—CAN 驱动装置总线　CAN-K—CAN 驱动模式总线　D—点火开关　E2—驾驶人侧车门触点开关　E3—前乘客侧车门触点开关　E10—左后车门触点开关　E11—右后车门触点开关　E220—驾驶人侧集控车门锁关闭单元　E221—前乘客侧集控车门锁关闭单元　E222—左后集控车门锁关闭单元　E223—右后集控车门锁关闭单元　J519—总线系统控制单元　J533—数据总线诊断接口　W—前部车内灯　W6—杂物箱照明灯　W13—前乘客侧阅读灯　W14—带照明的化妆镜（前乘客侧）　W18—左行李箱照明灯　W19—驾驶人侧阅读灯　W20—带照明的化妆镜（驾驶人侧）　W43—后部车内灯　*—无集控车门锁的车辆　**—有集控车门锁的车辆

在总线系统控制单元有一个定时开关，它有两个作用：

1）当驾驶人侧车门短暂开启时，避免燃油泵持续运行；

2）如果驾驶人侧车门开启超过30min，燃油泵重新受控。

燃油泵供给控制电路如图7-23所示。

（5）后窗刮水器控制。在前风窗玻璃刮水器置于1档、2档或间歇档的条件下，当在进入倒档后，后窗刮水器将自动刮水一次。电路如图7-24所示。

（6）前刮水器控制。如果风窗玻璃刮水器已接通间歇档（取决于车速的间歇运行模式或下雨运行模式），并且同时发动机盖打开，信号将从发动机盖接触开关F226发送至总线系统控制单元。控制单元将阻止刮水器运动，直到发动机盖再次关闭。电路如图7-25所示。

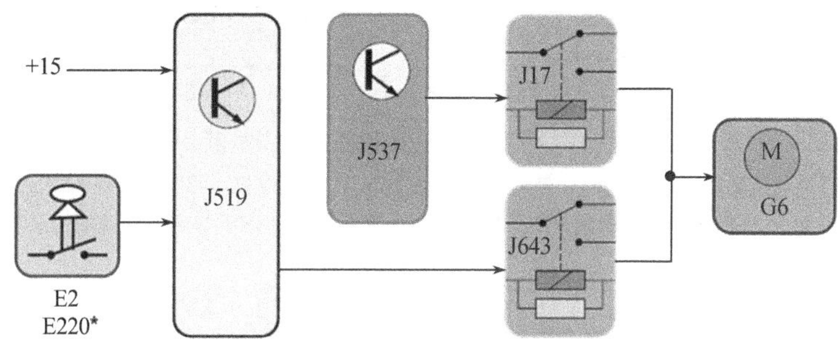

图7-23 燃油泵控制电路

E2—驾驶人侧车门触点开关 E220—驾驶人侧集控门锁关闭单元 G6—燃油泵 J17—燃油泵继电器 J519—总线系统控制单元 J537—发动机控制单元 J643—燃油供给继电器 *—无集控门锁的车辆

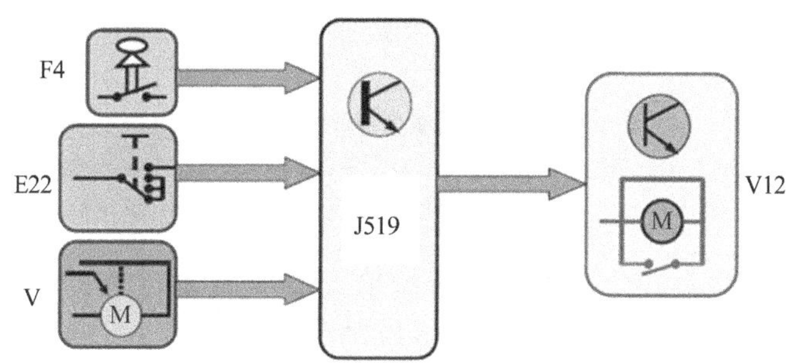

图7-24 后窗刮水器控制电路

E22—间歇运行刮水器开关 F4—倒车灯开关 J519—总线系统控制单元 V—刮水器电动机 V12—后窗刮水器电动机

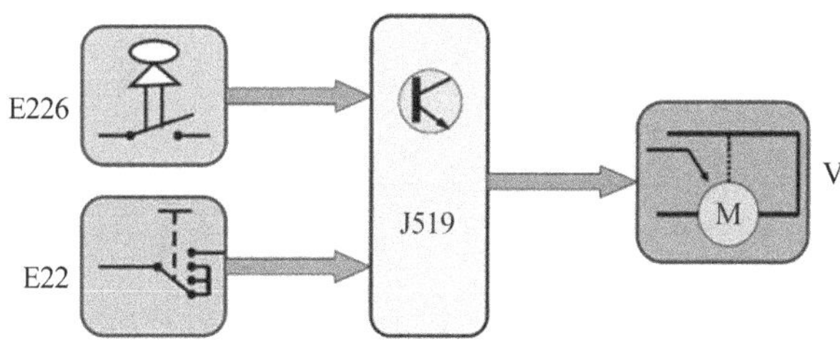

图7-25 前刮水器控制电路

E22—间歇运行刮水器开关 E226—发动机盖接触开关 J519—总线系统控制单元 V—刮水器电动机

（7）外后视镜和后窗加热控制。为了保持蓄电池电能，外后视镜和后窗加热装置只有在发动机运行时才能接通，接通约20min后，加热装置将自动关闭。电路如图7-26所示。

（8）后座椅靠背控制。后排座椅的中间位置带有三点式安全带的车辆具有后座椅靠背监控功能。如果后排座椅中间位置靠背部分安装不正确，在打开点火开关后，仪表板中的一个指示灯亮起约20s。电路如图7-27所示。

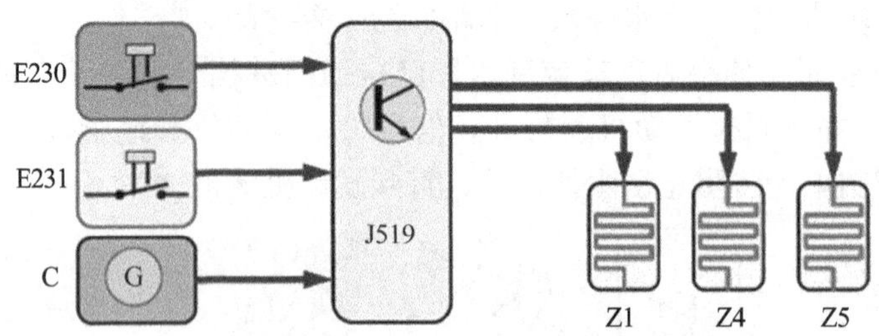

图7-26　外后视镜和后窗加热控制电路

E230—可加热式后窗按钮　E231—外后视镜加热按钮　C—发电机　J519—总线系统控制单元
Z1—后窗加热器　Z4—驾驶人侧外后视镜加热器　Z5—前座乘客侧外后视镜加热器

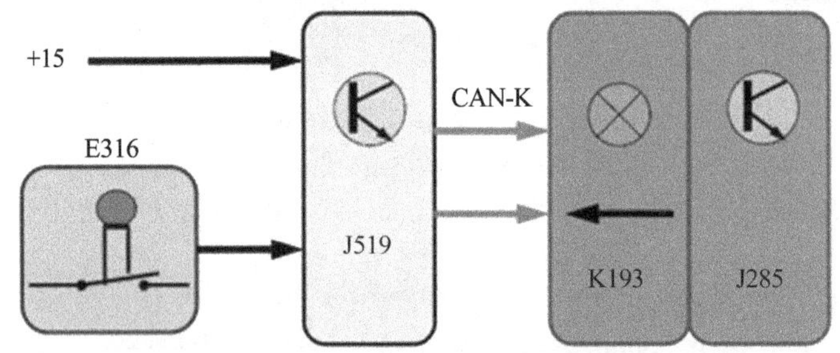

图7-27　后座椅靠背控制电路

CAN-K—CAN舒适模式总线　E316—右后座椅靠背接触开关　J285—操作面板中带显示的控制单元　K193—后座靠背连锁装置指示灯　J519—总线系统控制单元

（9）信号灯和报警灯控制。总线系统控制单元J519控制转向灯闪烁、闪烁报警、防盗报警装置、集控门锁及挂车转向灯闪烁。电路如图7-28所示。

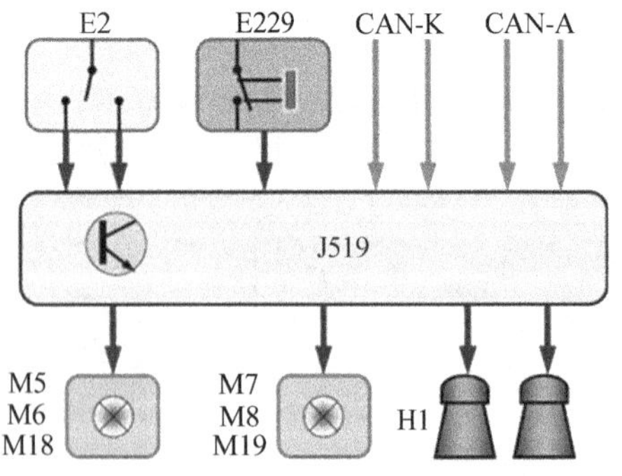

图7-28　信号灯和报警灯控制电路

CAN-A—CAN驱动装置动力总线　CAN-K—CAN舒适模式总线　E2—转向信号灯开关　E229—报警灯按钮
H1—喇叭　J519—总线系统控制单元　M5—左前转向信号灯　M6—左后转向信号灯　M7—右前转向信号灯
M8—右后转向信号灯　M18—左侧转向信号灯　M19—右侧转向信号灯

(10) 编码。由车辆的装备范围和国家标准决定了总线系统控制单元的编码。编码一般是由生产厂家确定，并在车辆出厂时编制完成，如果在售后服务或维修的装备被更改时，例如安装可加热式座椅或更换了新的车在网络系统控制单元后，必须重新对控制单元进行编码，否则系统将无法正常工作（表 7-5）。

表 7-5 需编码的装备

后行李箱遥控开锁	可加热式车外后视镜	4 车门车型(三厢)
燃油泵电源供给控制系统	雨量控制传感器	可加热式前风窗玻璃
车内灯控制装置	带舒适开关的后风窗刮水器	前照灯清洗装置
可加热式座椅	主动电子负荷管理激活系统	
高尔夫 1.4L 轿车的编码	手动变速器:00014	自动变速器:00015
高尔夫 1.6L 轿车的编码	手动变速器:00014	自动变速器:00015

四、迈腾轿车总线系统

迈腾（Magotan）有功能强大的控制单元网络（CAN 总线），以保证控制器之间数据的完整交换。不同的 CAN 总线系统和 LIN 总线 ，使全车控制单元形成了一个整体。迈腾轿车应用的主要总线有动力总线、舒适总线、信息总线、组合仪表总线、诊断总线、特殊总线（电子驻车制动、动态前照灯）和 LIN 总线。LIN 总线包括多功能转向盘、刮水器电动机、内部监控等（图 7-29）。

图 7-29 迈腾 CAN 总线网络系统

迈腾轿车应用大量的 CAN 总线，传感器的信息传递都使用 CAN 总线传递（图 7-30）。

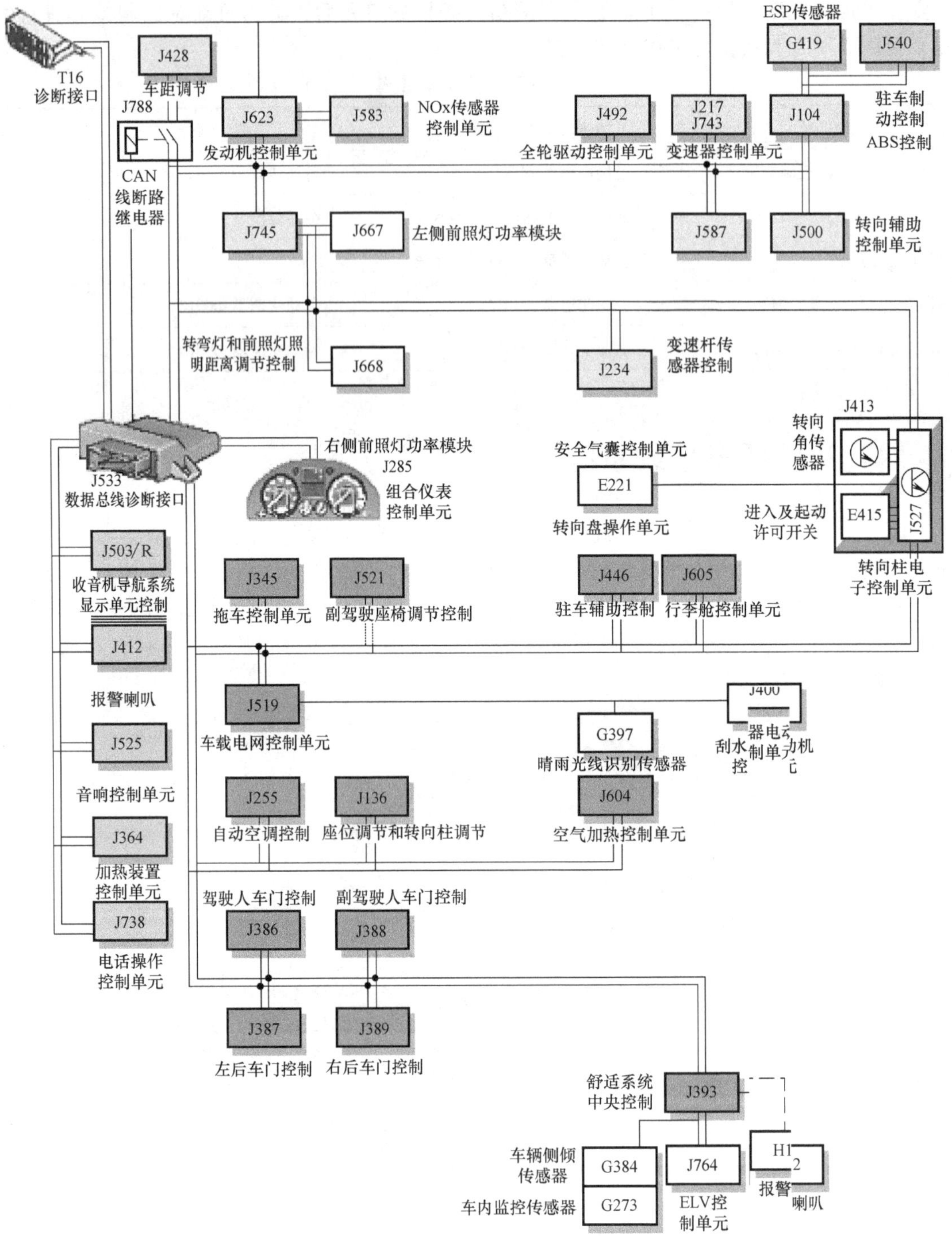

ESP传感器
G419
J540
T16
诊断接口
J428
车距调节
J788
J623
J583
NOx传感器
控制单元
J492
J217
J743
J104
驻车制
动控制
ABS控制
发动机控制单元
全轮驱动控制单元
变速器控制单元
CAN
线断路
继电器
J745
J667
左侧前照灯功率模块
J587
J500
转向辅助
控制单元
转弯灯和前照灯照
明距离调节控制
J668
J234
变速杆传
感器控制
J413
转向
角传
感器
右侧前照灯功率模块
J285
组合仪表
控制单元
安全气囊控制单元
E221
转向盘操作单元
进入及起动
许可开关
E415
J527
转向柱电
子控制单元
J533
数据总线诊断接口
J503/R
收音机导航系统
显示单元控制
J345
拖车控制单元
J521
副驾驶座椅调节控制
J446
驻车辅助控制
J605
行李舱控制单元
J412
报警喇叭
J519
车载电网控制单元
J400
刮水器电动机
控制单元
G397
晴雨光线识别传感器
J525
音响控制单元
J255
自动空调控制
J136
座位调节和转向柱调节
J604
空气加热控制单元
J364
加热装置
控制单元
驾驶人车门控制
J386
副驾驶人车门控制
J388
J738
电话操作
控制单元
J387
左后车门控制
J389
右后车门控制
舒适系统
中央控制
J393
车辆侧倾
传感器
G384
J764
H12
报警喇叭
车内监控传感器
G273
ELV控
制单元

图 7-30　迈腾轿车 CAN 网络概貌

1. 动力系统 CAN 总线（图 7-31）

动力总线控制单元安装位置如图 7-32 所示。

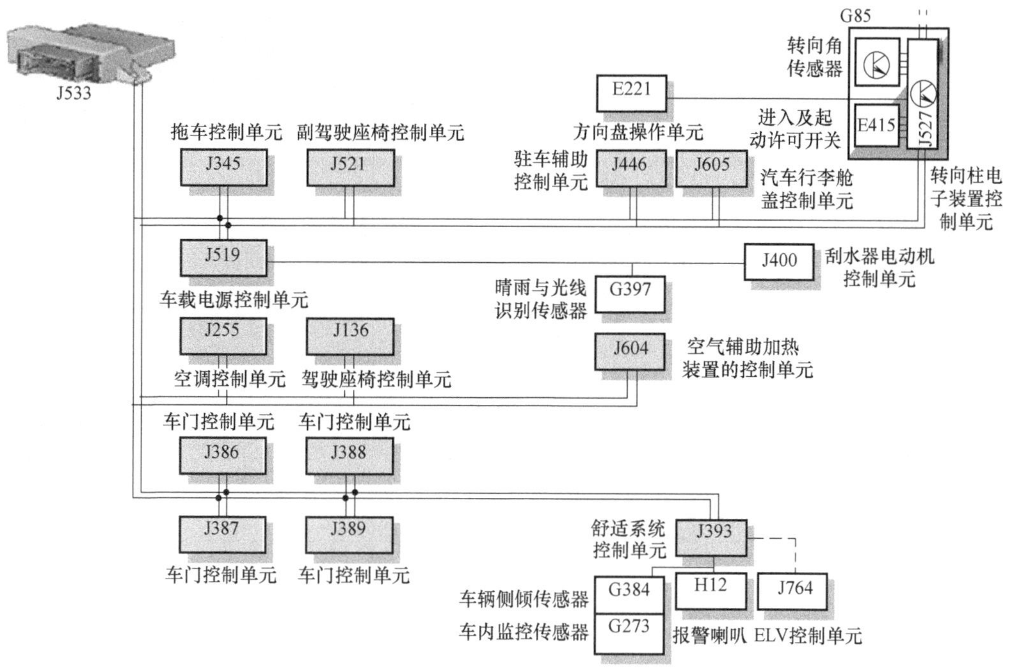

图 7-31　迈腾轿车动力 CAN 总线

数据传输速度是 500Kbit/s。传输通过高电平 CAN 数据线和低电平 CAN 数据线进行。为了保证数据安全传输，CAN 导线相互缠绕连接。动力 CAN 总线不能单线工作，在其中一根 CAN 导线发生故障时，则无法进行传输数据。

2. 舒适 CAN 总线（图 7-33）

舒适系统总线控制单元安装位置如图 7-34 所示。

数据传输速度是 100Kbit/s。传输通过高电平 CAN 数据线和低电平 CAN 数据线进行。为了保证数据安全传输，CAN 导线相互缠绕连接。舒适 CAN 数据总线可以单线工作，在其中一根 CAN 导线发生故障时数据传输仍可以继续进行。

3. 信息娱乐 CAN 总线（图 7-35）

数据传输速度是 100Kbit/s。传输通过高电平 CAN 数据线和低电平 CAN 数据线进行。为了保证数据安全传输，CAN 导线相互缠绕连接。信息娱乐 CAN 数据总线可以单线工作，在其中一根 CAN 导线发生故障时数据传输会继续进行。

信息娱乐 CAN 总线控制单元安装位置如图 7-36 所示。

4. LIN 数据总线

LIN（局域-互连-网络）是一个局部的系统，该系统通过数据传输率为 1 ~ 20Kbit/s 的单线连接传输数据。传输率被存储在主控制单元的软件中。一个主控制单元和最多 16 个从控制单元之间进行数据交换。主控制单元也可在 CAN 数据总线上进行通信（图 7-37）。

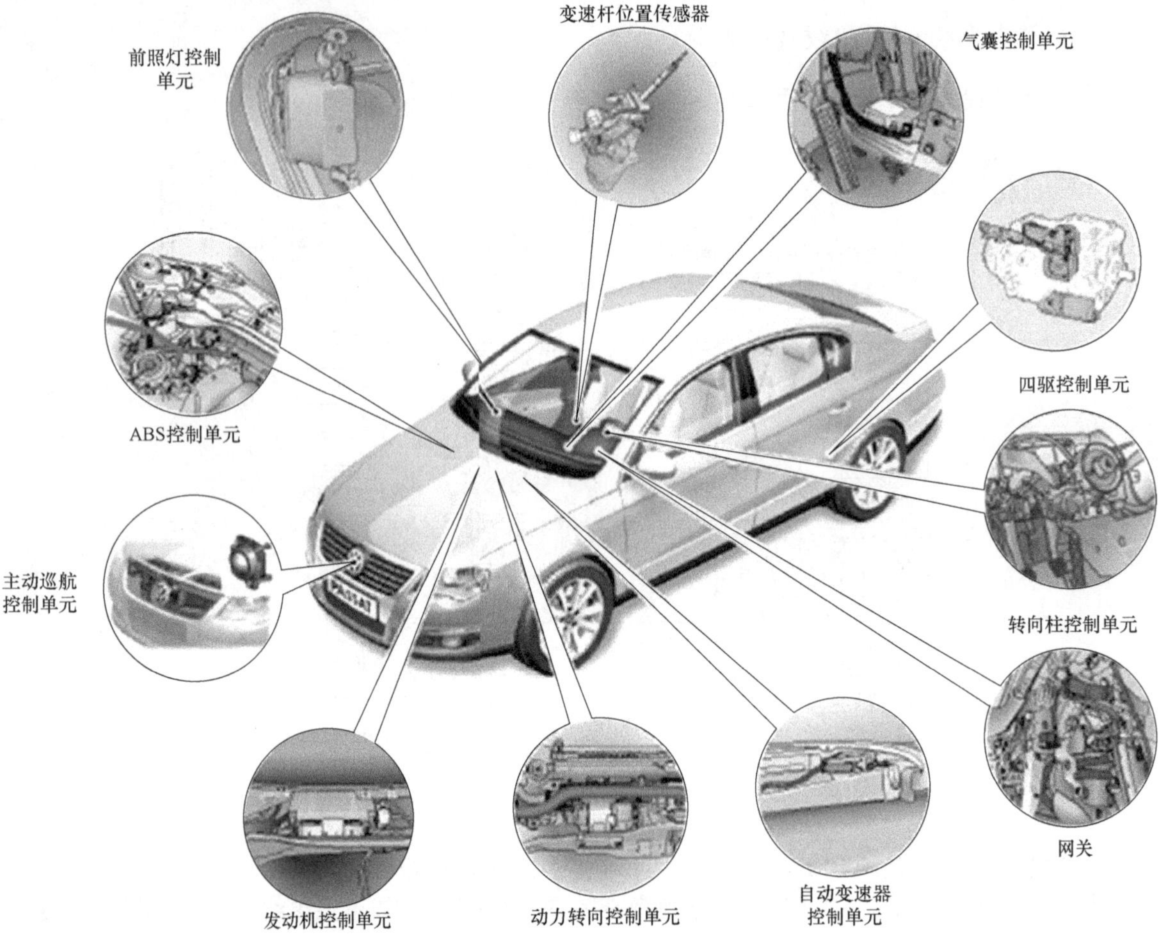

变速杆位置传感器
前照灯控制单元
气囊控制单元
ABS控制单元
四驱控制单元
主动巡航控制单元
转向柱控制单元
网关
发动机控制单元
动力转向控制单元
自动变速器控制单元

图 7-32 迈腾轿车动力总线控制单元安装位置

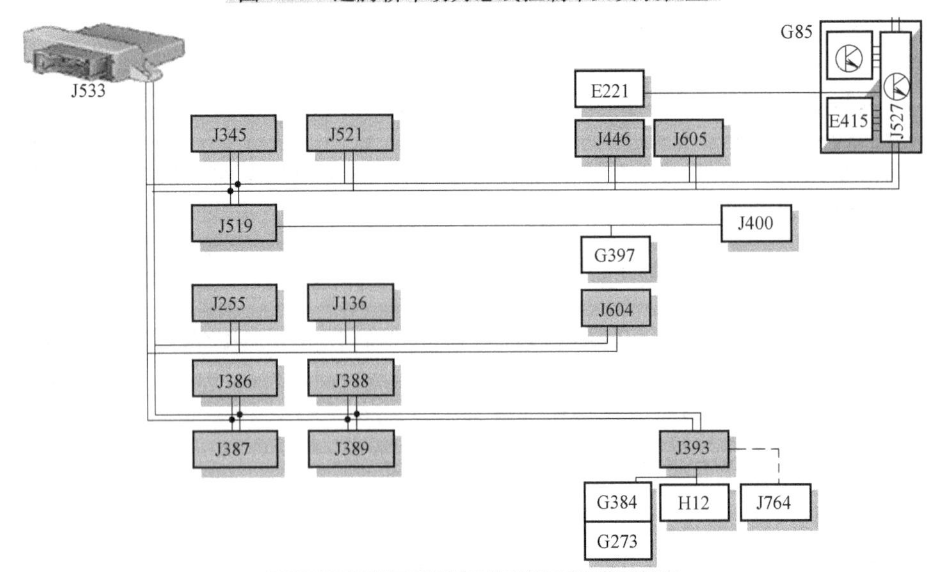

图 7-33 迈腾轿车舒适 CAN 总线网络

J533—网关 J345—拖车控制单元 J521—前排乘员座椅记忆控制单元 J446—停车辅助控制单元 J605—后背箱盖控制单元 J527—转向柱控制单元 J519—车载电源控制单元 J255—空调控制单元 J136—驾驶人座椅记忆控制单元 J604—驻车加热控制单元 J393—舒适系统控制单元 J386 ~ J389—车门控制单元

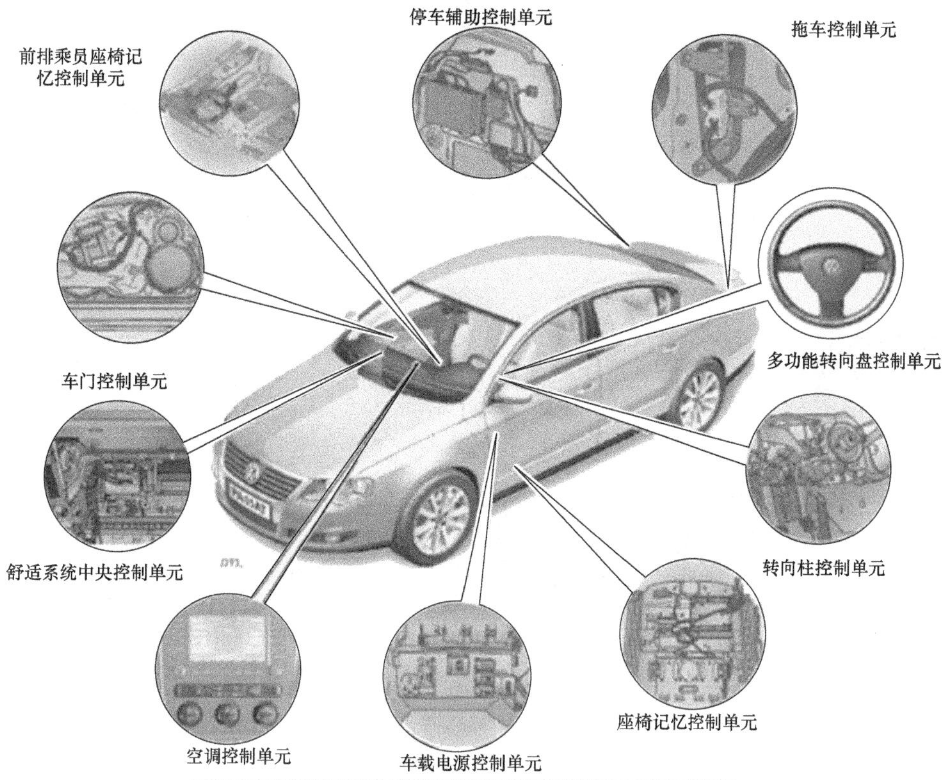

图 7-34 迈腾轿车舒适系统总线控制单元安装位置

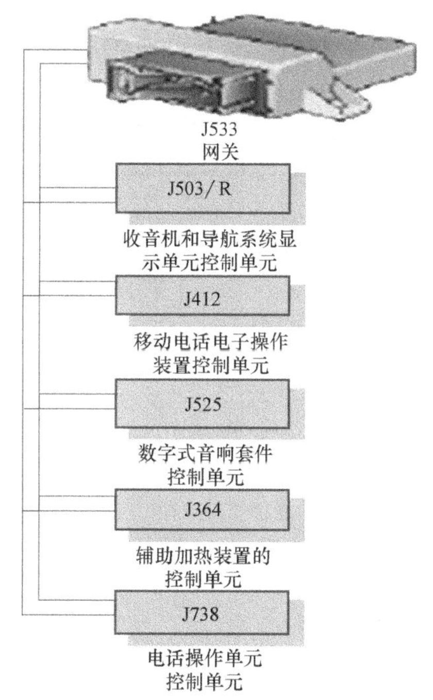

图 7-35 迈腾轿车信息娱乐 CAN 总线网络

J533—网关 J5031B—收音机（导航控制单元）

J412—电话准备系统控制单元 J525—数字音响控制单元

J364—驻车加热控制单元 J738—电话控制单元

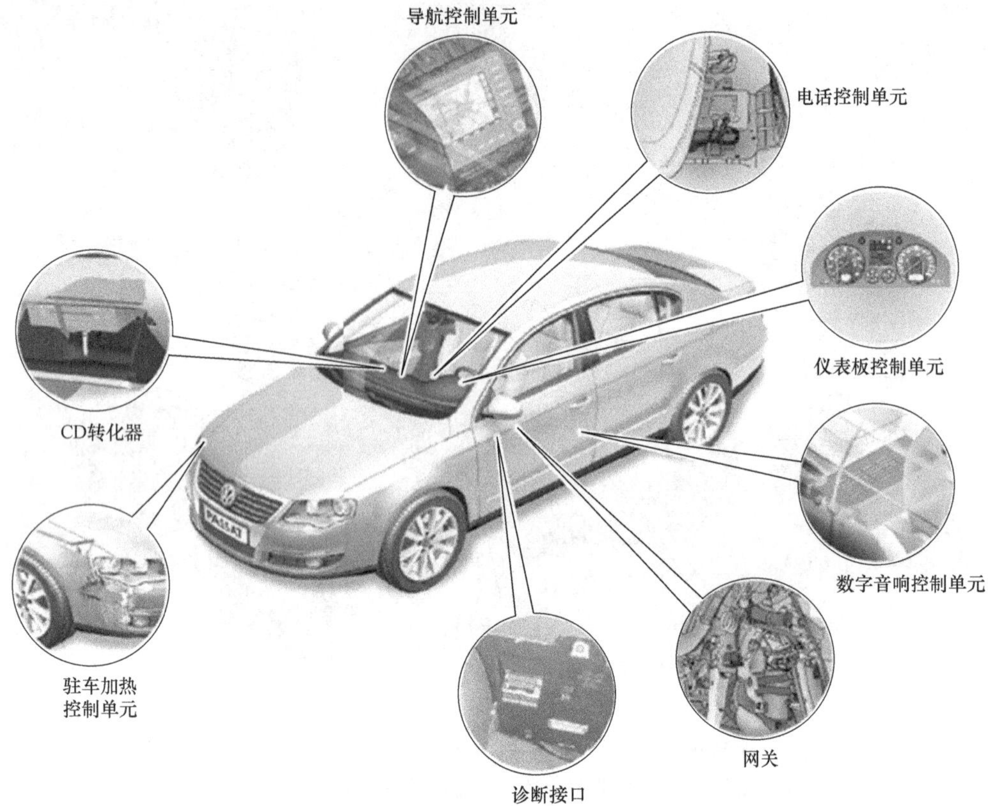

图 7-36 迈腾轿车信息娱乐 CAN 总线控制单元安装位置

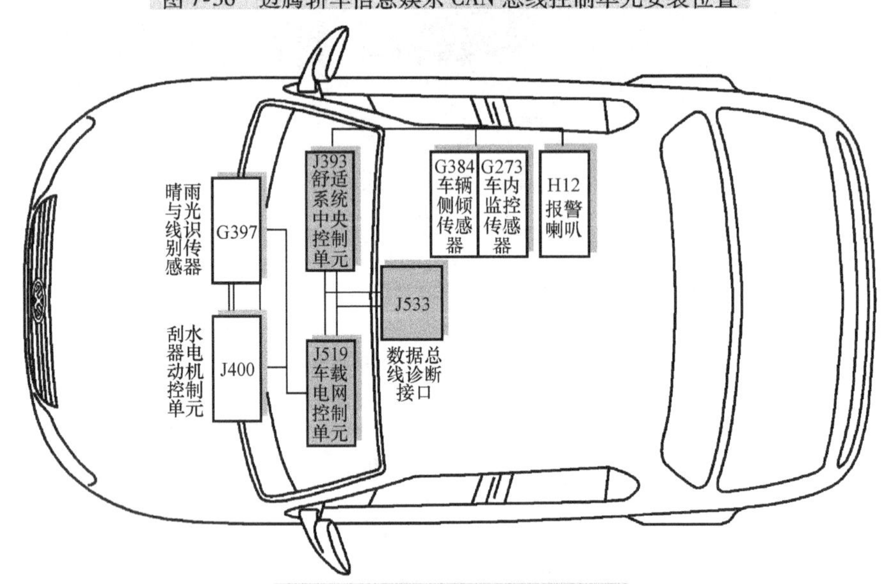

图 7-37 迈腾轿车 LIN 数据总线

G273—车内监控传感器 G384—车辆侧倾传感器 G397—晴雨与光线识别传感器 H12—报警喇叭
J393—舒适系统中央控制单元 J400—刮水器电动机控制单元 J519—车载电网控制单元 J533—数据总线诊断接口

5. 电动机驻车制动器 CAN 数据总线

电动机驻车制动器 CAN 数据总线的数据传输速度为 500Kbit/s。传输通过高电平 CAN

数据线和低电平 CAN 数据线进行（图 7-38）。电动机驻车制动器数据总线系统不可单线工作，在其中一根 CAN 导线发生故障时数据传输无法进行。

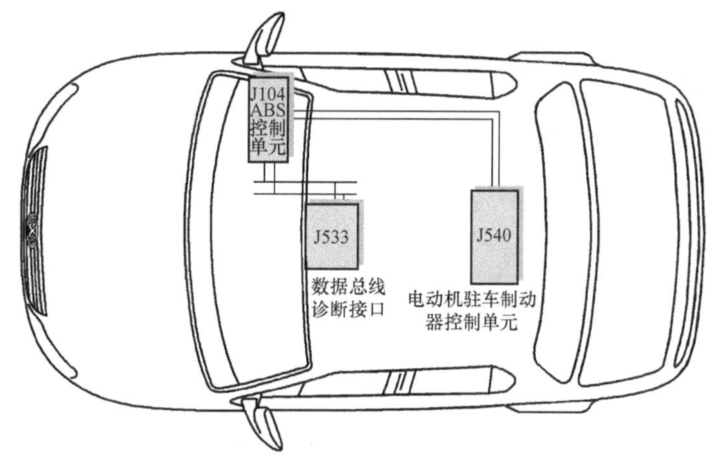

图 7-38　迈腾轿车电动机驻车制动器 CAN 数据总线

J104—ABS 控制单元　J533—数据总线诊断接口　J540—电动机驻车制动器控制单元

6. 智能前照灯 CAN 数据总线（Advanced-Frontlighting-System　高级前灯照明系统）

智能前照灯 CAN 数据总线的数据传输速度为 500Kbit/s。传送通过高电平 CAN 数据线和低电平 CAN 数据线进行。转向灯 CAN 数据总线不可单线工作，在其中一根 CAN 导线发生故障时则无法进行数据传输（图 7-39）。

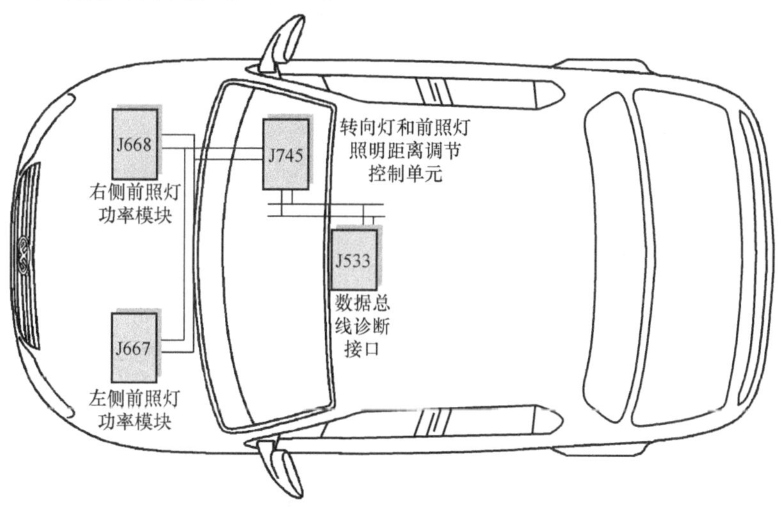

图 7-39　迈腾轿车转向灯 CAN 数据总线

J533—数据总线诊断接口　J667—左侧前照灯功率模块　J668—右侧前照灯功率模块

J745—转向灯和前照灯照明距离调节控制单元

7. 传感器 CAN 数据总线

传感器 CAN 数据总线的数据传输类似于转向灯 CAN 数据总线的数据传输，并且在发动机控制单元和 NO*x* 传感器控制单元之间传输数据（图 7-40）。

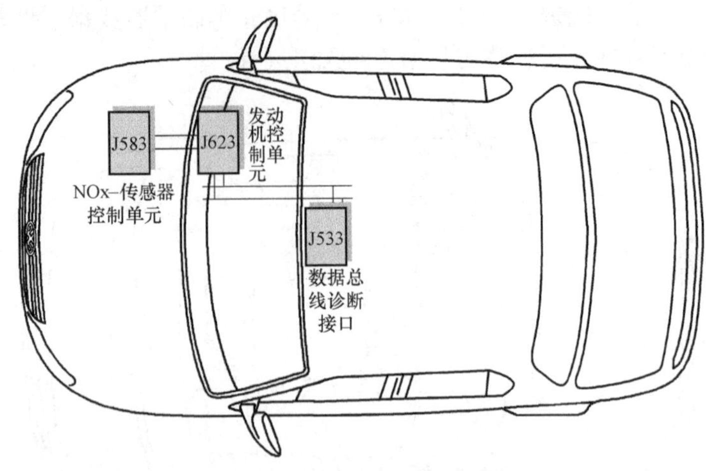

图 7-40　迈腾轿车传感器 CAN 数据总线

J533—数据总线诊断接口　J583—NOx 传感器控制单元　J623—发动机控制单元

8. 串行数据总线

串行数据总线通过一个 9. 8Kbit/s 的单线连接在 ELV 控制单元和舒适系统中央控制单元之间传输数据。与使用 LIN 数据总线系统相比，使用串行数据总线系统提高了防盗保护性能（图 7-41）。

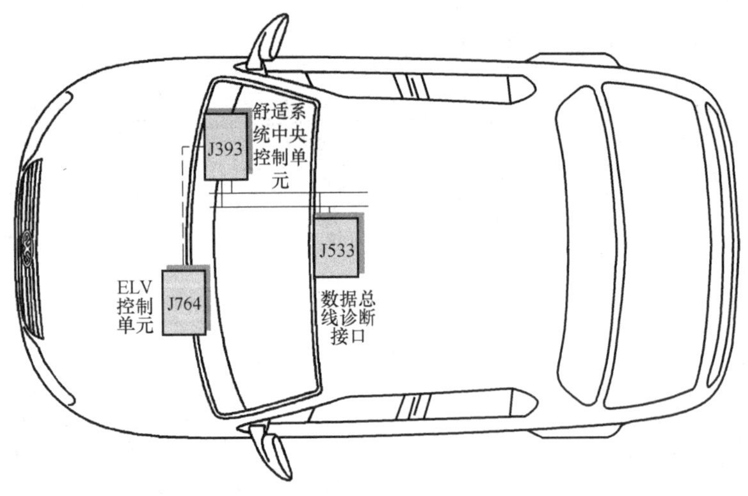

图 7-41　迈腾轿车串行数据总线

J533—数据总线诊断接口　J393—舒适系统中央控制单元　J764—ELV 控制单元

9. 组合仪表数据总线

组合仪表和诊断 CAN 数据总线数据传输速度是 500Kbit/s，传输通过高电平 CAN 数据线和低电平 CAN 数据线进行。为了保证数据安全传输，CAN 导线相互缠绕连接。组合仪表和诊断 CAN 数据总线系统不可单线工作，在其中一根 CAN 导线发生故障时数据传输无法进行（图 7-42）。

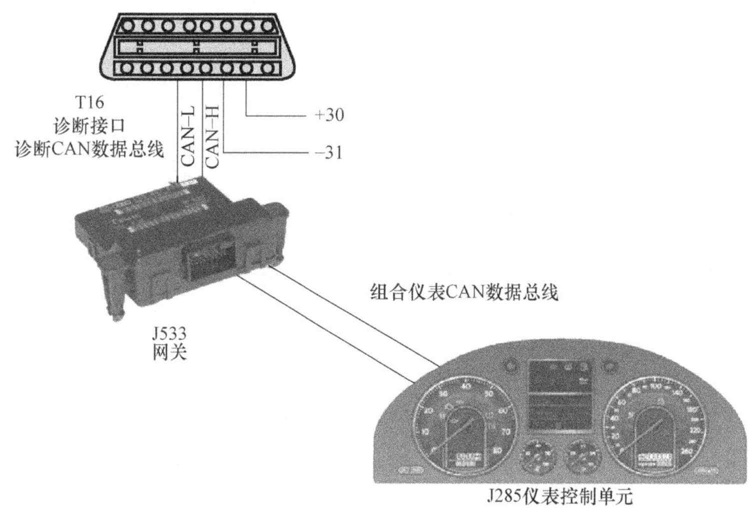

图 7-42　迈腾轿车组合仪表和诊断 CAN 数据总线

五、奥迪 A3 轿车总线系统

新型紧凑型车中的豪华型运动跑车闪亮登场并同时取代了其同名的前任车型。功率达 177kW 的强劲汽油和柴油发动机、全时四轮驱动机构和新型自动换档的 DSG 运动型变速器与高动力底盘，再加上运动型的车身，一同为驾驶者创造了独一无二的驾驶乐趣。

奥迪 A3 汽车应用的主要总线有动力总线、舒适总线、信息总线、组合仪表总线、诊断总线、特殊总线（电子驻车制动、动态大灯）和 LIN 总线。LIN 总线包括多功能转向盘、刮水器电动机、内部监控等。控制单元安装位置如图 7-43 所示。

1. 数据总线的诊断接口 J533（网关）

数据总线诊断接口（网关）符合2003 款奥迪 A8 中所使用的控制单元。它表示了所有在车内安装的 CAN 总线系统的中央接口。每辆汽车都包含有一个 CAN 驱动装置、CAN 舒适装置、CAN 组合仪表、CAN 诊断装置和 CAN 信息娱乐系统。网关不包含如同奥迪 A8 轿车中的 CAN 距离调节装置和 MOST 数据总线接头（图 7-44）。

2. CAN 舒适系统的选择性休眠

CAN 舒适系统出于节能目的，可以与其他两个 CAN 总线无关地进行休眠。在仪表板的 CAN 舒适系统 J285 休眠时，CAN 信息娱乐系统上的组件便可继续传递数据，以便传递调光值、中央显示屏的显示、导航数据等（图 7-45）。

3. 充电指示灯的触发

三相交流电发电机的端子 L 由车载电网控制单元 J519 评估。车载电网控制单元将信息发送到 CAN 舒适系统。数据总线诊断接口 J533 将这些信息发送至仪表板 J285，然后充电指示灯被触发（图 7-46）。

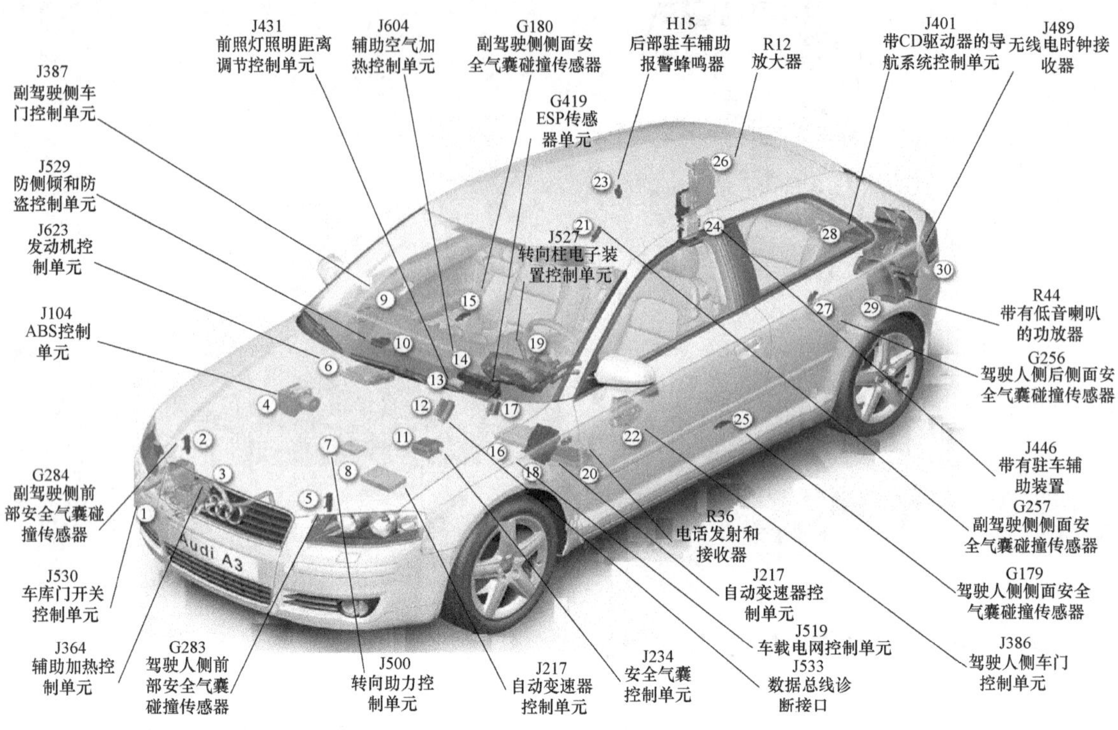

图 7-43　奥迪 A3 轿车控制单元安装位置

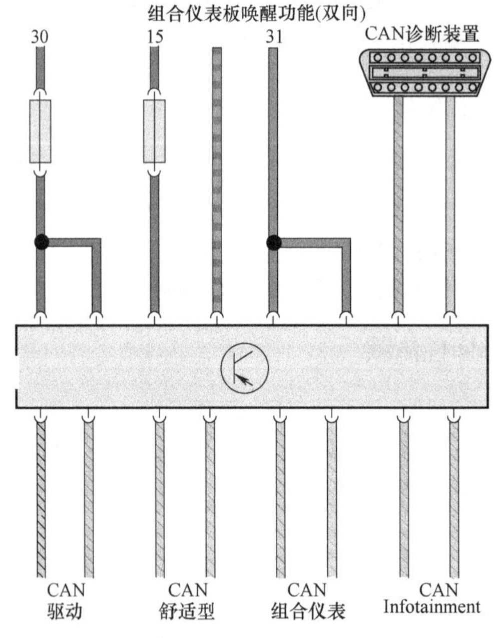

图 7-44　奥迪 A3 轿车网关

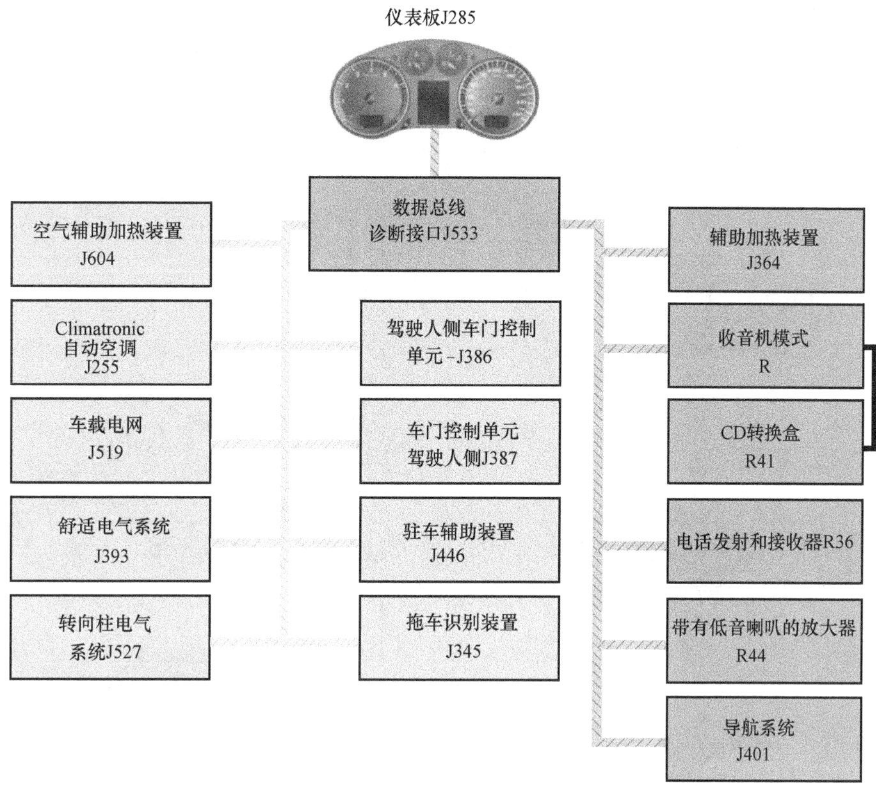

图 7-45　奥迪 A3 轿车 CAN 舒适系统

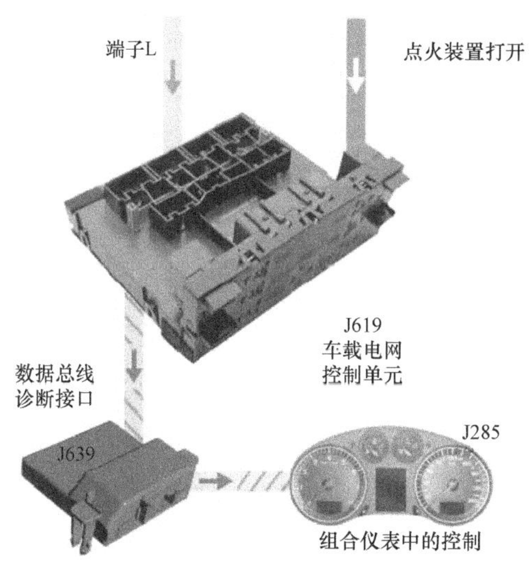

图 7-46　奥迪 A3 轿车充电指示灯的触发

4. Infotainment 信息娱乐系统

奥迪 A3 轿车带有一个独立的 CAN Infotainment 信息娱乐系统的数据总线。它连接在数据

总线诊断接口 J533。通过该 CAN 总线可以诊断所有 Infotainment 信息娱乐系统组件，包括带有 CD 驱动器的导航控制单元 J401（诊断继续通过 K 导线完成）和 BOSE 功放器 R12（图 7-47）。

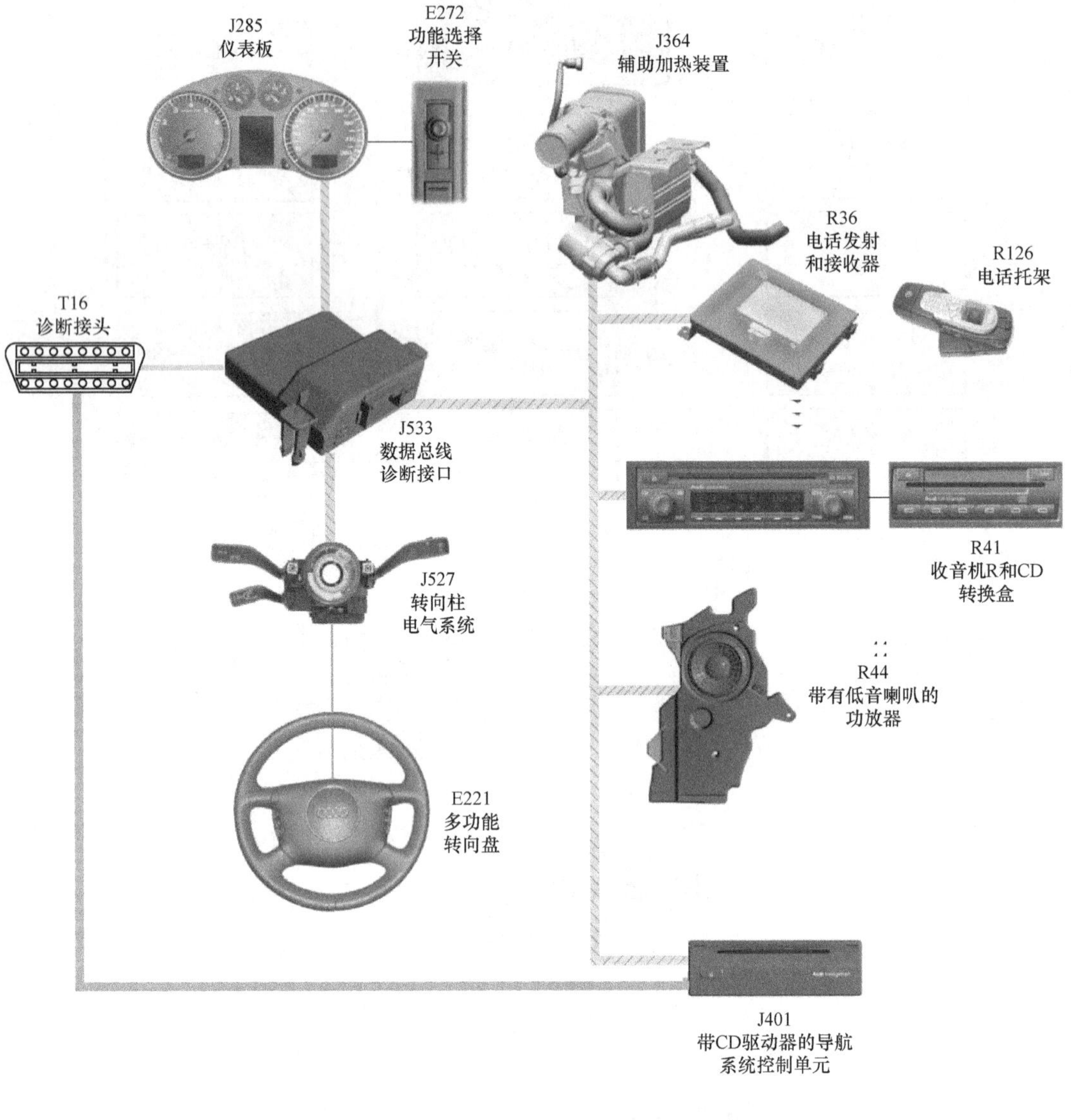

图 7-47　奥迪 A3 轿车 Infotainment 信息娱乐系统

与多功能转向盘 E221 的数据交换通过数据总线诊断接口 J533 和 CAN 舒适系统完成。转向柱电气系统 J527 将多功能转向盘的 LIN 信号转换成 CAN 信息。通过 CAN 舒适系统和数据总线诊断接口 J533，信息将被传递到 CAN Infotainment 信息娱乐系统和 CAN 组合仪表板中的相应控制单元中。收音机和电话数据以及导航提示将被显示在仪表板的中央显示屏 J285 中。为此，控制单元的数据即将通过 CAN Infotainment 信息娱乐系统传递到数据总线诊断接口 J533 并通过 CAN 组合仪表继续传递。与速度相关的音量调节装置 GALA 使用网络联网。所属的信号由数据总线诊断接口从 CAN 驱动系统发送到 CAN Infotainment 信息娱乐系统，这样便可以使用应用了 GALA 信号的控制单元。导航系统的操作通过 2001 款奥迪 A4 轿车所采用的中控台中的功能选择开关 II E272 完成。它直接连接在仪表板 J285 上。功能选择开关的信号由仪表板转换成 CAN 信息。CAN 信息将通过 CAN 组合仪表、数据总线诊断接口 J533 和 CAN Infotainment 信息娱乐系统进入到导航控制单元 J401。辅助加热装置 J364 同样安装在 CAN Infotainment 信息娱乐系统中。

5. 导航装置

奥迪 A3 轿车中，首先所使用的是带有被修改过的软件的导航系统Ⅳ，该系统也被用在之前的车型中。带有 CD 驱动器的导航系统控制单元 J401 位于左后车轮罩上，功能选择开关Ⅱ E272 位于中控台中。导航装置无法使用功能选择开关上的“菜单”键。在无主动跟踪时，仪表板 J285 中的导航装置的基本菜单也可通过按下回车键离开（图 7-48）。

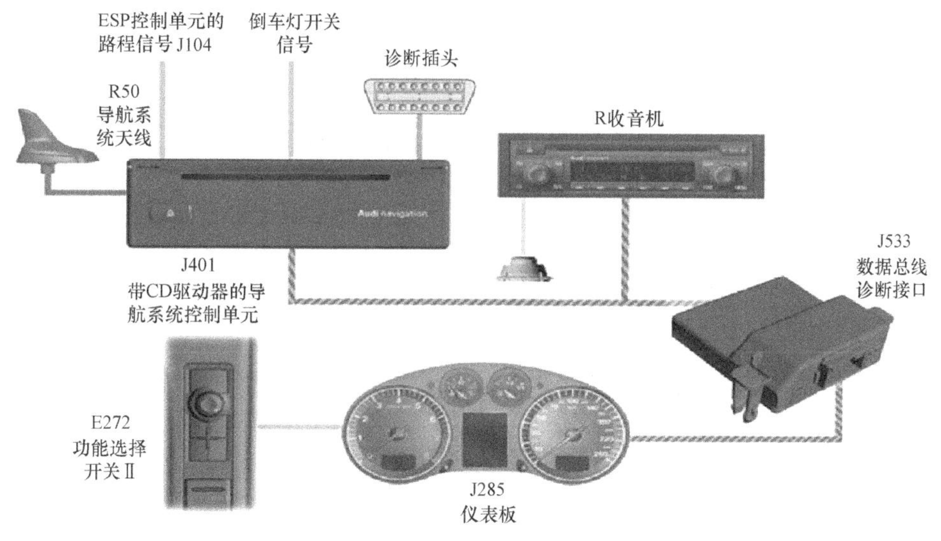

图 7-48　奥迪 A3 轿车导航装置

倒车灯开关信号和 ESP 控制单元的路程信号使用单独的导线。导航系统无法通过 CAN 处理这些信号。速度值在考虑到经过程序编辑的轮胎周长的条件下计算得出，左右车轮的值不会分开计算，因此只有一个值。导航系统的诊断继续通过 K 导线完成。在控制元件诊断中，可检查导航系统的扬声器以及仪表板 J285 中的功能。在调整匹配时，通道 2 中车轮脉冲的值域增加到了 0 ~ 49。通道 10 通过 2004 款奥迪 A3 仪表板的值 1 进行匹配。其他型号的导航设备在通道中的值为 0。如果通道 10 未编码为 1，在仪表板 J285 中央显示屏中不显示导航信息。新式 Plus 型导航系统完全连入奥迪 A3 轿车的 CAN 总线结

构（图7-49）。

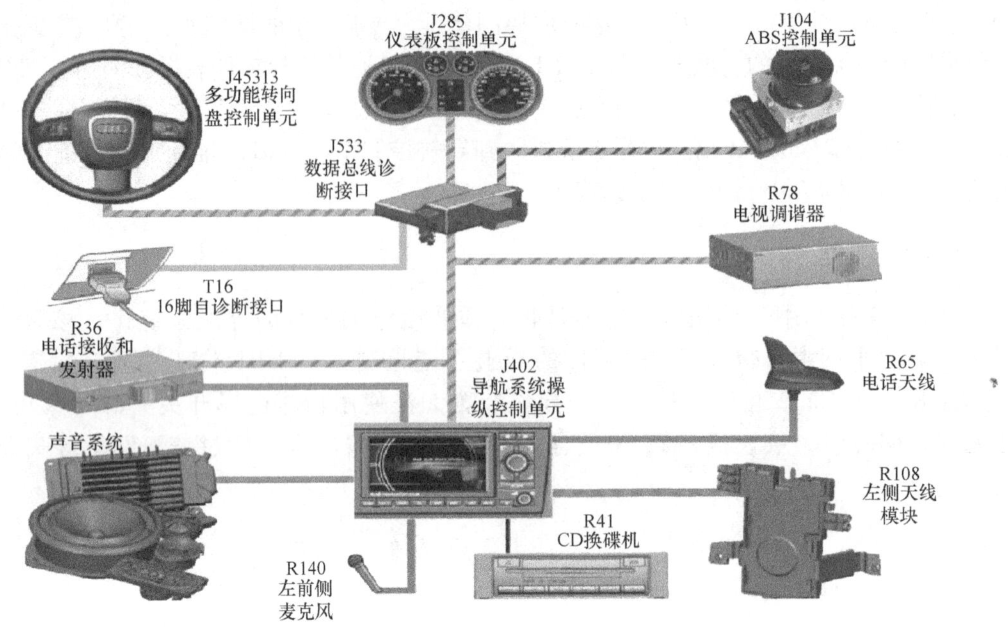

图7-49 奥迪 A3 轿车新式 Plus 型导航系统

六、宝马轿车总线系统

宝马小型车辆到高级车辆都使用了大量的电子装置，要实现复杂功能必然要求控制单元之间进行数据交换。

但由于控制单元的功能越来越复杂，因此只能使用总线系统将各控制单元原本独立的处理过程通过总线系统相互联系起来，也就是说，对处理过程进行分配、在整个车载网络系统内完成处理过程，并使这些过程共同发挥作用。信息在车载网络内的数据交换。此外，通过这种交换方式还能执行很多新功能。例如，提高驾驶安全性和舒适性，改善车辆经济性等。

宝马车辆中安装的总线系统原则上可划分成两组，即：主总线系统和子总线系统。

主总线系统负责跨系统的数据交换。

子总线系统在系统内部交换数据。这些系统用于在限定的系统中交换相对较少的数据量（图7-50）。

宝马车系的车载网络系统称为 CAN 总线系统。该车系具有动力系统 PT-CAN 和车身系统 K-CAN 两个控制器局域网络，并且设置了网关，将这两个 CAN 连为一体就形成了车载网络系统，确保不同传输速度的总线系统仍可进行数据交换。

宝马车系是将数字数据和数字字节以串行形式通过各总线传输，可以进行单向传输、双向交替传输或双向同步传输。

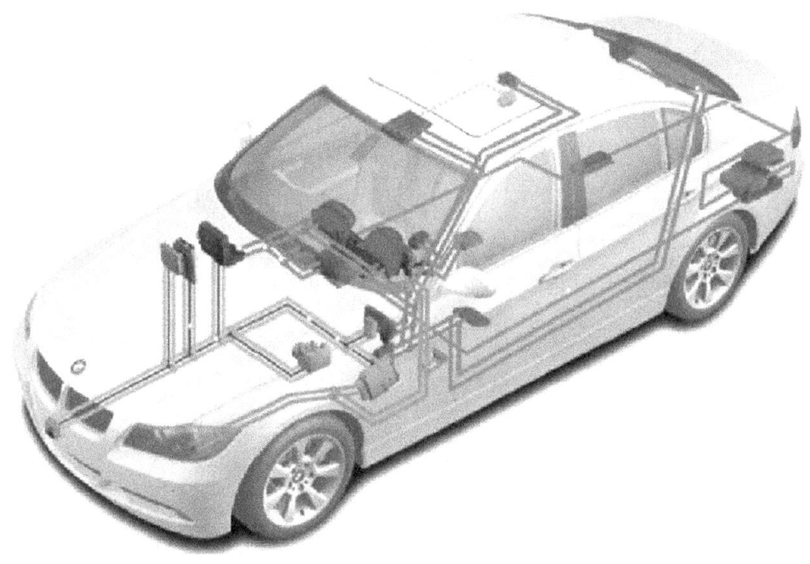

图 7-50　宝马车系总线系统

K-CAN 是一种非常高效的事件控制式总线。在车身区域内其传输率为 100Kbit/s。由于使用了一根双绞导线，因此 K-CAN 具有更好的电磁兼容性，从而确保了相当高的数据传输安全型。CAN 协议还包括识别和消除错误的各种机制。

500Kbit/s 的 PT-CAN 总线系统比 K-CAN 总线系统的传输速度更快。因此，PT-CAN 用于传动装置和底盘方面。此外，PT-CAN 还具有第三根导线，该导线用作唤醒导线。

1. K-CAN 总线（图 7-51）

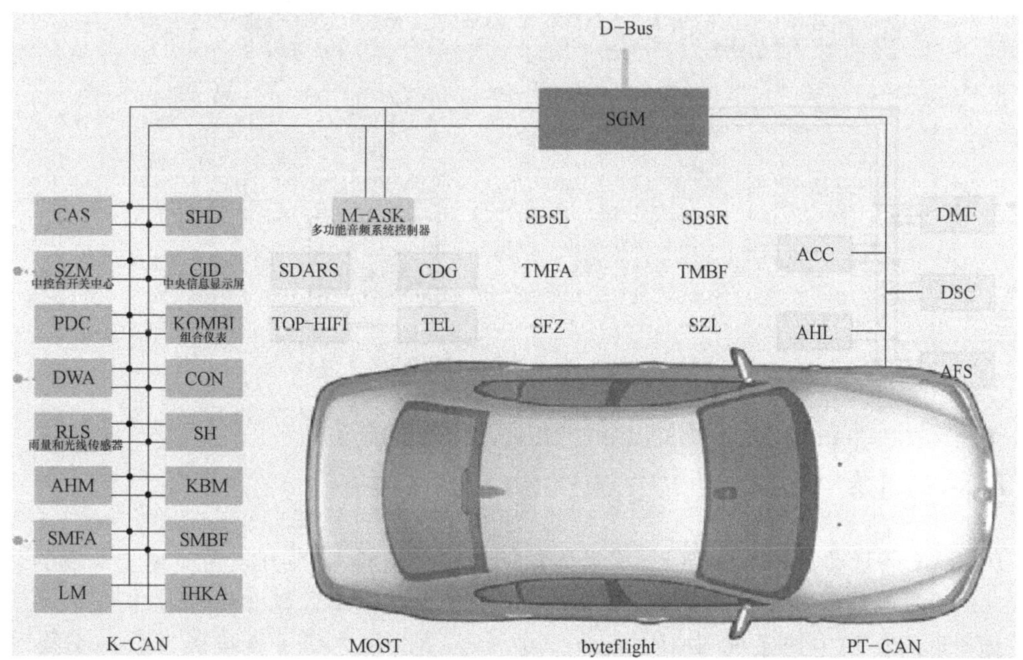

图 7-51　宝马轿车 K-CAN 总线

K-CAN 车身总线系统应用于宝马车辆的车身控制器区域网络（简称 K-CAN），用于将舒适和车身电子系统组件联网。例如车灯控制（图 7-52）和空调器控制（图 7-53）。

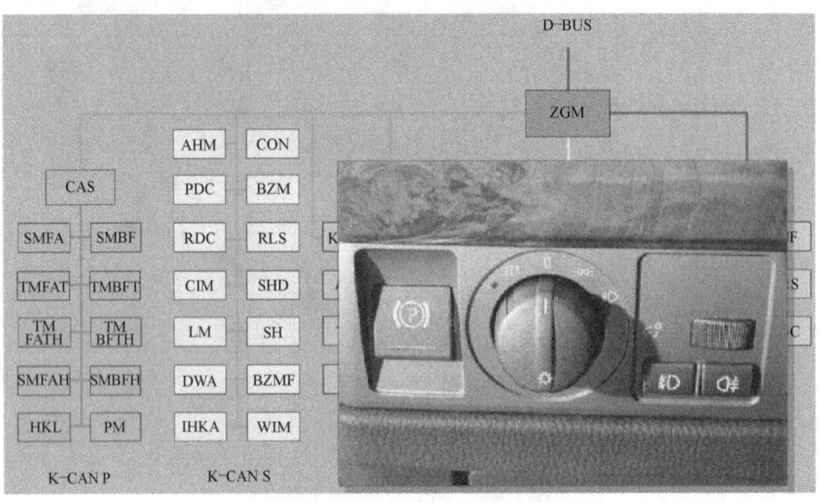

图 7-52　宝马轿车车灯控制

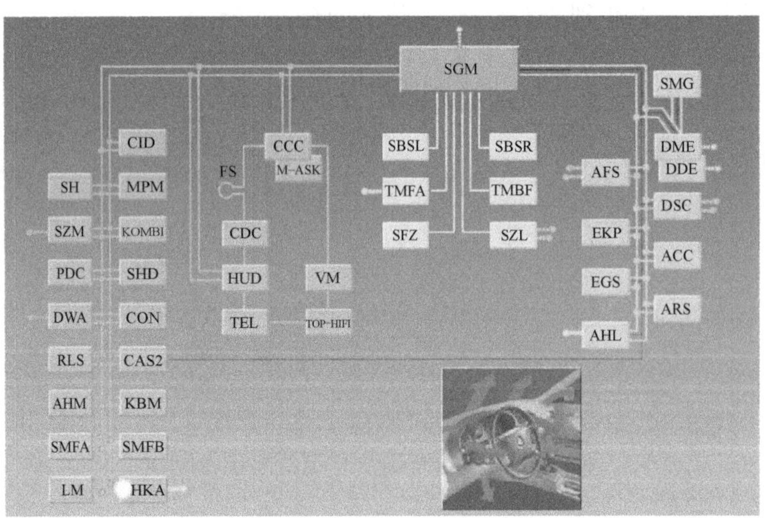

图 7-53　宝马轿马空调器控制

传输速度为 100Kbit/s。K-CAN 以线性拓扑结构为基础。

2. PT-CAN

PT-CAN 表示动力传动系控制器区域网络。博世公司将 CAN 开发为应用于车辆的总线系统。由于具有访问方式和根据目标寻址的特性，因此控制单元能够通过 CAN 总线系统传输数据信息。在多主控系统 CAN 中，任意数量总线设备之间可直接进行数据交换（图 7-54）。

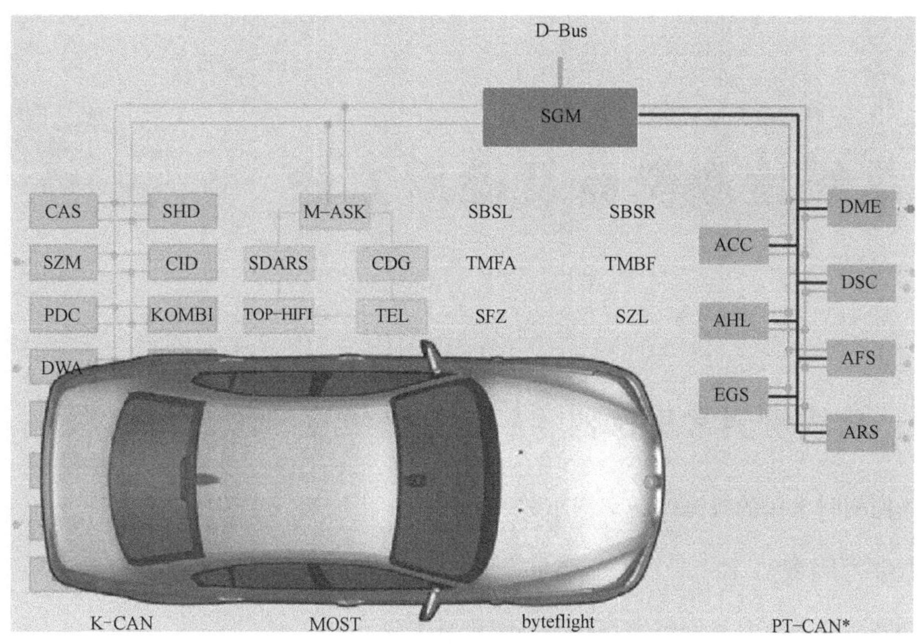

图 7-54 PT-CAN 动力传动系控制器区域网络

PT-CAN 的传输速度为 500Kbit/s，是宝马车辆上最快的 CAN 总线。

该总线将所有属于传动装置的控制单元和底盘控制单元连接在一起。所有总线设备以并联方式连接。这种 CAN 总线的特点是使用了三根导线，而不是过去的两根导线。第三根导线作为唤醒导线使用，与 CAN 总线的原有功能无关。

复习题

1. 说出宝来车 CAN 总线的结构。
2. 宝来车 CAN 总线的特点是什么？
3. 说出宝来车舒适系统数据总线的结构。
4. 说出宝来车 CAN 舒适总线优先级次序。
5. 宝来车动力系统中的数据总线连接哪些系统？
6. 宝来车动力系统中 CAN 网络连接的特点是什么？
7. 简述 LIN 数据总线的性能。

第八章

总线检测仪器及使用方法

一、总线检测常用仪器

总线检测时常用的检测仪器有汽车数字万用表、示波器、专用检测仪。

1. 数字万用表

在诊断总线故障时，万用表是最简易的检测工具（图 8-1）。

使用方法：

1）检测电压时必须并联万用表；

2）检测电流时必须串联万用表；

3）检测电阻时必须断电测量。

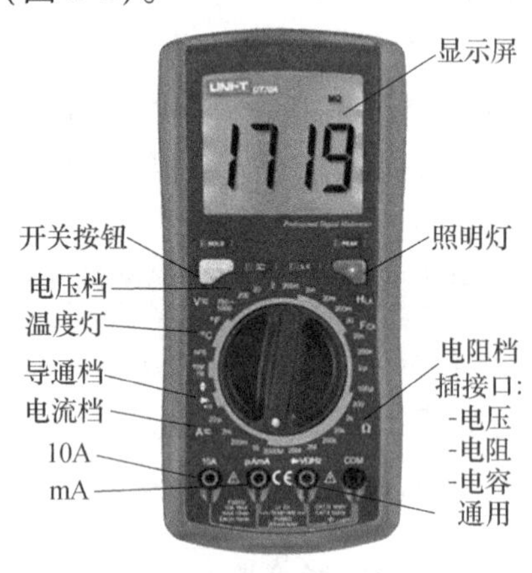

图 8-1　汽车数字万用表

2. 示波器和专用检测仪

示波器和专用检测仪可以检测总线波形。在总线故障诊断时，示波器（图 8-2）和专用检测仪可以对总线系统进行故障诊断和波形分析。

3. 大众专用检测仪 VAS5051B

大众专用检测仪 VAS5051B 如图 8-3 所示。

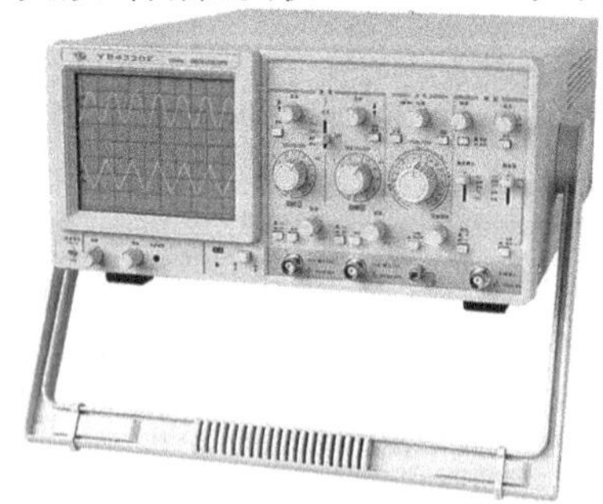
图 8-2　通用型示波器

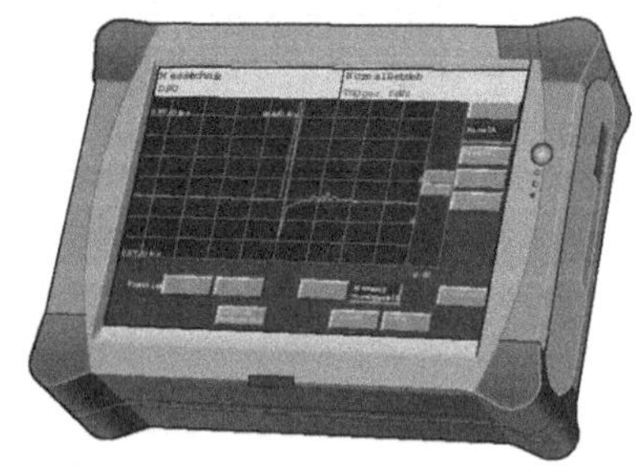
图 8-3　大众专用检测仪 VAS5051B

4. 宝马专用检测仪 GT1

宝马专用检测仪 GT1 如图 8-4 所示。

图 8-4 宝马专用检测仪 GT1

图 8-5 金德 K-60 检测仪

5. 金德通用车型多功能检测仪 K-60

金德 K-60 检测仪（图 8-5）可以对多种车型的总线系统进行检测和波形分析。

二、大众 VAS5051 诊断仪的使用

1. 综述

通过点击 VAS5051 启动屏中的“车辆自诊断”按钮，调出操作模式“测试工具”（图 8-6）。再连接测量导线并调整示波器，从中选择 DSO（数字存储示波器）操作模式。

图 8-6 VAS5051“车辆自诊断”操作模式

将 VAS5051 诊断仪作为示波器使用可以设置参数、进行测量并读取测量结果。

在此屏幕上可以同时显示不超过三个测量曲线。为了能够更好地进行功能对应，按键标识、参数和所显示的测量信号均以不同颜色标出：

- 通道 A：黄色
- 通道 B：绿色
- 预置测量：蓝色

在视屏“DSO”中可进行下列设置：

1）通过按钮“通道 A”和“通道 B”选择测量通道。

2）通过按钮“测量模式”选择测量模式。

3）通过箭头键设置时间范围。

要切合实际地对显示的示波图进行分析。在分析电平时要注意，在用示波器进行测量时必须考虑一个最大 10% 的测量误差。

在无故障的情况下，在示波图中可看到，CAN-High 和 CAN-Low 的脉冲始终沿相反的方向移动。在查找 CAN-High 和 CAN-Low 时，首先查找隐性电位。在隐性电位时，总线停留大多数的时间。CAN-High，导线上的脉冲由隐性电位沿正向成像；CAN-Low，导线上的脉冲由隐性电位沿负向成像（图 8-7）。

就车检测总线时，一定要使用适配器（图 8-8）。

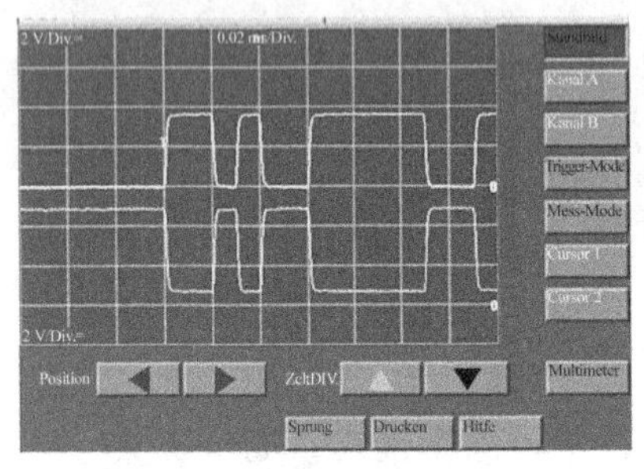

图 8-7 无故障示波图

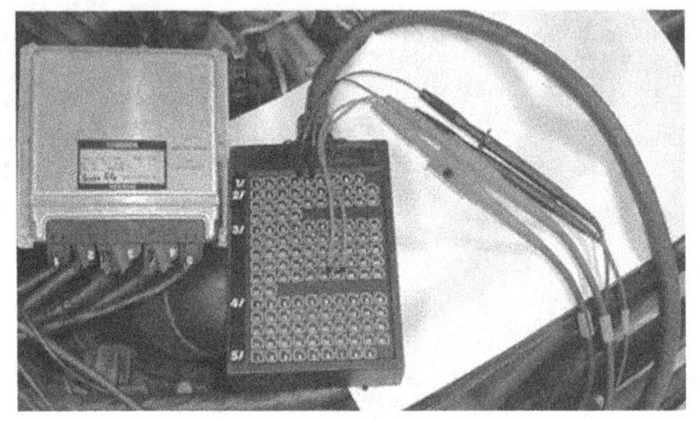

图 8-8 适配器

2. 使用 VAS5051 两通道 DSO 的连线检测

两条 CAN 总线每一条线都通过一个通道进行测量。通过 DSO 图形的分析可以很容易地发现故障。这里通道 A 红色的测量线连接 CAN-High，黑色的测量线连接接地；通道 B 红色的测量线连接 CAN-Low，黑色的测量线连接接地（图 8-9）。

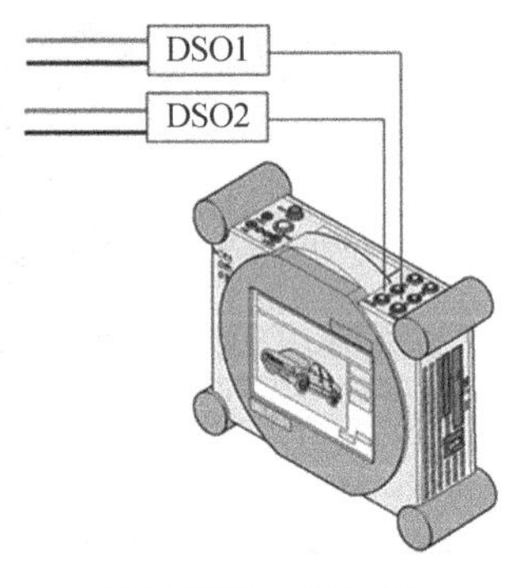

图 8-9 VAS5051 两通道 DSO 的连线

3. DSO 的设置（图 8-10）

1）通道 A 测量 CAN-High。

2）通道 B 测量 CAN-Low。

3）通道 A 和通道 B 的零线坐标置于等高（黄色的零标记被绿色的零标记所遮盖）。在同一零坐标线下对电压值进行分析更为简便。

4）通道 B 的电压/单位的设定：在 0.5V/单位值的设定下 DSO 的显示能较好地利用，便于电压值的读取。

5）通道 A 的电压/单位的设定：在 0.5V/单位值的设定下 DSO 的显示被较好地利用，便于电压值的读取。

6）触发点的设定：它位于被测定信号的范围内，在 CAN-High 信号为 2.5 ~ 3.5V 之间，在 CAN-Low 信号为 1.5 ~ 2.5V 之间。

7）时间单位值的设定：应尽可能选择得小一些，最小的时间单位值为0.02ms/单位。

8）显示为一条信息。

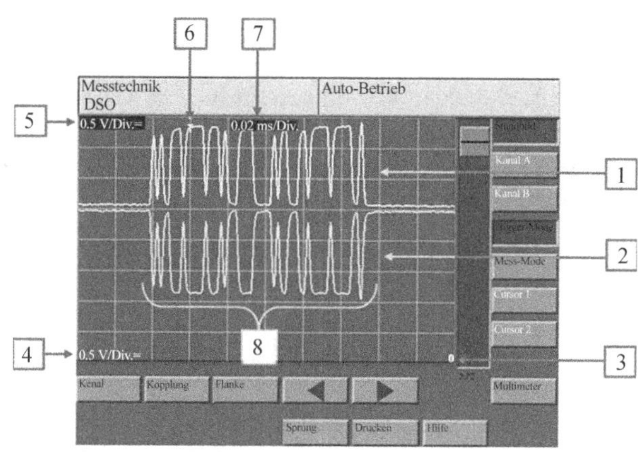

图8-10　DSO的设置

4. 电压值的应用

CAN总线的信息传送通过两个逻辑状态0（显性）和1（隐性）来实现。每一个逻辑状态都对应相应的电压值（图8-11）。控制单元应用其电压差值获得数据。

1）通道A和通道B的零线。通道B的绿色零标记遮盖了通道A的黄色零标记。

2）CAN-High的隐性电压电位大约为2.6V（逻辑值1）。

3）CAN-High的显性电压电位大约为3.8V（逻辑值0）。

4）CAN-Low的隐性电压电位大约为2.4V（逻辑值1）。

5）CAN-Low的显性电压电位大约为1.2V（逻辑值0）。

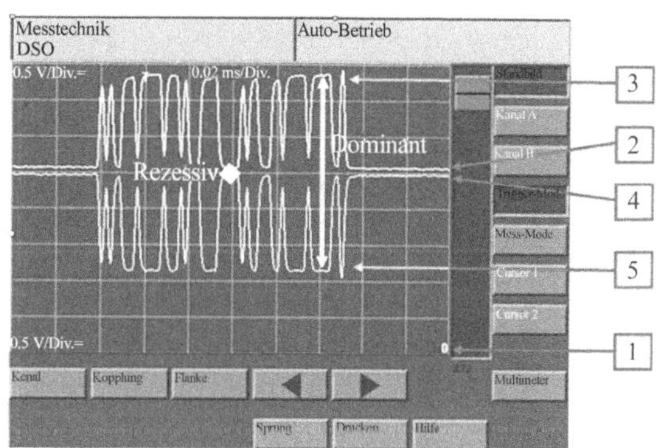

图8-11　总线波形显示的电压值

总线利用两条线的电压差确认数据。当CAN-High的电压值上升时，相应CAN-Low的电压值下降。正如DSO显示所示，CAN-Bus仅只能有两种工作状态。在隐性电压电位时，两个电压值很接近。在显性电压电位时，两个电压差值约为2.5V。电压值大约有100mV的小波动。

当两个CAN信号用一个DSO通道进行测量时，显示为其相应的电压差。这种测量方式在故障查询方面不如双通道的测量方式，两条线分开接地测量。例如：在短路的故障形式下利用单通道模式分析是不可行的。

在双线工作模式下，CAN-Bus的每一条线路都有电压电位显示，这更有利于判定故障。单线工作模式主要用于快速查看总线是否为激活状态。

5. 故障信息的存储

CAN 动力系统总线可能的故障原因和故障排除方法需要具体参阅维修手册或者使用与故障排除指南。

（1）CAN 动力总线系统故障存储记录。可能的故障存储记录类型见表 8-1。

表 8-1　CAN 动力系统故障存储记录

故障源	故障类型	说明
动力系统总线	没有通信	· 控制单元不能够接收数据 · CAN 总线 断路 · 在 CAN 动力总线上安装错误或者有故障的控制单元 · 一个控制单元出现故障(功能信息故障时间 >500ms) · 控制单元的软件状态不匹配
	失效	· 在故障存储记录中,一个控制单元连续出现两次总线关闭(这就是说,既不发送 CAN 信息又不接受 CAN 信息) · 控制单元故障
	硬件故障,该故障仅存在于发动机控制单元和变速器控制单元	· 在故障存储记录中,一个控制单元连续出现两次总线关闭(既不发送 CAN 信息又不接受 CAN 信息) · 控制单元故障 · 错误控制单元 · 发动机和变速器之间的线路断路或者短路 · CAN 总线短路
	缺少从某控制单元的信息 例如:组合仪表	· CAN 总线断路或者短路 · 在拔下某控制单元插头的情况下打开点火开关 · 控制单元错误或者有故障
动力系统总线	不可靠信号	· 仅接收到一个控制单元信息内容的一部分。CAN 线断路或者短路 · 控制单元错误或者有故障
	软件状态监控	· 控制单元故障 · CAN 总线断路 · 在拔下控制单元插头的情况下打开点火开关
	读取来自某控制单元的故障存储 例如:空调	· 在该控制单元上有故障
集团性—舒适系统	读取故障存储	· 在总线上至少有一个控制单元有一个故障记录
总线显示（提示：CAN 信息系统）		

（2）CAN 舒适系统总线和 CAN 信息系统总线故障存储记录。可能的故障存储记录类型见表 8-2。

表 8-2　CAN 舒适系统总线和 CAN 信息系统总线故障存储记录

故障源	故障类型	说明
集团性—舒适总线(说明:CAN-信息)	故障	· 在故障存储记录中,有一个控制单元连续出现两次总线关闭时(这就是说,既不发送 CAN 信息又不接受 CAN 信息)
集团性—舒适总线 或者 总线显示	没有通信 (或者没有信号)	· 没有接收信号记录持续 2s · 执行一项功能所需从另一个控制单元获得的信息超过 2s 未接收到 · 只接收到所需信息的一部分内容,这个故障类型为“不可靠信号”
	单线工作	· CAN 总线单线工作超过 2s · CAN 线断路 · CAN 线短路
集团性—舒适总线 或者总线显示 (说明:带有 KWP 2000 才具备该功能)	电路电器故障	· CAN 总线单线工作超过 2s · 整体单线工作(断路),该故障称为“断路” · 所有控制单元都处于单线工作状态
集团性—舒适总线或者总线显示(说明:带有 KWP2000 才具备该功能)	断路	· 单线断路状态(没有短路) · CAN 线断路 · 一个控制单元处于单线工作状态
控制单元 × × × 例如:电器网络控制单元	没有通信	· 执行一项功能所需从另一个控制单元获得的信息超过 2s 未接收到
集团性—舒适总线或者总线显示	没有通信	· 至少 2s 没有接收信号 · 一个控制单元没有接收到另一个控制单元的网络管理信息,则出现该故障类型
控制单元 × × × 例如:电器网络控制单元	读取故障存储	· CAN 信息的发送控制单元,信息内容标明为故障信息,并有故障存储记录。每一个利用该信息的接收控制单元因此进入应急工作状态,在发送控制单元有警告提示 · 在控制单元内的故障存储
动力总线		· 在 CAN 动力系统上的一个控制单元有故障记录

三、CAN 总线的万用表检测

CAN 总线可以采用数字万用表进行电压信号测量，判断 CAN 总线的信号传输是否存在故障。检测方法如图 8-12 所示。

使用万用表测量终端电阻检测测量步骤：

（1）为了避免信号反射，在两个 CAN 总线上连接阻值均为 120Ω 的用户（在舒适 CAN 总线中的距离最远）。这两个终端电阻为相互并联，并构成一个 60Ω 的替代电阻。

（2）断开电源后，可以在通信线之间对该替代电阻进行测量。此外，单个电阻可以各自分开测量。

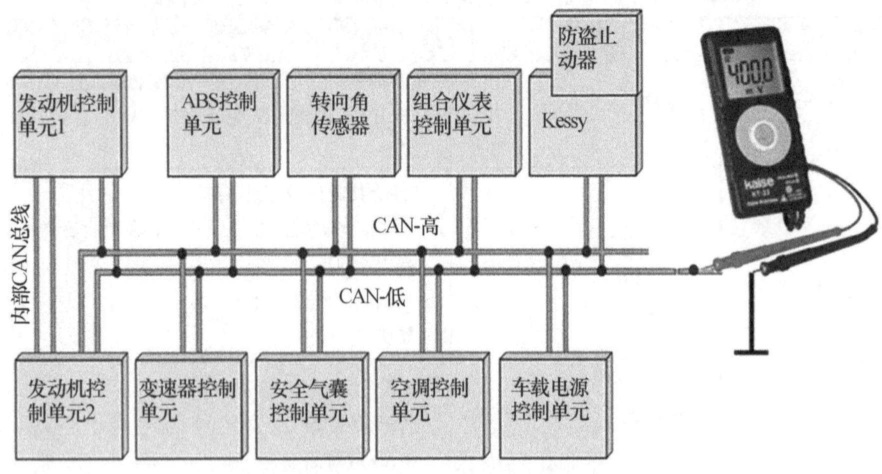

图 8-12 CAN 总线的万用表测量

(3) 使用检测仪的直流电压测量功能测量。检测的前提：蓄电池已连接且点火开关打开。

(4) 为了确定 CAN-Low 或 CAN-High 导线是否损坏，分别测量 CAN-Low 或者 CAN-High 的对地电压。动力 CAN 总线 CAN-Low 对地：电压大约 2.4V；CAN-High 对地：电压大约 2.6V。

舒适 CAN 总线 CAN-Low 对地：电压大约 4.8V；CAN-High 对地：电压大约 0.2V。总线负载可以有约几个 100mV 的偏差。

四、双通道检测仪的连接和故障波形分析

检测总线的连接如图 8-13 所示。当故障存储记录“CAN 总线故障”时，用 DSO 进行检测是必要的，可以确定故障点的位置以及故障引发的原因，例如：

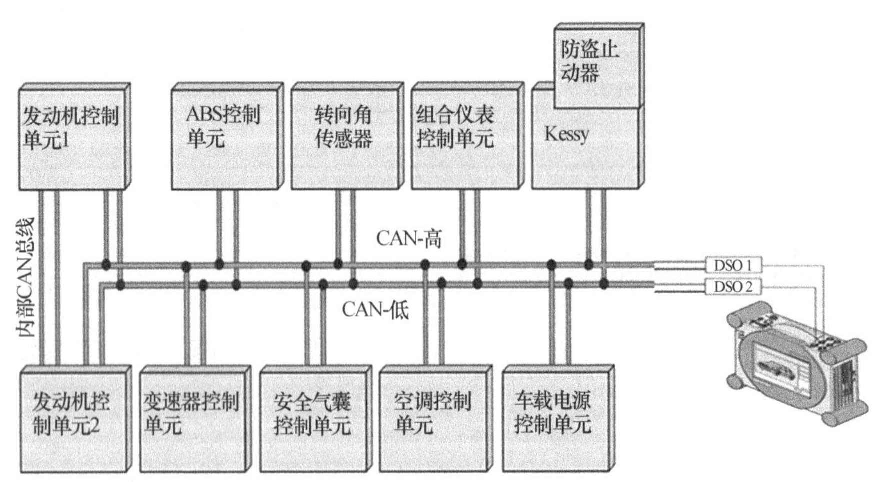

图 8-13 双通道检测仪检测 CAN 总线系统

- CAN-High 与 CAN-Low 短路；
- CAN-High 对正极短路；

- CAN-High 对地短路；
- CAN-Low 对地短路；
- CAN-Low 对正极短路；
- CAN-High 断路；
- CAN-Low 断路。

各种波形的分析如下：

(1) 动力系统 CAN 总线无故障示波图（图 8-14）。

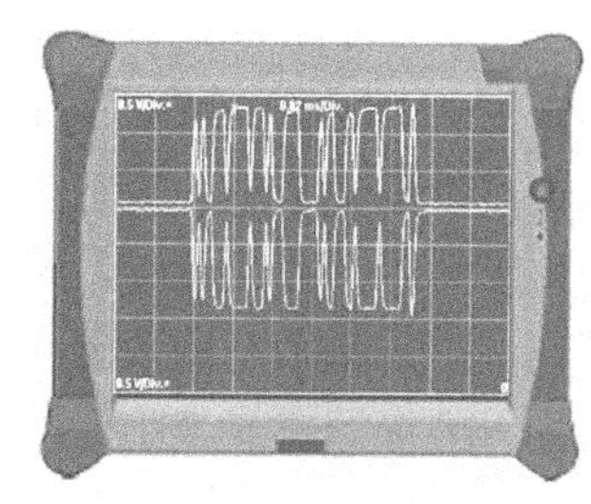

图 8-14　动力系统 CAN 无故障示波图

(2) 动力系统 CAN-High 与 CAN-Low 短路（图 8-15）。电压电位置于隐性电压值（大约为 2.5V）。通过连接 CAN 总线上的控制单元可以判断，是由于控制单元引起的短路还是由于 CAN-High 和 CAN-Low 线路连接引起的短路。若为线路短路引起的短路，需要将 CAN 总线组（CAN-High 和 CAN-Low）从线节点处依次拔取，同时注意总线的波形。当故障线组被取下后，波形要恢复正常。

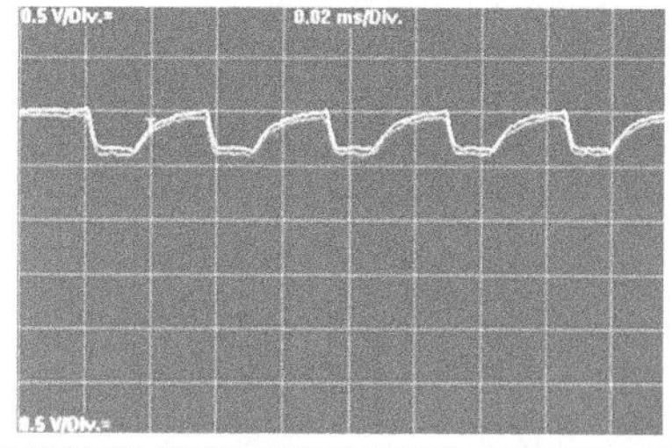

图 8-15　CAN-High 与 CAN-Low 短路

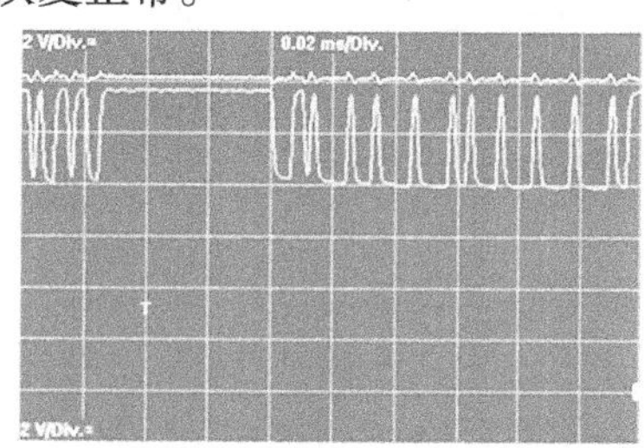

图 8-16　CAN-High 对正极短路

(3) 动力系统 CAN-High 对正极短路（图 8-16）。CAN-High 线的电压电位被置于 12V，CAN-Low 线的隐性电压被置于大约为 12V。这是由于在控制单元的收发器内的 CAN-High 和 CAN-Low 的内部错接引起的。需要将 CAN 线组（CAN-High 和 CAN-Low）从线节点处依次拔取，同时注意总线的波形。当故障线组被取下后，波形要恢复正常。

(4) 动力系统 CAN-High 对地短路（图 8-17）。CAN-High 的电压位于 0V，CAN-Low 的电压也位于 0V，可是在 CAN-Low 线上还能够看到一小部分的电压变化。需要将 CAN 线组（CAN-High 和 CAN-Low）从线节点处依次拔取，同时注意总线的波形。当故障线组被取下后，波形要恢复正常。

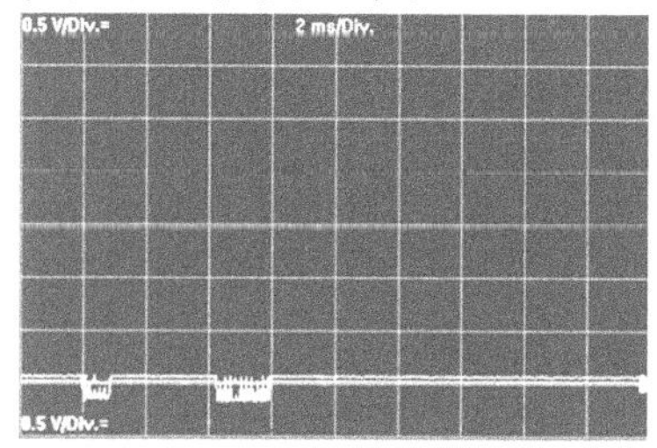

图 8-17　CAN-High 对地短路

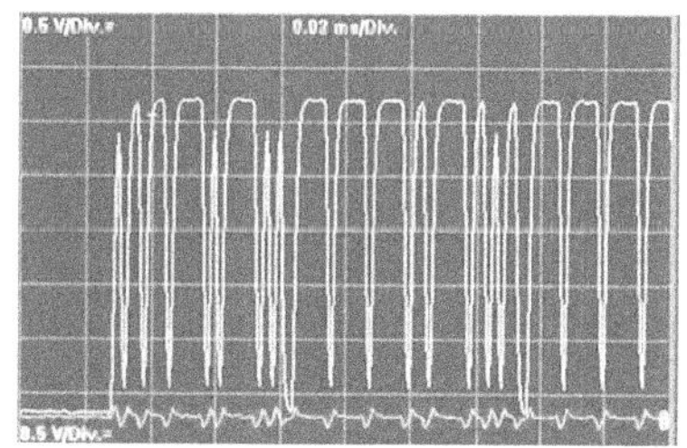

图 8-18　CAN-Low 对地短路

(5) 动力系统 CAN-Low 对地短路（图 8-18）。CAN-Low 的电压大约为 0V，CAN-High 线的隐性电压也被降至 0V。这是由于控制单元收发器的 CAN-Low 错接或与地短路引起的。排除故障时从线节点处依次拔取，同时注意总线波形的变化。当故障线组被取下后，波形要恢复正常。

(6) 动力系统 CAN-High 和 CAN-Low 对正极短路（图 8-19）。两条总线电压都大约为

12V，这是由于控制单元收发器的 CAN-High 和 CAN-Low 错接或与正极短路引起的。排除故障时从线节点处依次拔取，同时注意总线波形的变化。当故障线组被取下后，波形要恢复正常。

（7）动力系统 CAN-High 断路（图 8-20）。CAN-High 出现断路或节点处断路。排除故障时从线节点处依次查找故障，同时注意总线波形的变化。

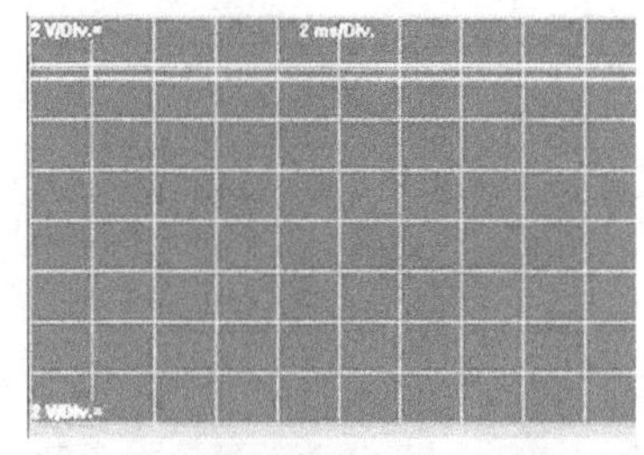

图 8-19　CAN-High 和 CAN-Low 对正极短路

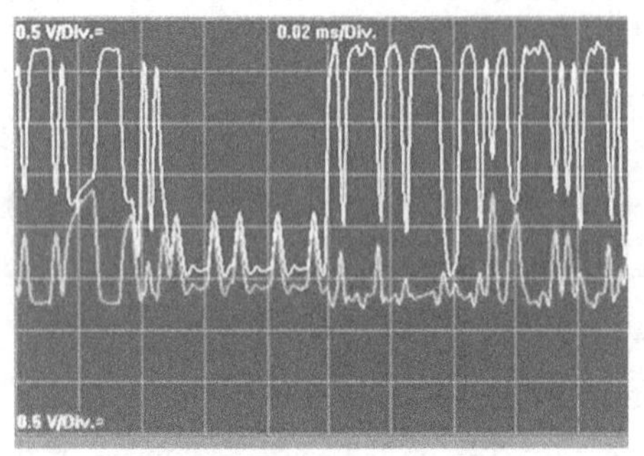

图 8-20　CAN-High 断路

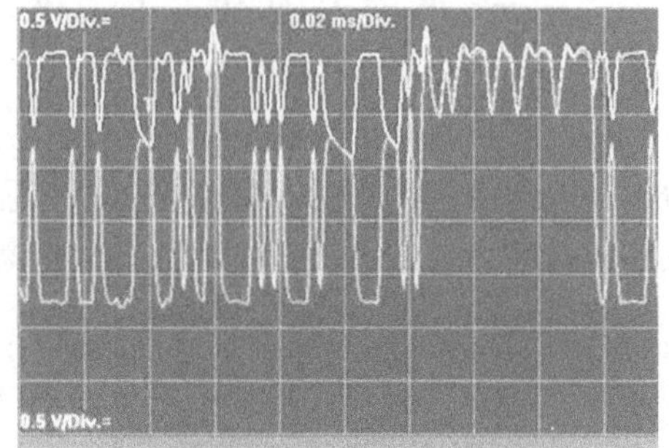

图 8-21　CAN-Low 断路

（8）动力系统 CAN-Low 断路（图 8-21）。CAN-Low 出现断路或节点处断路。排除故障时从线节点处依次查找故障，同时注意总线波形的变化。

（9）动力系统 CAN-High 线和 CAN-Low 线接反（图 8-22）。仔细测量无法进行通信的控制单元和可以进行通信的控制单元之间的导线（按电路图），故障肯定就在这两个控制单元之间（图 8-23）。这种故障主要发生在安装新件或以前曾经修理过数据总线的导线的情况下。

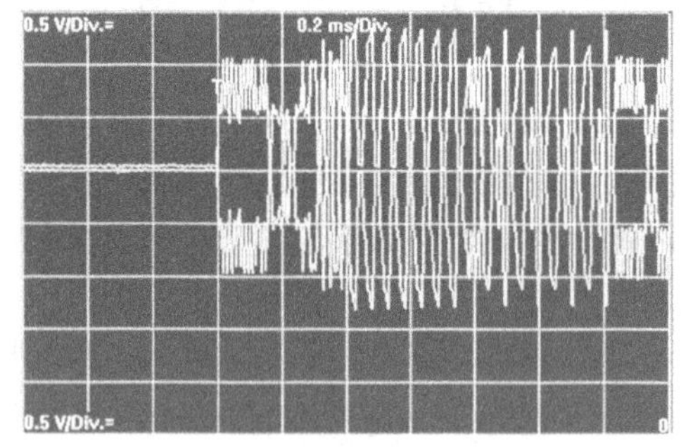

图 8-22　CAN-High 线和 CAN-Low 线接反

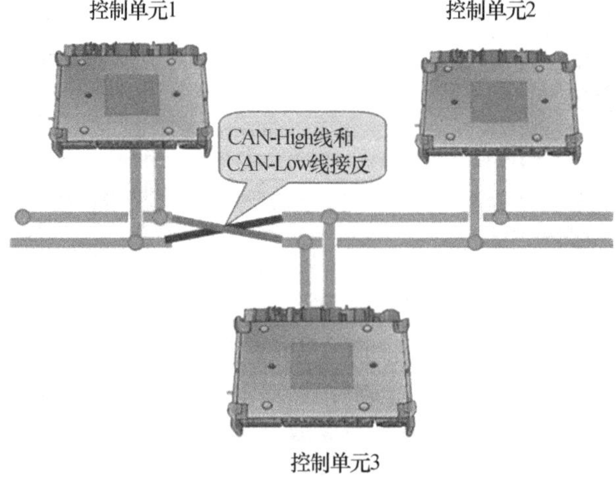

图 8-23　总线上的 CAN-High 线和 CAN-Low 线接反

（10）车身系统 CAN 总线无故障示波图（图 8-24）。当故障存储记录“Komfort 总线故障”时，用检测仪进行检测是必要的，可以确定故障点的位置以及故障引发的原因，例如：线路短路。此外 CAN-Komfort 和 CAN-Infotainment 具有单线工作能力。这意味着，在故障存储记录中有“Komfort 总线单线工作”故障时，可以用检测仪进行检测，确定两条 CAN 总线中哪一条有故障。

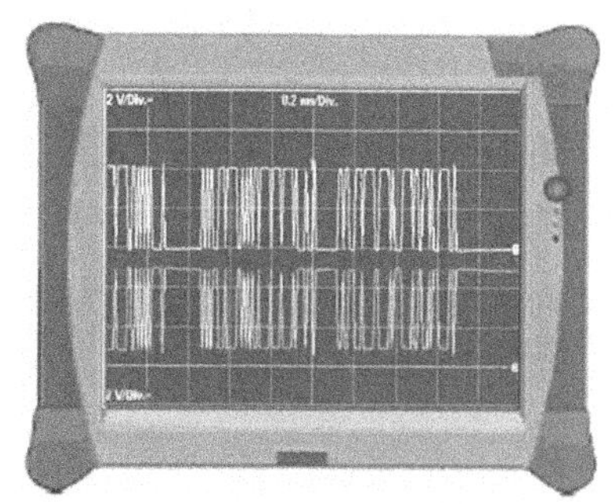

图 8-24　K-CAN 无故障示波图

（11）CAN-High 与 CAN-Low 之间短路（图 8-25）。CAN-High 和 CAN-Low 的电压电位相同。CAN-High 与 CAN-Low 之间短路影响所有的 CAN-Komfort 或者 CAN-Infotainment。CAN-Komfort 或者 CAN-Infotainment 因此而单线工作。这意味着，通信仅为一条线路的电压电位起作用。控制单元利用该电压电位对地值确定传输数据。左图为通道 A 和通道 B 的零线坐标重叠。通过设置，可以看出来 CAN-Low 线和 CAN-High 线的电压电位是相同的。右图为通道 A 和通道 B 将两个通道的零线坐标分开，相同信号。

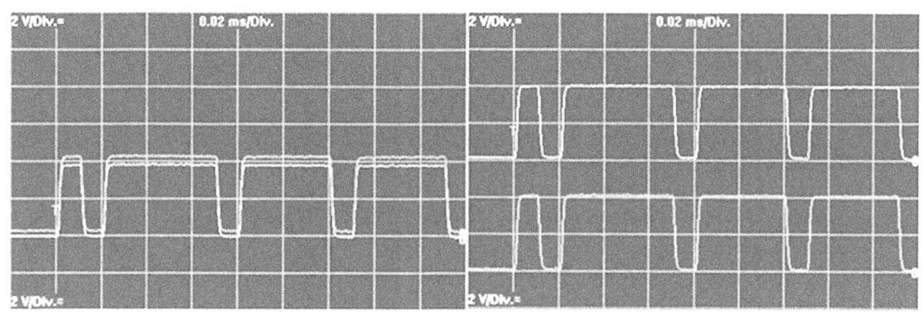

图 8-25　CAN-High 与 CAN-Low 之间短路

（12）CAN-High 对地短路（图 8-26）。CAN-High 的电压置于 0V，CAN-Low 的电压电位正常。在该故障情况下，所有 CAN-Komfort 或者 CAN-Infotainment 变为单线工作。

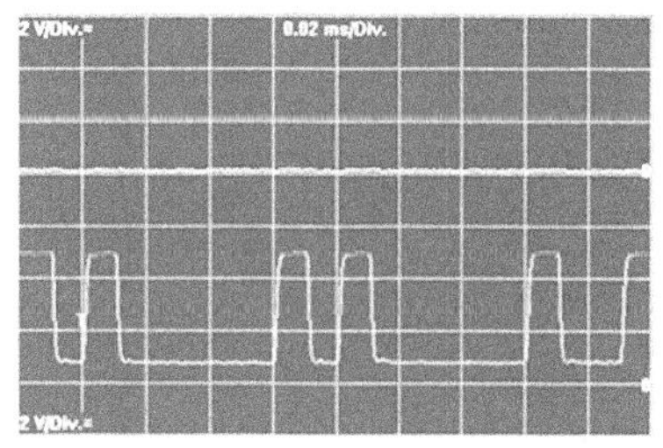

图 8-26　CAN-High 对地短路

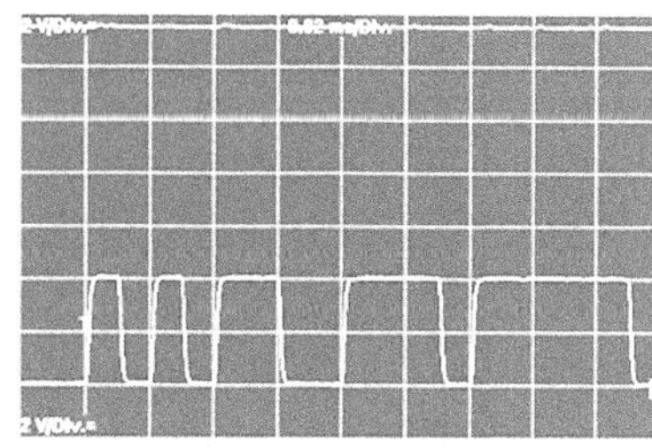

图 8-27　CAN-High 对正极短路

（13）CAN-High 对正极短路（图 8-27）。CAN-High 线的电压电位大约为 12V 或者蓄电池电压。CAN-Low 线的电压电位正常。在该故障情况下，所有 CAN-Komfort 或者 CAN-Infotainment 变为单线工作。

（14）CAN-Low 线断路（图 8-28）。CAN-High 线电压电位正常。在 CAN-Low 线上为 5V 的隐性电压电位和一个比特长的 1V 显性电压电位。当一个信息内容被正确地接受时，

控制单元发送这个显性电压电位。系统由很多发送控制单元组成，CAN-High 信息是一个控制单元所发送。在 CAN-High 和 CAN-Low 有对应信息时是接收到正确的信息内容，则接收控制单元用一个显性的电压电位给予答复。CAN-Low 线显示收到正确的信息，则所有控制单元都同时发送一个显性的电压电位，因此，该比特的电位差要大一些。

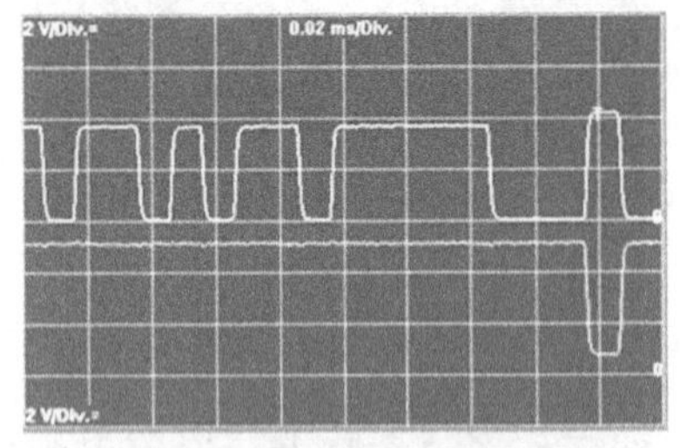

图 8-28　CAN-Low 线断路显示 1

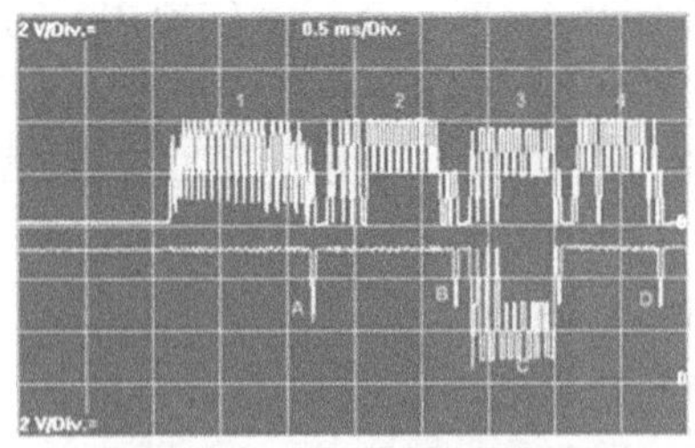

图 8-29　CAN-Low 线断路显示 2

在图 8-29 上，用较大的时间单位值显示同一个故障。信息 1 仅在 CAN-High 线上被发送，但是在 CAN-Low 线上的 A 处也给予确认答复。同样信息 2 在 B 处给予答复。信息 3 在两条线被发送。CAN-Low 显示信息 3 的电压电位。A、B、D 为单线工作，C 为双线工作（图 8-30）。

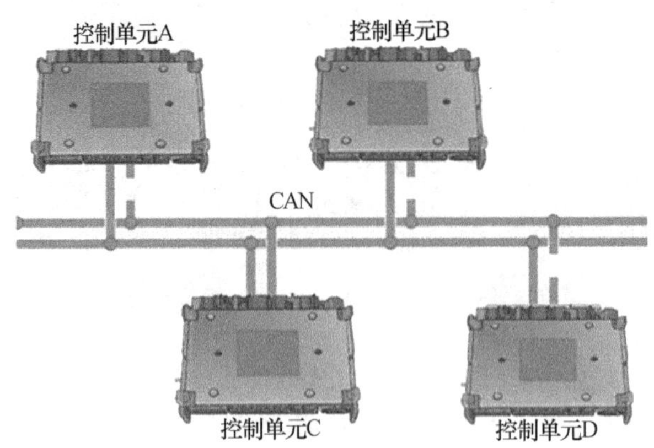

图 8-30　A、B、D 为单线工作，C 为双线工作

（15）CAN-High 线断路（图 8-31）。

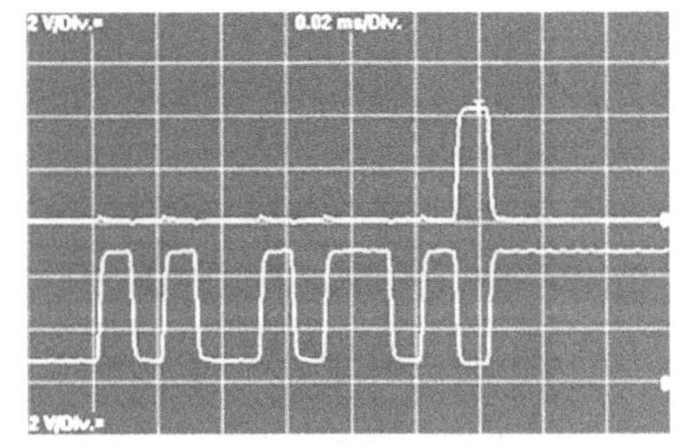

图 8-31　CAN-High 线断路

（16）CAN-Low 出现接触电阻。如果一根总线导线上的信号未完全到达 0V 或工作电压，而是仅在其方向上移动某个值，则不存在直接短路，导线已通过一个电阻与该电位连接。通过电阻的间接短路通常会在车辆中发生渗水时出现。此外，污垢、清洗剂和盐都可能导致任意的接触电阻。另一种可能性是，一根总线电缆磨损并通过油漆、污垢和氧化铁与接地连接。在实际中经常出现由于破损的线束导致的短路。破损的线束靠近接地或者正极，经常还带有潮气。这将使该处产生连接电阻。必须非常细致地判断由此产生的示波图，因为故障症状与接触电阻的大小有关并可能差别很大。CAN-Low 导线已通过一个 560Ω 的接触电阻与接地连接，显性信号同样受影响（图8-32）。为此需要小得多的电阻。

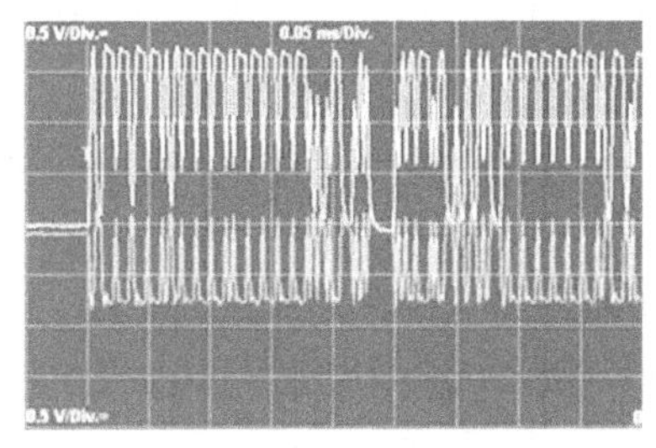

图 8-32　CAN-Low 出现接触电阻

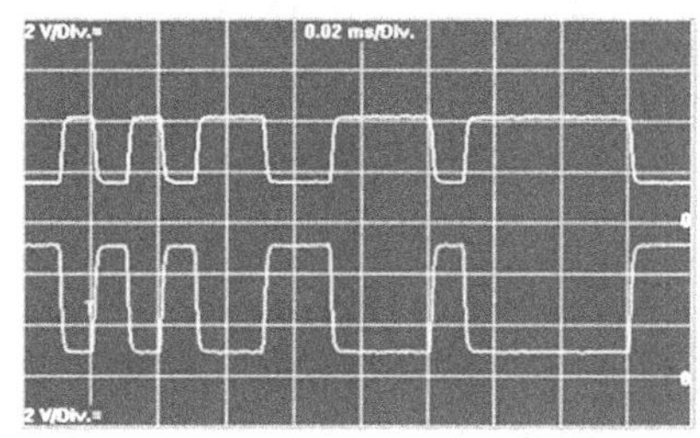

图 8-33　CAN-High 对正极通过连接电阻短路

（17）CAN-High 对正极通过连接电阻短路（图 8-33）。CAN-High 线的隐性电压电位拉向正极方向，CAN-High 隐性电压电位大约为 1.8V，正常应大约为 0V。该 1.8V 电压是由于连接电阻引起的。电阻越小则隐性电压电位越大。在没有连接电阻的情况下，该电位值位于蓄电池电压。

（18）CAN-High 通过连接电阻对地短路（图 8-34）。CAN-High 的显性电位移向接地方向。在波形图上可以看出来，CAN-High 的显性电压大约为 1V，正常的大约为 4V。1V 的电压受连接电阻所影响，电阻越小则显性电压越小。在没有连接电阻的情况下短路，则该电压为 0V。

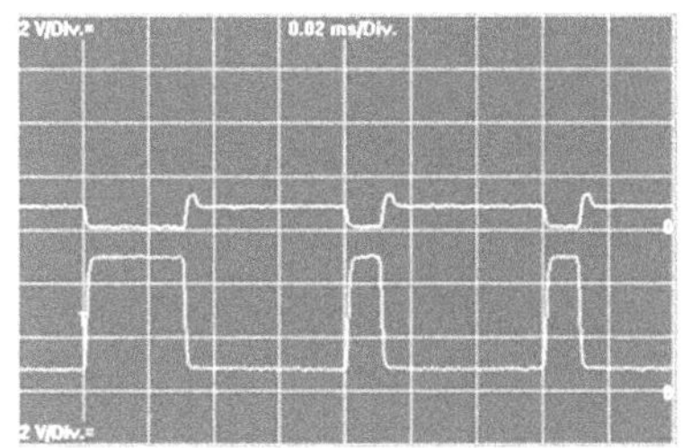

图 8-34　CAN-High 通过连接电阻对地短路

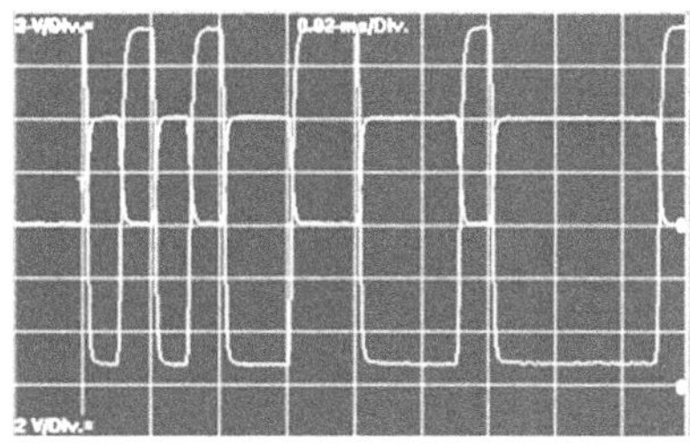

图 8-35　CAN-Low 对正极通过连接电阻短路

（19）CAN-Low 对正极通过连接电阻短路（图 8-35）。CAN-Low 线的隐性电压电位拉向正极方向。在波形图上可以看出，CAN-Low 隐性电压电位大约为 13V，正常应大约为 5V。该 13V 电压是由于连接电阻引起的。电阻越小则隐性电压电位越大。在没有联接电阻的情况下，该电位值位于蓄电池电压。

（20）CAN-Low 通过连接电阻对地短路（图 8-36）。CAN-Low 线的隐性电压电位拉向 0V 方向。在波形图上可以看出，CAN-Low 隐性电压电位大约为 3V，正常应大约为 5V。该 3V 电压是由于连接电阻引起的。电阻越小则隐性电压电位越小。在没有连接电阻的情况下，该电压值为 0V。

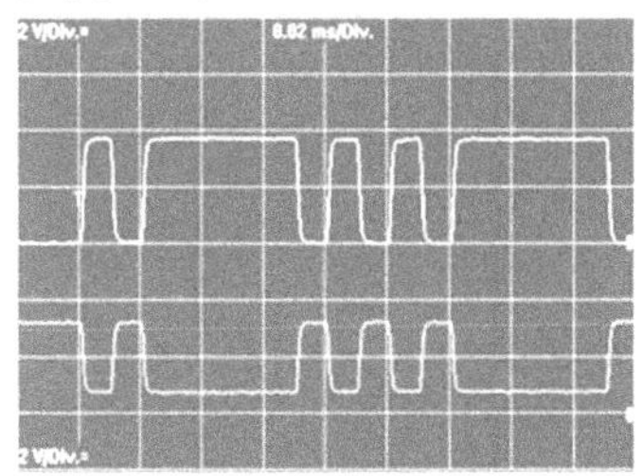

图 8-36　CAN-Low 通过连接电阻对地短路

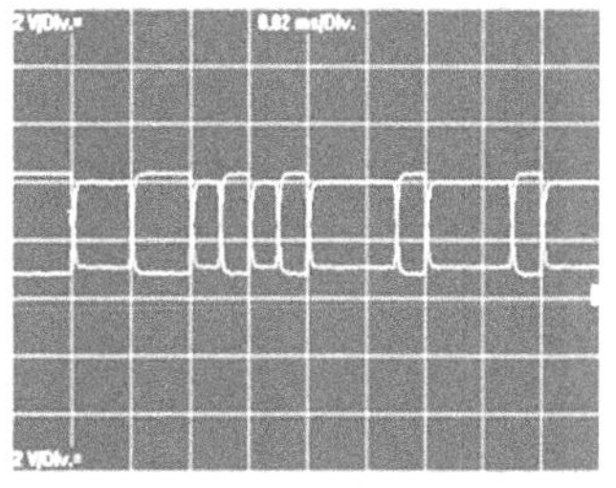

图 8-37　CAN-High 与 CAN-Low 之间通过连接电阻短路

(21) CAN-High 与 CAN-Low 之间通过连接电阻短路（图 8-37）。在短路的情况下，CAN-High 与 CAN-Low 的隐性电压电位相互靠近。CAN-High 的隐性电压大约为 1V，正常值为 0V；CAN-Low 的电压大约为 4V，正常值为 5V。CAN-High 与 CAN-Low 的显性电压电位为正常。

(22) CAN 舒适/Infotainment 数据总线一个或多个控制单元的 CAN-High 线和 CAN-Low 线接反了。只有当两条 CAN 导线损坏或接反时，CAN 舒适/Infotainment 数据总线的通信才会有故障（图 8-38）。

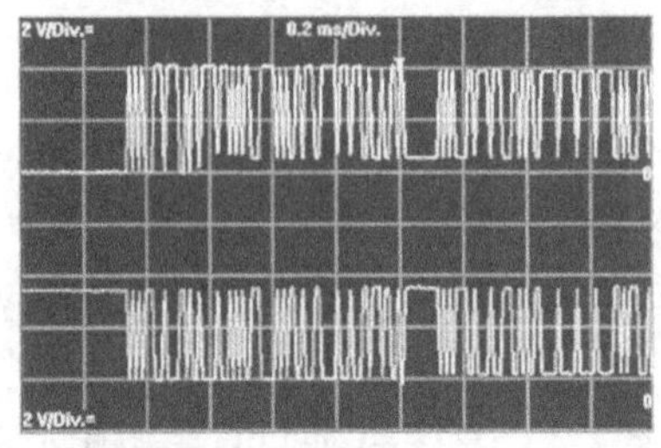

图 8-38 CAN-High 线和 CAN-Low 线接反了

在 VAS 5051 进行如下设定：

通道 A：2V/Div；通道 B：2V/Div；

时间：0.2ms/Div；触发器：通道 B2V。

导线接反总是出现在最后一个能正常工作的控制单元和第一个不能正常工作的控制单元之间。

导线接反的故障大多出现在修理数据总线后，应重点检查这些地方。

应根据导线的颜色来进行目视检查。进行故障排除前应断开蓄电池，因为在测量时，CAN 舒适/Infotainment 数据总线可能会开始工作，这就会导致测量结果不准。断开后就可以用欧姆表来测量接反的 CAN 导线了。

第九章

总线检修操作技能项目实训

操作技能实训项目教学活动的目的是把理论与实践教学有机地结合起来，让学生体会真实岗位的具体工作内容和步骤，真正掌握相关的操作技能。在实施“项目教学法”时，应重视项目的选择，具体的成果展示，教师的评估总结，充分利用现代化教学与实验手段，这是搞好“项目教学法”的关键。

技能实训项目教学一般按照以下六个阶段进行（图9-1）：

（1）获取信息。通常由教师提出一个或几个总线系统诊断的项目任务设想，然后同学生一起讨论，最终确定项目的目标和任务。

（2）制定计划。由学生制定项目总线系统的检测和故障诊断的工作计划，确定工作步骤和程序，并最终得到教师的认可。

（3）做出决定。师生一起根据制定的计划进行分析，找出不足，进行修改，做出实施计划决定。

（4）实施计划。学生确定各自在小组中的分工以及小组成员合作的形式，然后按照已确立的工作步骤和程序工作。

（5）检查控制。先由学生对自己的工作结果进行自我评估，再由教师进行检查评分。师生共同讨论、评判项目工作中出现的问题。

（6）评定结果。通过对比师生评价结果，找出造成结果差异的原因。实训项目工作结果应该归档到学校的教学实践中。

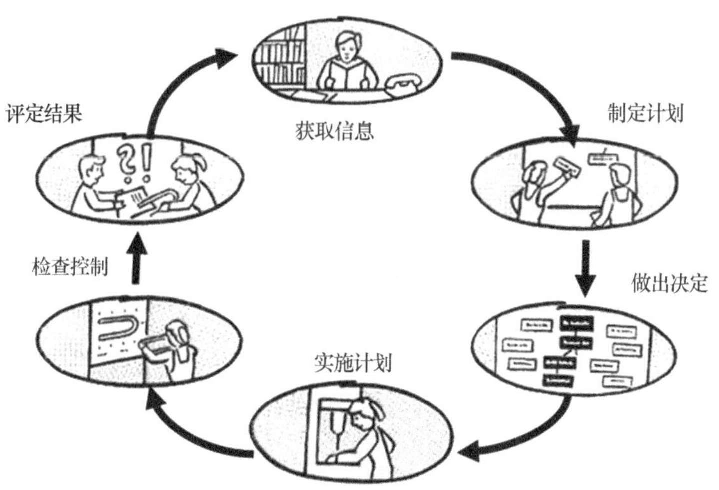

图9-1　实训项目教学的六个阶段

项目一

借助相应的电路图和合适的教学包，在分配的车辆上，用示波器在动力系统控制单元上测量 CAN-High 线、CAN-Low 线信号波形和故障波形，并画出示波图作为自己的证明材料。

1. 获取信息（图 9-2）

图 9-2 获取信息

1）查找车辆的维修手册，获取信息。

2）检查车辆。

3）用卡片法或文档的方法进行记录。

记录：

2. 制定计划（图 9-3）

图 9-3　制定计划

1）小组的学生一起商讨工作计划。

2）制定维修方案。

3）确定工作步骤和程序。

4）由小组的学生制定项目工作计划，并最终得到教师的认可。

5）采用卡片法、脑图法和使用 PPT 幻灯片向大家展示结果。

记录：

3. 做出决定（图 9-4）

图 9-4 做出决定

1）师生一起根据制定的计划进行分析。

2）准备汽车维修故障诊断专家系统。

3）准备检测设备和检测工具。

4）准备汽车电路图和维修手册。

5）了解客户的信息。

6）讲解专用知识。

7）做出实施计划决定。

记录：

4. 实施计划（图 9-5）

图 9-5　实施计划

1）学生要知道自己在小组中的分工。
2）严格执行制定的工作计划。
3）然后按照已确立的工作步骤和程序进行工作。
4）使用检测设备对总线系统进行诊断。
5）排除总线系统故障。
6）将故障排除过程记录下来。

记录：

5. 检查控制（图9-6）

图9-6 检查控制

1）学生自己以小组的形式做总线系统检测和故障诊断过程的讲解。
2）说明解决工作任务时采用的工作方法。言语要准确，沟通顺畅。
3）先由学生对自己的工作结果进行自我评估。
4）再由教师和学生一起进行检查评分。
5）师生共同讨论、评判项目工作中出现的问题，使用学生知道解决故障的方法。
6）通过对比师生评价结果，找出造成结果差异的原因。
7）将自己小组的不足和优秀小组的结果记录下来。

记录：

6. 评定结果（图 9-7）

图 9-7　评定结果

1）项目工作结果应该建立档案，将维修过程使用的文档归档存入电脑中。
2）将企业的工作过程应用在学校的教学实践中。
3）作为项目的维修工作应记入维修保养记录。
4）进行的讲解评定出结果。

记录：

项目二

借助相应的电路图和合适的教学包在分配的车辆上，用示波器或万用表在舒适系统控制单元上测量 CAN-High 线和 CAN-Low 线信号，并画出示波图作为自己的证明材料。

1. 获取信息

2. 制定计划

3. 做出决定

4. 实施计划

5. 检查控制

6. 评定结果

项目三

请借助相应的电路图和合适的教学包在分配的车辆上，用示波器或万用表在控制单元的K总线上进行测量，并画出波形图。

1. 获取信息

2. 制定计划

3. 做出决定

4. 实施计划

5. 检查控制

6. 评定结果

项目四

观看 MOST 总线传输的方向，传输的光波的颜色，请记录作为自己的证明材料。这里重要的是理解这个总线系统，以便将来能够进行诊断。

1. 获取信息

2. 制定计划

3. 做出决定

4. 实施计划

5. 检查控制

6. 评定结果

项目五

分别测量 CAN-High 和 CAN-Low 的信号，并画出示波图作为自己的证明材料。
故障：
（1） CAN-High 对蓄电池正极短路。
（2） CAN-High 对地短路。
（3） CAN-Low 对蓄电池正极短路。
（4） CAN-Low 对地短路。
（5） CAN-High 对 CAN-Low 短路。

1. 获取信息

2. 制定计划

3. 做出决定

4. 实施计划

5. 检查控制

6. 评定结果

项目六

用示波器在控制单元上对地测量功能良好的 LIN 总线的信号，并画出示波图作为自己的证明材料。

1. 获取信息

2. 制定计划

3. 做出决定

4. 实施计划

5. 检查控制

6. 评定结果

附录

总线常用基本术语

1. **ACK**：信息收到符号，确认收到了正确的信息。通过所有总线使用者的一个显性二进制位来实现。

2. **执行元件**：车上的控制元件和显示器。

3. **接收范围**：过滤与相应控制单元有关的信息。

4. **仲裁**：当出现数个使用者想同时发送信息时，用于避免发生数据冲突的机构。仲裁可保证信息按其重要程度来发送。

5. **信息**：一条信息就是控制单元发送出的一个数据包。

6. **信息超时**：已发送信息在接收一侧的时间监控。

7. **广播**：发送原理——一个发送，所有的接收。

8. **总线导线**：车上铜制的双股绞线，用于控制单元之间的互联。

9. **Bus-off（总线关闭）**：当超出故障计数器的计数时，控制单元与总线断开。

10. **总线收发器**：电子发送-接收放大器，用于控制单元与总线的耦合。

11. **CAN**：Controller-Area-Network 的缩写，用于控制单元联网的总线系统。

12. **CAN 信息娱乐系统（Infotainment）总线**：在收音机和信息系统内用于控制单元的子系统。

13. **CAN 构件**：用于完成 CAN 信息的数据交换。

14. **CRC**：循环冗余码校验，用于识别故障的校验和数（16 位）。

15. **接收邮箱**：这是个存储器，用于存放 CAN 构件接收的信息。

16. **错误帧**：用于表示总线上有数据传递错误的一种信息（>6 个二进制显性位）。

17. **故障存储器**：控制单元内的存储器，用检测仪可以读出其内容。

18. **标识符**：一条信息的起始部分，用于识别和区分信息的优先等级。

19. **K-线**：售后服务专用线，控制单元与车上诊断接口的连线，用于连接检测仪。

20. **逻辑电平**：系统内一个连接点的两种状态，0 或 1。

21. **微控制器**：是一个单片计算机，包括 CPU、存储器和输入输出组件。

22. **RX-线**：CAN 构件和收发器之间接收一侧的连接导线。

23. **发送邮箱**：这是个存储器，用于存放 CAN 构件中控制单元将要发送的信息。

24. **传感器**：车上的电子感应装置，用于接收运行状态信号。

25. **信号电平**：某根导线上的电压状态。

26. **收发器**：这是电子发送-接收放大器，用于 CAN 构件与总线导线之间的耦合。

27. **TX-线**：CAN 构件和收发器之间发送一侧的连接导线。

28. **动力线束**：CAN 动力数据总线的另一种叫法。

29. CAN 舒适数据总线： VW 将 CAN 舒适数据总线称为“低速数据总线”。现在使用的CAN 舒适数据总线的传输速率为 100KBit/s，其显著特点是，在一条 CAN – 导线短路或断路时仍可工作（单线模式）以及可以进入节电的“休眠模式”。CAN 舒适数据总线用于控制中央门锁、玻璃升降器等。CAN Infotainment 数据总线在电气方面与 CAN 舒适数据总线是相同的，但它用于控制收音机、电话、导航系统等。

30. CAN-High： CAN 信号导线：其电压在显性状态时较高。例如对于 CAN 动力数据总线来说，隐性状态电压为 2.5V，显性状态电压为 3.5V。

31. CAN-Low： CAN 信号导线：其电压在显性状态时较低。例如对于 CAN 动力数据总线来说，隐性状态电压为 2.5V，显性状态电压为 1.5V。

32. 显性状态： CAN 数据总线分为隐性状态和显性状态，显性状态可以覆盖隐性状态。

33. 差动放大器： 从 CAN-High 线和 CAN-Low 线的两个电压中得出一个电压差。

34. 差动传递： 差动传递是用两条线来进行的，其中一条线直接传递信号，另一条按相反方向传递，假如直接传递的导线上电压从 2.5V 变为 3.5V，那么按相反方向传递的导线上电压就相应地从 2.5V 变为 1.5V。结果是两条导线上信号的总变化量为 0V，有效信号就是这两条线上的差值（3.5V – 1.5V = 2V）。一旦这两条导线上出现干扰信号，那么由于这种差动作用，干扰信号就被去掉了。

35. DSO： Digitales Speicheroszilloskop 的缩写，就是数字存储式示波器。使用 DSO 可以存储并在显示屏上观察 CAN 信号，以此来评价 CAN 数据总线的状况，因为 CAN 信号变化是非常快的，不使用 DSO 根本无法识别或测量。

36. 负载电阻： 这是个电阻，例如可装在控制单元 CAN-High-线和 CAN-Low-线之间的CAN 数据总线上。

37. 测量光标： 在 DSO 上有些特殊的线，操作者可以在屏幕上来控制这些线，VAS 5051 就可以在测量光标切断的信号波形处测量并显示出电压。

38. 测量数据块： 控制单元内的存储单元，用于存放诊断信息，可以用 VAS 5051 来读出并分析这些信息。

39. 隐性状态： CAN 数据总线分为隐性状态和显性状态，隐性状态就是 CAN 导线的静电平（或称空载电平）。

40. 信号电平： 信号所呈现的电压。

43. 拓扑图： 车上导线的布线图。

44. 触发界限值： 这是一个电平值，只有在超过或低于该值时，DSO 上才能记录下信号。

45. 双绞线： 纽绞在一起的两根导线，纽绞的目的是，使得干扰信号同时作用到两条导线上，通过“差动传输”就可大大降低干扰信号对系统的影响。

46. 双线系统： 这是一种传输数据的方式，一个信号总是通过两条导线来传送的，例如CAN 信号或通过一个 20mA 的转接口来传送模拟信号就是使用的双线系统。反复提取电压差值中的有用信号，就可以减少干扰的影响（CAN 数据总线）。

47. 网络： 为了实现信息共享而把多条数据总线连在一起，或者把数据总线和模块当作一个系统称为网络。

48. 信息交换： 想要交换的数据称为信息，每个控制单元均可发送和接收信息。信息包含在重要的物理量如发动机转速中，这时发动机转速是以二进制值（一系列 0 和 1）来表示，例如：发动机转速为 1800r/min 时可表示成 00010101。在发送过程中，二进制值先被转

换成连续的比特流，该比特流通过 TX 线（发送线）到达收发器（放大器），收发器将比特流转化成相应的电压值，最后这些电压值按时间顺序依次被传送到 CAN 总线的导线上。在接收过程中，这些电压值经收发器又转换成比特流，再经 RX 线（接收线）传至控制单元，控制单元将这些二进制连续值转换成信息。

49. 控制单元：控制单元接收来自传感器的信号，将其处理后再发送到执行元件上。控制单元中的微控制器是一个重要构件，其上带有输入输出存储器和程序存储器。

50. CAN 构件：CAN 构件用于数据交换，它分为两个区：一个是接收区；一个是发送区。CAN 构件通过接收邮箱或发送邮箱与控制单元相连，该构件一般集成在控制单元的微控制器芯片内。

51. 架构：架构要有特定的通信协议才能称之为架构。架构在其输入和输出端规定了什么信息能进和什么信息能出。架构通常包括 1 至 2 条线路，采用双线时数据的传输是基于两条线的电压差。当其中的 1 条线传输数据时，它对地有个参考电压。

52. 模块/节点：模块就是一种电子装置（可以理解为 ECU）。简单一点的如温度传感器和压力传感器，复杂的如计算机（微处理器）。传感器是一个模块装置，根据温度和压力的不同产生不同的电压信号。这些电压信号在计算机（一种数字装置）的输入接口被转变成数字信号。在计算机多路传输系统中一些简单的模块被称为节点。

53. 网关：由于汽车上有很多总线和网络，必须用一种有特殊功能的计算机达到信息共享和不产生协议间的冲突，实现无差错数据传输，这种计算机就叫做网关。

54. 局域网：局域网络（又称区域网络）是在一个有限区内连接的计算机的网络。一般这个区域具有特定的职能，通过这个网络实现这个系统内的资源共享和信息通信。连接到网络上的节点可以是计算机，基于这微处理器的应用系统或智能装置。

55. 数据总线：数据总线是电控单元之间传递数据的通道。数据总线可以达到在一条数据线上传递的信息能被多个系统（控制单元）共享的目的，从而最大限度地提高系统整体效率，充分利用有限的资源。

56. 多路传输：多路传输就是在同一通道或线路上同时传输多条信息，事实上数据是依次传输的，但速度非常之快，似乎就是同时传输的。许多单个的数据都能被每一段传输一段，这就叫做分时多路传输。汽车上用的是单线或双线制分时多路传输系统。

57. 网络拓扑结构：当组成汽车线束网络时，节点（传感器、电控单元、编码器及解码器）与节点相连接的信号传输线路的连接方式称为网络形态。这种局域网络形态称为拓扑结构，即网络中节点（器件）和传输线路的几何排序，它对整个网络的设计、功能、经济性、可靠性影响很大。与其他网络不同，汽车线束网络有总线形式、环形形式和星形形式。

58. 通信协议：要实现汽车内各电控单元之间的通信，必须制定规则，保证通信双方能相互配合，即通信方法、通信时间、通信内容，这是通信双方同样能遵守、可接受的一组规定和规则。这就是通信协议——通信实体双方控制信息交换规则的集合。

59. 区域网：车载网络采用的大多是局域网，（局域网是指在 1 个特定的局部单位内连接的网络）。在汽车上会有多个局域网，这些局域网可以通过网关（Gate Way）连接在一起构成互联网络。网关是连接不同网络能实现不同网络协议转换的设备。网络的数据通信设备可以是计算机、终端、外部设备、电话、电视收发器等。

60. 场总线：即现场总线（Field Bus）。现场总线是应用在控制系统最底层的一种总线型拓扑网络。这种总路线是用作现场控制系统的，直接与所有受控（设备）节点串行相连

的通信网络。是在工业过程控制和产生自动化领域发展起来的一种网络体系，是在过程现场安装在控制室先进自动化装置中的一种串行数字通信链路。

现场总线的节点是现场设备或现场仪表，例如：传感器、变送器、执行器和编程器等，它们不是传统的单功能的现场仪表，而是具有综合功能的智能型仪表。例如：温度变送器不仅具有温度信号变换和补偿功能，而且具有 PID 控制和运算功能；调节阀的基本功能是信号驱动和执行，还具有输出特性补偿、自校验和自诊断功能。现场设备具有互换性和互操作性，采用总线供电，具有本质安全性。

现场总线不单是一种通信技术，也不仅是用数字仪表代替模拟仪表，关键是用新一代的现场总线控制系统 FCS（Field Bus Control System）代替传统的集散控制系统 DCS（Distributed Control System），实现现场通信网络与控制系统的集成。

现场总线技术是计算机技术、通信技术和控制技术的综合与集成。它的出现将使传统的自动控制系统产生革命性的变革，即变革传统的信号标准、通信标准和系统标准，变革现有自动控制系统的体系结构、设计方法、安装调试方法和产品的结构。

一对传输线，N 台仪表，双向传输多个信号，这种一对 N 结构使得接线简单，工程周期短，安装费用低，维护容易。如果增加现场设备或现场仪表，只须并行挂接到电缆上，无须架设新的电缆线。数字信号传输抗干扰强，精度高，无须采用抗干扰和提高精度的措施，从而降低了成本。操作员在控制室既可了解现场设备或现场仪表的工作状况，也能对其进行参数调整，还可预测或寻找故障。整个系统始终处于操作员的远程监视与可控状态，提高了系统的可靠性、可控性和可维护性。用户可以自由选择不同制造商所提供的性能价格比最优秀的现场设备或现场仪表，并将不同品牌的仪表互连。即使某台仪表出现故障，换上其他品牌的同类仪表也能照常工作，这样便可以实现“即接即用”。可将不同制造商的各种品牌的仪表集成在一起，进行统一组态，构成其所需的控制回路。而不必绞尽脑汁，为集成不同品牌的产品在硬件或软件上花费力气或增加额外投资。现场仪表既有检测、变换和补偿功能，又有控制和运算功能，实现了一表多用，不仅方便了用户，而且降低了成本，如附图 1 所示。

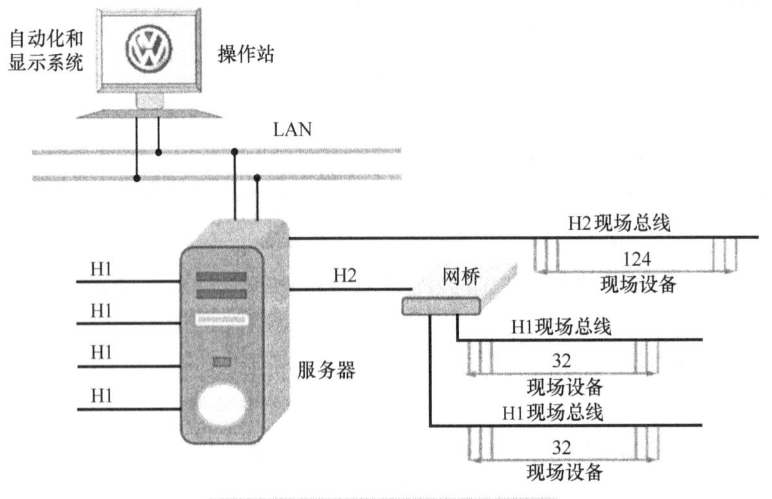

附图 1　现场总线的一对 N 结构

控制站功能分散在现场仪表中，通过现场仪表就可以构成控制回路，实现了彻底的分散控制，提高了系统的可靠性、自治性和灵活性，如附图2所示。

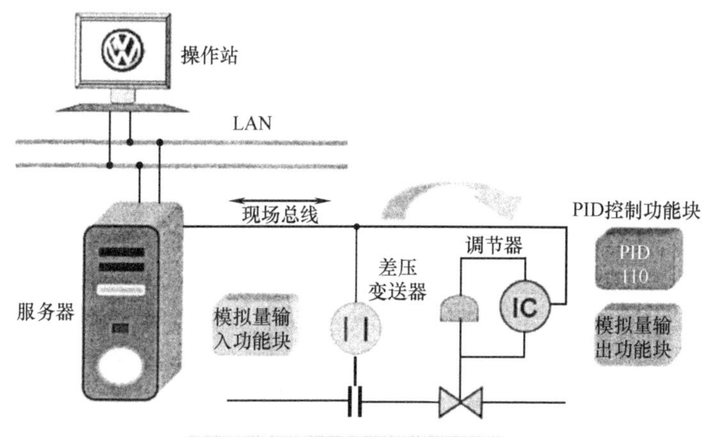

附图2　现场总线的分散功能

由于现场设备或现场仪表都引入了功能块的概念，所有制造商都使用相同的功能块，并统一组态的方法。这样就使组态变得非常简单，用户不需要因为现场设备或现场仪表种类不同带来组态方法的不同，而进行培训或学习组态的方法及编程语言。现场总线为开放式互联网络，所有技术和标准全是公开的，所有制造商都必须遵循。这样一来，用户可以自由集成不同制造商的通信网络，既可与同层网络互联，也可与不同层网络互联，还可以极其方便地共享网络数据库。

61. 媒体访问控制协议（MAC）：区域网的目的是使某一区域大量的数据处理、通信设备相互联结，区域网的拓扑结构并未采用物理上完全联结的方式，而是通过共享传输媒体（环型、总线/树型）或转换开关（星型）实现的。对于共享传输媒体的方案，需要一套分布逻辑以控制各连网设备对传输媒体的访问，这就是媒体访问控制（MAC）。当传输媒体和拓扑结构选定后，区域网的性能就主要取决于MAC。

62. 多路复用：在计算机网络系统中，当传输介质的能力超过传输单一信号的情况时，为了有效地利用传输系统，希望一个信道能够同时传输多路信号。多路复用就是把许多信号在单一的传输线路上进行传输。

63. 同步传输：使接收端接收的每一位数据信息都要和发送端准确地保持同步，中间没有间断，实现这种同步方法又有自同步法和外同步法。

64. 异步传输：这是基于字节的，每字节作为一个单位通过链路传输，因为没有同步脉冲，接收方不可能通过计时方式来预测下一个字节何时到达，因而在每个字节的开头都要附加一个0，通常称为起始位，在每个字节尾部还加上一个或多个1，被称为停止位。

65. 单工通信：指在通信链路上的两个站点，只能一个发送信息，另一个接收。

66. 半双工通信：在通信链路上的两个站点都可以发送和接收信息，但是不能同时发送和接收，当其中一个站点在发送信息时，另一个站点只能接收；反之，亦然。

67. 全双工通信：在通信链路上的两个站点可以同时发送和接收信息，即一个站点发送信息的同时也能接收信息。